"十二五"高等院校应用型系列规划教材

物业管理

Wuye Guanli

主　编　杨　帆

副主编　汤晓燕　宋桂君

西南财经大学出版社
Southwestern University of Finance & Economics Press

图书在版编目(CIP)数据

物业管理/杨帆主编. —成都:西南财经大学出版社,2013.1
ISBN 978 - 7 -5504 -0978 -1

Ⅰ.①物…　Ⅱ.①杨…　Ⅲ.①物业管理—高等学校—教材
Ⅳ.①F293.33

中国版本图书馆 CIP 数据核字(2013)第 014926 号

物业管理

主　编:杨　帆
副主编:汤晓燕　宋桂君

责任编辑:冯　梅
封面设计:杨红鹰
责任印制:封俊川

出版发行	西南财经大学出版社(四川省成都市光华村街55号)
网　　址	http://www.bookcj.com
电子邮件	bookcj@foxmail.com
邮政编码	610074
电　　话	028 -87353785　87352368
照　　排	四川胜翔数码印务设计有限公司
印　　刷	郫县犀浦印刷厂
成品尺寸	185mm×260mm
印　　张	15.5
字　　数	365 千字
版　　次	2013 年 1 月第 1 版
印　　次	2013 年 1 月第 1 次印刷
印　　数	1— 2000 册
书　　号	ISBN 978 -7 -5504 -0978 -1
定　　价	30.00 元

前　言

物业管理产生于 19 世纪的英国，伴随工业革命逐渐兴起，至今已经有近两百年的发展历程。物业管理行业在我国是一个新兴的朝阳产业，正处于前所未有的发展阶段，它在我国已经成为了政府、开发商、业主等社会各方面共同关注的热点。随着物业市场规模的不断扩大，也给该行业带来了一些实实在在的问题。物业管理行业作为劳动密集型行业，需要大量从事基础性工作的服务人员，而目前物业管理企业没有充分整合人力资源的管理，难以实现集约化、规模化。再加上我国物业管理尚处于发展阶段，还未形成完善的物业管理科学体系，也缺乏成功的实践模式。面对行业的发展现状，我们需要培养一批熟悉物业管理运作方式、具备娴熟的专业操作技能、精通物业管理法规的管理人才。因此，编者编写了这本物业管理的教材，以满足社会人才培养的需要。

为了使本门教材更适合物业管理专业的需要，强化任务驱动型教学方法，编者在教材编写时强调贴切、适当和新颖，以培养物业管理职业能力和素养为核心，在内容安排上突出了实用性和操作性，涵盖了物业管理各个阶段不同业务项目、业务环节应具备的基本知识和操作技能。为了让使用本教材的学生能够系统掌握物业管理的理论、方法和关键知识点，本教材还结合每章内容在章节前设计了学习目标和导读，在章节后设计了基本概念、经典案例和思考题。

本教材的编写参考了市场上物业管理方面的大量书籍，在许多方面提出了编者独特的见解，内容具有前沿性，与我国物业管理发展相一致。本教材可作为普通本科院校物业管理、房地产经营管理、房地产经纪、工程管理等专业教学用书，也可供物业服务企业进行员工培训使用。本书是由杨帆同志担任主编，编写章节为第一、二、三、五、六、七、九章，汤晓燕同志编写章节为第八章，宋桂君同志编写章节为第四章。

由于编者水平有限，加上时间仓促，在写作的过程中难免出现错误和疏漏，请读者给予批评和指正。

编者
2013 年 1 月

目 录

第一章　物业及物业管理概述

【学习目标】

通过本章的学习，掌握物业及物业管理的概念、基本内容，了解物业管理的产生及未来发展趋势，重点介绍物业管理的内容、特点、性质、类型和原则等。

【导读】

物业管理是房地产市场体系的有机组成部分，随着房地产业的高速发展和现代物业管理模式的普遍推广，物业管理也逐渐从房地产行业中独立出来成为一个新兴的行业。自1981年深圳成立第一家物业服务企业起，到目前我国已拥有物业管理企业3万余家，服务领域从单一类型物业到综合性物业，从新建物业到房改房、老旧社区管理等。物业管理的范围现已覆盖了住宅、写字楼、工业区、学校、商场、医院、体育场馆等，物业管理的面积和行业年产值也在以每年20%的速度迅速发展。随着我国经济和社会的发展，物业管理已成为一个具有广阔前景的朝阳行业。

第一节　物业与物业管理

一、物业

（一）物业的含义

"物业"一词，译自英语 Property 或 Estate，但在英国并没有"物业"这一概念，Property 的含义为"财产"、"资产"、"房地产"等。"物业"一词于20世纪80年代从我国香港传入，是粤语方言对房地产的称呼。李宗锷先生曾在其所著的《香港房地产法》中写道："物业是单元性房产。一住宅单位是一物业，一工厂楼宇是一物业，一农庄也是一物业。故物业可大可小，大物业可分为小物业。"物业引入中国内地后，首先在广东、福建等外资企业和华侨较多的地区开始使用，接着在上海、宁波等沿海地区使用，最后传遍全国，被中国房地产主管机关接纳。

物业管理中的"物业"是指已建成并投入使用的各类房屋及与之配套的设备、设施和场地。其中各类房屋，可以是住宅小区，也可以是单体的其他建筑，包括商住楼、别墅、写字楼、商贸大厦以及工业厂房、仓库等；与之配套的设备、设施和场地，是指房屋室内外各种设备、公共设施以及周围的场地、庭院和道路等。

单体的建筑物、一座孤零零的不具备任何设施的楼宇，不能称为完整意义上的物业，物业应是房产和地产的统一。那么"物业"与"房地产"、"不动产"这两个概念有什么联系和区别呢？

"房地产"一词有狭义和广义两种解释：狭义的房地产是指房屋、房基地以及附属土地。这里附属土地是指房屋的院落占地、楼间空道、道路占地等空间上与房屋和房基地紧密结合的土地。广义的房地产是指全部土地和房屋，以及附着于土地和房屋上的不可分的部分。从法律意义上说，房地产本质是指以土地和房屋作为物质形态存在的财产，这种财产是指附着于房地产实体中的各种经济利益以及由此而形成的各种权利，如所有权、使用权、出租权、抵押权等。

民法学中的"不动产"概念是指不能移动位置或者移动位置后会引起性质、形状改变或降低其经济价值的物（财产）。1995 年 6 月 30 日颁布的《中华人民共和国担保法》第九十二条规定："本法所称不动产是指土地以及房屋、林木等地上定着物。"中国《城市房地产管理法》第二条第二款又将房屋解释为是指土地上的房屋等建筑物及构筑物。物业从实物体方面和财产分类方面属于不动产，但应注意的是，"物业管理"术语中的"物业"并不包括不动产中的农用地和未利用地，仅仅是指建设用地范围内的物业。

房地产一词的使用贯穿于房屋从开发、营销到使用、管理的全过程；不动产强调的是它的不便于移动性；物业则侧重于使用、服务和管理角度。

（二）物业的特点

1. 位置的固定性

由于土地具有不可移动性，而建筑物必须固定在土地上，因此就形成了物业空间位置的固定性。物业位置的固定性，使得房地产的开发、买卖、租赁及售租后的服务等一系列经济活动必须因地制宜、就地进行，不可能像其他工业产品那样可以通过运输而到处流动。所以，在建造物业之前，一定要有长远观念，在各级政府规划部门的规划范围内进行精心策划，在施工中要严格管理、保证质量。新建的物业，要和周围环境协调一致，创造良好的自然环境。

2. 建设的长期性与投资的高额性

物业开发建设周期比一般的商品生产周期要长得多，从土地征用到"七通一平"，到施工、安装，再到竣工验收和交付使用，一般需要一年左右或者更长的时间。物业开发建设的同时需要大量的投资，一般一栋几千上万平方米的楼房仅建筑安装工程造价就高达几百万元甚至几千万元。随着城市经济的发展和房地产市场的日益成熟，大中城市土地价格上涨较快，一平方米土地价格多在数千元，甚至上万元。由于近年来在城市建设中实行了综合开发、配套建设的方针，物业开发建设的投资数额进一步增大，这一点就表现得更加突出了。

3. 物业的耐久性

物业的建造一般都需要较长时间，物业的使用时间就更长了。建筑行业经常会提到"精心设计，百年大计"这样的口号，说明建筑物一般是要使用数十年甚至更长的时间，尤其是具有纪念价值和文物保护价值的建筑物，更应当长久地保留下去。不过，土地使用权的出让是有要求的，根据《中华人民共和国城镇国有土地使用权出让和转让暂行条例》的规定：居住用地为 70 年，工业用地为 50 年，教育、科技、文化、卫生、体育用地为 50 年，商业、旅游、娱乐用地为 40 年，综合或者其他用地为 50 年。

4. 物业的高值性

随着时间的推进，物业表现出明显的保值性和增值性，尤其是在人口密集、可用土地较少、人口逐渐增多和城市化进程较快的大中城市，物业价值就更高了。随着社会生产力的发展、人口的增加和人民生活质量的提高，不论是生产还是生活，人类对土地的需求量都是不断增长的，然而可用于物业建设的土地面积却是有限的，使得土地供求矛盾日趋尖锐，因此物业的价格会不断攀爬，具有保值增值的倾向。

5. 物业形式的多样性

物业范围广泛，规模各不相同，高矮大小悬殊，形状各异，颜色五花八门。比如在南方，为了防台风建筑物往往修建得比较矮；在北方，为了房屋融雪，通常把屋顶设计得尖一些。有些著名的建筑物，为了表现其独特的思想理念和艺术视觉效果还要修建成当地的标志性建筑，如澳大利亚的悉尼歌剧院、法国的卢浮宫、上海的东方明珠电视塔等。每一单体物业会有其独到之处，即便是同一式样的楼宇，也会因地点、环境、气候条件的不同，在结构、质量、材料方面表现出一些不同。

6. 物业的权益性

物业的法律属性集中反映在物权的关系上，在我国，房地产物权是指物权人在法律规定的范围内享有的房屋所有权及其占有土地的使用权。物业的所有权不只是一项单项权利，而是一个权利束，拥有多项权能，如租售、抵押等，形成一个完整、抽象的权利体系。在这一权利体系中，各种权利可以以不同形式组合，也可以相互分离，单独行使、享有。

(三) 物业的类型

物业有多种类型，按照不同的标准可作不同的分类，一般可按用途、收益性、权属、档次等进行分类。从使用功能上区分，可分为住宅和非住宅。住宅包括公寓、普通单体住宅、住宅小区和别墅；非住宅包括工厂大厦、写字楼、商场综合楼、酒店、娱乐场所、停车场、文化馆、影剧院、仓库等。从产权关系上区分，可分为公产、私产和单位产等。

物业的主要功能就是满足人们的生产和生活的需要，除了生产和生活物业外，还有政府部门提供的公共产品和准公共产品必需的物业，可称作公共性物业。为此，物业按用途可分为以下七类：居住物业、商业服务业物业、办公物业、工业物业、公共性建筑物业、其他物业（含军事物业、农业物业等）、综合性物业。详见表 1-1。

表 1 - 1　　　　　　　　　　　　物业用途分类

序号	一级分类	二级分类
1	居住物业	商品住宅
		经济适用房
		廉租房
		宿舍
		待规划民宅
2	商务服务业物业	商业物业
		金融物业
		服务物业
		旅游物业
3	办公物业	各类机关办公物业
		事业单位办公物业
		企业办公物业
		其他组织办公物业
4	工业物业	厂房物业
		仓储物业
5	公共性建筑物业	文化物业
		体育物业
		教育物业（监狱）
		医疗物业
		邮电物业
		交通物业
		市政设施
		文物宗教物业
6	其他物业	（含军事、农业）
7	综合性物业	

二、物业管理

（一）物业管理的含义

物业管理就是人们对一个特定的物业进行的管理活动。但任何物业都是为人们的生产、生活服务的，因此，从这一角度去考察，物业管理的含义要丰富得多。

1. 广义的物业管理

广义的物业管理是指一切为了物业的正常使用而对物业本身以及物业的所有者、使用者进行的管理和服务活动。它包括房地产开发环节的早期介入、物业前期管理、房屋及其设备设施的维修保养、消防保安、环境卫生、绿化养护、道路养护、停车场管理和物业范围内的商业服务、家政服务、房屋的装修装饰、房屋租赁等内容。总之，任何投入人力、物力、财力使物业能够正常发挥其使用功能而产生的活动都可以纳入广义的物业管理的范畴。广义的物业管理包括物业开发、建设和使用各个环节。

2. 狭义的物业管理

狭义的物业管理一般只限于对某个已建成投入使用的具体物业在委托管理范围内所进行的管理服务，其主要任务是房屋的维修养护、共用设备和设施的管理、治安保卫、清洁卫生、绿化养护等服务。国务院 2003 年颁布的《物业管理条例》中对"物业管理"所下的定义为："所谓物业管理，是指业主通过选聘物业服务企业，由业主和物业服务企业按照物业服务合同的约定，对房屋及配套的设施设备和相关场地进行维修、养护、管理，维护相关区域内的环境卫生和秩序的活动"。

（二）物业管理与传统的房屋管理

传统的房屋管理是由政府职能部门对国有房产以行政手段进行的管理，它不同于物业管理。

1. 所管房屋产权的归属不同

房屋管理所管房屋为国有公房，一般情况下，房管部门既有房屋管理权又拥有共产权。物业管理所管房屋的产权归属是多元化的，既可是某单位集体所有，也可是个人所有。

2. 管理手段不同

房屋管理主要运用行政手段，而物业管理主要依靠法律和经济手段。

3. 管理经费的来源不同

房屋管理经费主要来源于低租金和国家的财政补贴，管理服务为无偿服务，属福利性质的。物业管理经费则来源于业主或使用人，管理服务为有偿提供，经费可做到收支平衡、略有盈余。

4. 管理范围不同

房屋管理的内容单一，一般只限于对房屋及其附属设备的维修与养护。物业管理的范围广泛，不仅提供对房屋及其附属设备的维修与养护管理，而且对业主和使用人提供相关服务。

5. 管理主体不同

房屋管理的管理主体为政府职能部门，单位公房的管理主体还包括单位的后勤管理部门，属于事业性质。物业管理的管理主体则为物业服务企业，属于企业性质。

我们可以把这些区别归纳于表 1-2 中。

表1-2　　　　　　　　物业管理与传统的房屋管理对比

比较内容	物业管理	传统的房屋管理
物业权属	多元产权（个人产权为主）	单一产权（国家产权）
管理模式	市场经济管理模式	计划经济管理模式
管理手段	经济、法律手段	行政手段
管理实体	物业服务专业企业	政府房产管理部门
管理性质	有偿服务	无偿服务

表1-2(续)

比较内容	物业管理	传统的房屋管理
管理行为	企业行为	政府行为
管理关系	契约关系、服务被服务的关系	隶属关系、管理被管理的关系
管理形式	社会化、专业化统一管理	分散的部门管理
管理方针	以业养业	以租养房
管理内容	多功能全方位	管房修房，内容单一
管理费用	管理服务费为主	低租金和大量财政补贴
管理观念	为业主、使用人服务	管理住房、用户
管理期限	合同期	终身

第二节　物业管理的产生与发展

一、物业管理的起源

物业管理是伴随着社会生产力的发展及现代经济体制的确立而产生和发展起来的一个新兴行业。物业管理起源于19世纪60年代的英国，当时英国的工业正处于从工场手工业向机器大工业过渡的时期，对劳动力的需求很大。由于城市人口难以满足工业发展的需要，城市住房的空前紧张成为突出的社会问题。于是，一些房地产开发商开始相继修建一些简陋的住宅，以低廉的租金租给贫民和工人家庭居住。由于人口高度密集，住宅设施极为简陋，环境条件较差，承租人拖欠租金严重，同时人为破坏房屋设施的情况也时有发生，严重影响了业主的经济利益。这时，在英国的第二大城市伯明翰，一位名叫奥克塔维亚·希尔（Octavia Hill）的女房主，为了改变这种状况，为其出租的物业制定了一套规范，要求承租者严格遵守，以约束租户的行为。同时，希尔女士也及时对损坏的房屋设备、设施进行修缮，维持了起码的居住环境。希尔女士的做法收到了良好的效果，不仅有效地改善了居住环境，而且还使业主与承租人的关系由原来的对立变得友善起来。这便是最早的"物业管理"。随后，英国政府也在宏观管理上采取了一些相应的管理措施，促进了物业管理这种模式的推行。

二、我国香港地区物业管理的发展

20世纪50年代，我国香港地区的物业管理开始发展。第二次世界大战后，香港的房屋受战火破坏严重，加上许多大陆人口涌入香港，房屋供求关系严重失衡，房屋需求量激剧增大。于是，大型楼宇应运而生，拥有100个单元的大型"唐楼"相继推出，一栋楼宇中有众多居住者和业主。人口的密集和业权分散的状况又引发了公共环境的恶化及社会治安的混乱。一些楼房业主开始聘请看更者和清洁工来承担基本的保安和清洁工作，并由用户集资来支付这些人员的工资。从此，"物业管理"在我国香港地区显露端倪。

20 世纪 60 年代，伴随着大规模的更大型楼宇的建设及交付使用，香港当局从英国聘请具有专业资格的房屋管理经理来港领导本地人员执行大型屋村的管理工作，由专人负责统筹清洁、保安、维修等服务。香港当局也于 1970 年发布了《多层大厦（业主立案法团）条例》，以协助大厦各单位的业主组织法团，同时对大厦的管理及有关事项加以规范，物业管理向社会化和法制化迈进。1987 年，香港成立了"私人大厦管理咨询委员会"，专门为多层大厦业主立案法团及大小业主提供咨询服务。1989 年又成立了"香港物业服务企业协会"，该协会具有双重职能，既可以代表物业管理行业发言，也可以对同行企业进行监督。

三、我国内地物业管理的发展

我国内地对物业管理的探索和尝试始于 20 世纪 80 年代初期。当时，被列为沿海开放城市的广州和深圳经济特区，为废除旧住宅管理体制的弊端，在借鉴国外和香港地区先进管理经验的基础上，结合内地的实际，大胆探索，在对一些涉外商品房屋的管理中，开始尝试专业化的物业管理模式。

1981 年 3 月 10 日，深圳市成立了中国内地首家专业化的物业服务企业——深圳市物业服务企业。该企业的成立一方面满足了海外投资者的需求，更重要的是开创了大陆专业化、经营型物业管理的先河。伴随着 20 世纪 80 年代末 90 年代初的房地产开发热潮和大量高层、多功能综合楼宇地出现，物业管理体制被众多的开发企业、房地产管理部门和社会人士所接受，物业管理工作由点到面、由表及里地在不断实践与发展。

2003 年 6 月 8 日，国务院正式颁布《物业管理条例》，并自 2003 年 9 月 1 日起实施；2003 年 6 月 26 日，建设部颁布了《业主大会规程》，对促进业主大会的成立和业主委员会的建立，规范业主大会的活动，维护业主的合法权益具有重要意义；2003 年 6 月 26 日，建设部还颁布了《前期物业管理招标投标管理暂行办法》，对规范物业管理招标投标活动，保护招标投标当事人的合法权益，促进物业管理市场的公平竞争，具有重要意义；2003 年 12 月，国家发展和改革委员会、建设部联合下发了《物业服务收费管理办法》，对规范物业服务收费行为，维护业主和物业管理企业的合法权益，具有重要意义；2004 年年初，中国物业管理协会公布了《普通住宅小区物业管理服务等级标准（试行）》，为物业管理企业与业主之间进行物业服务内容、质量和相应的服务收费的协商提供了依据；2004 年 4 月，建设部颁布了重新修订的《物业管理企业资质管理办法》，2007 年又将其更名为《物业服务企业资质管理办法》，该办法规定物业管理企业资质等级分为一、二、三级，并规定了各资质等级的条件；2004 年 7 月，国家发展和改革委员会、建设部又联合颁发了《物业服务收费明码标价规定》，进一步规范了物业服务收费行为；2007 年我国又颁布了《中华人民共和国物权法》（以下简称《物权法》），这部法律对我国物业管理实践活动中调整房地产开发企业、物业服务企业和业主之间的关系，以及业主与业主的关系都起到了至关重要的作用；2007 年，根据《物权法》中的有关规定，为了与《物权法》接轨，国务院又对 2003 年开始实施的《物业管理条例》进行了修改，其中比较突出的是将传统的物业管理企业修改为物业服务企业，将业主公约修改为管理规约，同时对业主大会决定涉及全体业主的重大事项作出了新的规定。

第三节　物业管理的特征、类型和原则

一、物业管理的特征

（一）物业管理的社会化

物业管理的社会化是指物业管理将分散的社会工作集中起来，统一承担。每位业主只需面对一家物业服务企业，就能将所有关于房屋和居住、工作环境的日常事宜安排好，而不必分别面对各个不同部门，因此有人将物业服务企业比喻成业主的"总管家"，业主只需要根据收费标准按时缴纳管理费和服务费就可以获得相关服务。这样做既方便了业主，也便于统一管理，有利于发挥物业的整体功能，实现经济效益、社会效益和环境效益的统一和综合改善。

（二）物业管理的企业化

物业服务企业作为一个独立的法人应该按照《中华人民共和国企业法》（以下简称《企业法》）和其他相关法律法规的规定运行，物业服务企业必须依照物业管理市场的运作规则参与市场竞争，用经营业绩去争取更多的客户。同时，在运作过程中还要处理好与公安市政、街道、居委会、邮电、公用事业、交通等行政或事业性单位的关系，为业主创造一个方便、整洁、安全、舒适的居住和工作环境。

（三）物业管理的专业化

物业服务企业接受委托后，需要按照物业服务合同的约定，采用先进的维修养护技术和方法，对建筑物与物业管理区域内的环境卫生、安全保卫、道路养护统一实施专业化管理，为业主提供全方位、高效、优质、经济的服务，涉及物业管理、建筑工程、电气设备、给排水、暖通、自动化、保安、保洁、绿化等多种专业领域，需要多方面的专业人才。物业服务企业的所有工作人员，无论从事哪个工种，都需要学习物业管理专业知识，成为复合型人才，才能更好地为业主和使用人提供服务。

（四）物业管理的经营化

物业管理的经营化是指它的每项业务、每个进程都是有偿的。物业服务企业是以盈利为目的的，通过收取服务费用来实现自身的维持和发展。但是，物业服务企业一般是保本微利，量入为出，逐步走上"以业养业，自我发展"的道路，使物业管理成为一个相对独立的行业。

（五）物业管理形式的规范化

对于物业服务企业来说规范化不仅指企业的设立必须按照国家公布的有关法规和程序进行，还指企业的管理运作制度必须规范。如果物业的产权产籍管理不规范，就容易产生纠纷，如果物业和接管程序不规范，就会留下后患，如果与业主签订的契约不规范，就会权责不清，如果企业内部管理不规范，就难以建立起现代企业制度。

二、物业管理的类型

（一）委托服务型物业管理

委托服务型物业管理是指房地产开发商将开发建成的物业出售给用户，一次性收回投资并获取利润，然后委托物业服务企业对该物业进行管理，完善其售后服务。这种委托服务原来有两种类型，一是开发商自己组建物业服务企业对所出售的物业进行管理，曾经有很多大型的房地产企业采取这种形式，它有利于完善售后服务，物业服务企业作为开发商的下属机构对物业一般都比较熟悉，与开发商的沟通会更容易一些。二是开发商以招标的方式委托专业物业服务企业对已出售的物业进行管理，这是一种市场竞争的行为，只有通过竞争才能促进物业服务企业注意服务质量，注重企业形象，从而促进物业管理行业的健康发展。在新出台的《物业管理条例》中，前一种方式已被禁止，并明确规定："住宅物业的建设单位未通过招投标的方式选聘物业管理企业或者未经批准，擅自采用协议方式选聘物业管理企业的，由县级以上地方人民政府房地产行政主管部门责令限期改正，给予警告，可以处以10万元以下的罚款。"

（二）自主经营型物业管理

自主经营型物业管理是指房地产开发商建成房屋后并不出售，也不出租，而是交由下属的物业服务企业进行经营管理，通过收取租金收回投资，并获取利润。此类物业服务企业不仅拥有经营管理权，而且拥有产权，不仅具有维护性管理的职能，更为主要的是对所管物业具有出租经营的权利。它实质上是房地产开发的延续，将房地产开发与经营联系起来，通过物业的出租经营达到为开发企业回收项目投资和获取长期、稳定利润的目的。此类物业服务企业的经营对象，多数是商业大楼、办公写字楼等。

（三）二者的区别

委托服务型物业管理与自主经营型物业管理存在较大的差别：从产权上来说，前者只有管理权而没有产权，后者既拥有产权又有管理权；从管理上来说，前者是物业的售后服务，是为了保持物业的正常使用，后者则需努力制造一个良好的物业使用环境，创造租赁条件，赢得租户并为之服务；就服务的物业对象而言，前者适合于各种楼宇，后者则主要是商业大厦、写字楼等；从服务对象分析，前者既有居民住房，又有职业人群，后者则主要以商业及职业人群为服务对象；从管理方式来看，前者注重的是管理与服务，后者更注重积极的、带有开拓性的经营。

三、物业管理的原则

（一）用户至上、服务第一原则

物业管理要面向业主和使用人，满足他们在物业使用过程中的各项要求，并提供周到的服务。因此物业管理者在管理过程中要始终坚持用户至上、服务第一的原则，尽心尽职地提供尽善尽美的服务，努力营造舒适、方便、安全、优美的工作和生活环境。

（二）专业管理与自我管理相结合的原则

物业管理涉及面广，专业化程度高，不仅要求有专门技术的专业管理，而且要求有更多的人参与管理。业主自我管理既体现在对重大问题进行决策和对物业管理进行监督上，也体现在签订和遵守业主公约上。由于物业管理的服务面很广，服务的内容多而复杂，所以在物业管理中需要业主与管理人员互相配合。坚持专业管理与业主自我管理相结合原则，不仅可以降低物业管理费用开支，减轻业主或使用人的经济负担，而且有利于缩短物业服务企业与业主之间的距离，增进了解，从而达到共同维护和管理物业的目的。

（三）统一经营、综合管理的原则

现代物业的多元化产权关系及物业的多功能性，使少数业主和使用人产生了自行管理的意向，但由于具体物业的结构、供电、供暖、上下水管、电梯等设备设施无法实现分割，从而使得物业的管理在实际操作中无法分离。所以，要实施科学管理必须理顺体制，由物业服务企业根据有关法规和业主委员会的委托，对各种项目内容实施统一经营、综合管理，这样才能共同构成一个完整的多功能物业，以满足不同业主的需求。

（四）企业化经营、社会化管理的原则

为了加强城市管理，提高整个城市管理的现代化水平，充分发挥各类物业的综合效益和整体功能，必须遵循社会化管理与企业化经营相结合的原则，即由物业服务企业统一实行专业化管理。物业服务企业在实施管理和提供服务的同时，必须依照经济规律的要求实行有偿服务，按照"谁受益、谁负担"的原则，由受益人承担物业管理费用。作为经济实体的物业服务企业，必须也要考虑利润，要实现利润就必须依靠企业的自身条件，积极创新业务，拓展市场，积极参与市场竞争。坚持企业化和社会化原则，有利于提高物业管理水准，有利于促进物业管理行业的不断发展。

（五）有偿服务、经济合理的原则

服务收费是市场经济的必然要求，是物业管理的经费来源。物业管理企业应尽可能地开展全方位的有偿服务，以物业为依托开展多种经营，走"取之于民、用之于民，以区养区、以业养业"的经营之道，从而保证物业管理有稳定的经营来源，形成经营管理的良性循环。同时，物业服务的项目、深度、质量、收费标准的高低也应根据实际情况，视服务成本、硬件配套设施状况等综合而定，不能盲目地增加服务项目，提高服务、收费标准，强制收费，否则便会引起纠纷，造成管理上的被动。

四、物业管理的作用

（一）促进国民经济的发展

随着我国经济体制改革的推进，房地产管理体制的改革也在不断向纵深发展。住房商品化和货币化分配住房的新体制，不仅打破了传统体制下单一的产权结构格局，而且也使传统房屋管理体制被新的物业管理模式所取代，形成了物业产权多元化和物业管理社会化的新格局。广大居民最关心的问题之一是购房后的物业管理和维修问题，这一问题一旦解决好就可以免去居民的后顾之忧，从而激发他们的购房欲望，使房地产市场得到有效扩张。

（二）促进物业的保值增值

物业在使用过程中由于物质实体方面的损耗会造成其价值的损失。比如房屋墙皮脱落、屋顶漏雨、墙体裂缝、管道破裂、机器设备出现故障等。在这种情况下，如果不及时维修，就会缩短物业正常使用年限，甚至酿成事故。开展物业管理可以使物业得到及时的维修、养护，延长物业的使用寿命，从价值形态上来讲，可以使物业保值增值。

（三）提高城市居民的生活质量

物业管理的主要任务之一就是通过对物业的管理和对使用人服务，为业主和使用人创造并维持一个安全、舒适、和谐、优美的居住、工作环境和氛围。物业管理通过实施物业的维修保养和治安、保洁、绿化、车辆道路管理等活动，使住宅小区或物业大厦干净整洁、环境优美、赏心悦目、安全舒适，还可以通过推动精神文明建设，建立互惠互利、和睦共处的邻里关系和互助互谅、团结友爱的社会风气。

（四）树立良好城市形象，促进城市经济发展

一个规划合理、环境优美、功能齐全的住宅小区不仅是人们居住、休闲的场所，也是一座城市经济建设成就的缩影和进行精神文明建设的重要阵地。对于一个城市而言，其功能和形象与这个城市的物业管理水平密切相关。

物业管理作为一个经济产业部门，依靠自身所提供的管理和服务，创造了巨大的经济价值，已成为新兴的朝阳行业，随着物业管理行业的迅速发展，其创造的社会经济价值将会不断增加。而且物业管理拓宽了城市的就业渠道，吸纳了大量的剩余劳动力，为解决城市就业问题提供了途径。

（五）有利于吸引外资、促进对外开放

要想更好地引进外资，除了要给外商提供良好的经济政策，便利的交通、通信等"硬环境"外，还要有良好的工作和生活服务的"软环境"。外商在国外一般已经习惯享受物业管理所带来的便利，因而，良好的物业管理是加快中国房地产同国际接轨、改善中国投资条件、投资环境的必要措施。

第四节 物业管理的内容

物业管理作为一项多功能全方位的管理服务工作，涉及的管理内容相当广泛，概括起来分为基本内容、特色业务和多种经营业务。

一、物业管理的基本内容

（一）对物业及其配套设施进行维护和保养

为了发挥物业应有的功能，必须使物业的房屋建筑、供水供电、公共照明、空调、

电梯等动力设备及公共设施处于良好的工作状态,而良好的工作状态则必须通过经常性的维护保养和计划修理才能达到。因此,物业的维修保养是物业管理最基本的内容,也是保持物业完好、延长寿命和价值的重要保证。

(二) 实施保安和消防管理

不管是住宅区还是其他类型的物业,只有良好的治安保卫环境,才能确保业主和住户生命和财产的安全,并消除他们的后顾之忧。同时还要搞好消防设备的养护工作,确保消防设备处于良好的使用状态。要建立和执行消防制度,加强消防队伍的管理。

(三) 搞好物业及周围环境的清洁工作

要定时定点地对物业及周围的垃圾、污水、雨水进行排泄、清除,以保持物业及周围环境的外貌清洁,使之形成干净、整洁的工作、生活环境。

(四) 做好绿化建设和保养工作

这项工作能保证物业管理区拥有良好的生态环境,有利于业主或住户的身体健康与精神愉悦。草地绿化和花木养护工作对营造一个优美宜人的环境是非常重要的。

(五) 做好大楼和小区内的交通管理工作

包括统一管理物业区域范围内的车辆停放,统一管理小区内的平行交通和大楼内的垂直交通(电梯和人行扶梯),清理通道、屋顶等空间,保养路灯,以保证物业辖区内交通的畅通。

(六) 加强车辆管理工作

可防止车辆丢失、损坏或交通事故发生。车辆要限速行驶,道路标识要明显清晰,车辆停放要遵守秩序,以保持道路、过道的畅通,尤其是消防通道。

(七) 搞好财务管理工作

做好大修基金及储备金的核收和管理工作,为用户的长远利益考虑。另外还要做好管理费用的核收和使用管理,以保证物业管理的工作顺利开展。

(八) 办理各种保险事宜

物业服务企业要及时地办理物业及附属设备设施的财产保险,以免发生意外或因自然灾害等原因造成财产损失。

(九) 搞好社区管理

做好这项工作有利于创造健康文明的社区氛围,建立友好融洽的邻里关系。还可以协助政府进行社会管理,推进社会的文明和进步。

(十) 建立物业档案

做好物业档案工作,随时掌握产权变动的情况,维护物业的完整和统一管理,更好地为业主和使用人服务。

二、物业管理的特色业务

物业管理的特色服务包括以下两个方面的内容:

（一）特约服务

特约服务是指物业服务企业接受业主或用户的委托，提供内容丰富的各种服务项目。它包括房屋代管、车辆保管、家电维修、室内清洁、土建维修、装饰工程、代购商品、代购车船机票、代订报纸杂志、代付各种公用事业费、家庭护理、代聘保姆、接送小孩以及其他家务代办等内容。

（二）便民服务

便民服务主要是指物业服务企业与社会企事业单位联合举办的服务项目。首先是商业、服务业网点建设，主要是与商业、银行、邮电等部门协作在物业辖区内建立饮食店、副食品市场、超市、小五金商店、美容美发中心、洗衣店、公用电信服务机构和储蓄所等，以方便业主。其次是建设文体娱乐项目，包括开设俱乐部、小型健身房、老年活动室、青少年游戏厅、阅览室、展览厅、舞厅、有线电视台等，以方便各类人员的健身娱乐活动。再次是建设教育卫生项目，包括与教育部门协作在辖区内建设中小学校、幼儿园、托儿所；与卫生部门协作在物业辖区内设立保健站、诊疗所等。最后是建设交通网点，主要是与交通部门协作在物业辖区内增设交通网点，以改善交通条件，为业主提供方便。

三、物业管理的多种经营业务

现今有些物业服务企业还存在所收取的管理费入不敷出的现象，所以物业服务企业只能采取一业为主，多种经营的方式来增加收入弥补开支。同时，随着社会的进步，人们需要物业服务企业提供更多的经营业务，这也促使了物业管理的多种经营。主要内容包括以下四个方面：

（一）开展房屋的租赁经营

物业服务企业可以参与办公楼宇的租赁经营，酒店、商场及工业楼宇的租赁经营，也可以通过与业主或业主委员会协商参与固定停车场的租赁经营活动等。

（二）组织建筑设计施工

物业服务企业可以在物业辖区内利用租赁的公建设施开展属于业主自管范畴的房屋和附属设施设备维修及改建工程施工；室内装饰装修设计及工程施工；设备安装施工；经营建筑材料等。

（三）开办商业经营网点

物车服务企业可以经营商场、餐饮、游泳池、电影院等各种生活文化娱乐设施等。

（四）开展中介咨询服务

物业服务企业可以经常开展中介咨询服务，如不动产投资咨询、住房置换、中介交易、法律咨询等服务活动。

【基本概念】

物业　　物业管理　　委托服务型物业管理　　自主经营型物业管理

【思考题】

1. 什么是物业?
2. 什么是物业管理?
3. 物业与房地产、不动产之间的联系与区别?
4. 物业管理的特征是什么?
5. 物业管理的类型有哪些?
6. 物业管理的基本原则是什么?
7. 物业管理的作用是什么?
8. 我国物业管理的发展趋势如何?

第二章　业主大会及业主委员会

【学习目标】

通过本章的学习，掌握业主、业主大会、业主委员会的概念及各自的权利义务，了解业主大会的分类、业主委员会的委员的资格以及业主大会与业主委员会的建设与完善。

【导读】

要使物业管理市场运作有序，就必须规范市场主体的行为，本章我们将给读者讲解市场主体之一——物业的所有者——业主。广大业主之间、业主与物业服务企业之间应该是一种相互依存的社会关系，只有和谐的社会关系才能促进相互关系的良性发展。但是，在具体操作过程中，却产生了各种各样的矛盾，甚至出现了对立的局面，究其原因，是各自并没有读懂自己所扮演的角色。本章将会引导读者去解决许多的问题。

第一节　业主

一、业主的概念

（一）广义的"业主"

广义的"业主"是指物业所有权人，即房屋（包括配套设施和附属场地）所有权人和土地使用权人。

在物业管理活动中，业主是物业管理市场的主体之一，是物业服务企业的服务对象。业主既可以是自然人，也可以是法人。由于我国对不动的所有权采取的是登记制度，物业只有登记过户之后才享有完整合法的所有权，因此，一般来说，拥有产权证才能真正成为业主。以业主的身份来分，业主可以分为普通业主和特殊业主，普通业主主要是通过购房、二手房转让等形式取得物业所有权，特殊业主主要是指因开发投资房地产而原始取得物业所有权的建设单位。就一宗物业来说，可能只有一个业主，也可能同时有多个业主，物业的产权归多个业主所共有。业主结构不同，物业管理的运作模式就不同。在多个业主的物业中，根据业主产权的比重不同，又分为大业主和小业主，他们在物业管理中所享有的权利及承担的义务是不同的。例如业主参加业主大会，对物业管理重大事项的表决权就是根据业主产权比重来设定的，就好比股份公司，大股东所享有的表决权就要大于小股东享有的表决权。

（二）狭义的"业主"

狭义的"业主"即建筑物区分所有权人。具有以下五个特征：

1. 通过购买或继承等合法形式取得物业专有部分的所有权，这是成为业主的前提。

2. 业主除享有物业专有部分所有权外，还享有物业共有部分的共同权和共同管理的成员权。

3. 业主是物业的实际控制者和管理者，是物业管理的主体，是业主大会和业主委员会所有权力的来源。

4. 业主既是物业管理权利的享有人同时也是物业管理的义务人，在依照物业管理法规享受权利的同时，也应当依法承担相关义务和责任。

5. 业主的资格不受身份和行为能力的限制，不管是自然人、法人还是其他组织，不管是无行为能力人、限制行为能力人还是有完全独立行为能力人，均可成为业主。

二、业主的权利

根据国家颁布的《物业管理条例》的规定，业主在物业管理活动中，享有以下权利。

1. 按照物业服务合同的约定，接受物业服务企业提供的服务。物业服务合同是明确业主与物业服务企业双方权利和义务的协议。物业服务合同既包括业主大会选聘物业服务企业，由业主委员会与物业服务企业之间签订的物业服务合同，也包括建设单位选聘物业服务企业，并与之签订的前期物业服务合同。业主委员会之所以要与物业服务企业签订合同，最主要的目的是接受物业服务企业提供的服务。因此，按照物业服务合同的约定，接受物业服务企业提供的服务的权利，是业主享有的最基本的权利。

2. 提议召开业主大会会议，并就物业管理的有关事项提出建议。业主大会由物业管理区域内的全体业主组成。业主作为业主大会的组成成员，有权提议召开业主大会会议。同时，无论是在业主大会会议上还是在平时，业主均有权就物业管理有关事项向业主大会、业主委员会或物业服务企业提出自己的建议，充分表达自己的意见，以维护业主自身的权益。

3. 提出制定和修改管理规约、业主大会议事规则的建议。管理规约是全体业主对有关物业的使用、维护、管理，业主的共同利益，业主应当履行的义务，违反规约应当承担的责任等事项依法做出的约定。业主大会议事规则是就业主大会的议事方式、表决程序、业主投票权确定办法、业主大会决议产生办法等事项依法做出的约定。管理规约、业主大会议事规则是规范业主之间权利与义务关系和业主大会内部运作机制的规章和约定。管理规约、业主大会议事规则事关业主的权益，业主有权对这些规章和约定的制定和修改提出自己的建议。在业主委员会制定这些规约时，也应充分听取广大业主的意见，集思广益，不断完善。

4. 参加业主大会会议，行使投票权。业主有权参加业主大会会议，行使投票权，这是业主行使业主权利的具体体现。参加会议权包括获得会议通知权，这就要求会议通知必须充分、明确、按时。参加业主大会是保证业主民主表决权的前提。业主的投票权根据业主拥有物业的建筑面积、住宅套数等因素确定。

5. 选举业主委员会委员，并享有被选举权。业主委员会是经业主大会选举产生并经房地产行政主管部门登记，在物业管理活动中代表和维护全体业主合法权益的组织。业主委员会是业主大会的执行机构，负有召集业主大会会议，报告物业管理的实施情况，代表业主与业主大会选聘的物业服务企业签订物业服务合同，监督和协助物业服务企业履行物业服务合同，监督管理规约的实施等职责。

6. 监督业主委员会的工作。每一个业主都有权监督业主委员会的工作。业主委员会是业主的自治机构，维护业主的共同利益，其决议和行事都应贯彻这一宗旨。业主委员会的基本职能是维护业主的权益，但一些业主委员会委员自身素质不高，不是从广大业主利益出发，没有站在公正的立场上来衡量物业服务企业的工作实绩，而是从个人私欲出发，以权谋私，向物业服务企业提出这样或那样的要求，在私欲得不到满足的情况下，就故意刁难物业服务企业。另外，业主委员会也可能需要管理一些业主缴纳的经费，涉及一些公共财物问题。为了防止业主委员会委员侵害业主权益情况的发生，每位业主都有权监督业主委员会的工作，督促业主委员会委员更好地履行职责，保证业主委员会规范运行。

7. 监督物业服务企业履行物业服务合同。业主对物业服务企业履行物业服务合同享有监督的权利。物业服务企业是接受业主的委托提供物业服务，并与委托方签订物业服务合同。物业服务企业与业主处于合约中相对立的另一方，对于物业服务企业的各种管理行为有监督的权利。但业主只是有权监督物业服务企业和服务人员的工作，不得直接惩戒物业服务企业的职员。物业服务合同是物业管理的基础，物业服务企业按合同约定开展物业管理活动，为业主提供物业管理服务。作为业主，有要求物业服务企业依据物业服务合同提供相应的管理与服务的权利，同时也有对其所提供的服务进行查询、建议、批评、投诉的权利，监督和督促物业服务企业履行物业服务合同，促进物业服务企业不断改进服务质量，提高服务水平。

8. 对物业共用部位、共用设施设备和相关场地使用情况享有知情权和监督权。物业共用部位、共用设施设备和相关场地，与业主所拥有的物业有着密切的内在联系，属于全体业主所有，如共用水箱、电梯、配电房、停车库等。有的开发商或物业服务企业未经业主许可，擅自对其进行处置，侵害了全体业主的合法权益。因此，作为业主，有权对物业共用部位、共同设施设备和相关场地使用情况进行查询、了解和监督，以保证其使用的合理、合法，保护业主的权益不受侵害。

9. 监督物业共用部位、共用设备设备专项维修资金的管理和使用。物业共用部位、共用设备设备专项维修资金是由全体业主筹集的，专项用于物业保修期满后物业共用部位、共同设施设备的更新、改造，不得挪作他用。现今有些地方的专项维修资金管理混乱，使用不合理，挪作他用的事情时有发生，从而导致了矛盾重重，损害了业主的利益。因此，作为业主，有权监督物业共用部位、共用设施设备专项维修资金的管理和使用，以保证专项维修资金管理得当、使用合理。

10. 法律、法规规定的其他权利。业主的权利可能还会在其他法律、法规中作出规定，对于这些权利，业主也同样享有。如业主可依法享有对物业自有部位的占有、使用、经营、处置等权利，依法享有使用物业共用部位、共用设施设备和相关场地的权利，依法享有当自己及家人的人身和自有物业受到侵害时要求停止侵害、消除危险、赔偿损失的权利等。

三、业主的义务

根据权利与义务相对应的原则，业主在物业管理活动中，除享受上述权利外，也必须履行义务。

1. 遵守管理规约、业主大会议事规则。管理规约对全体业主有共同约束力，制定管理规约的目的是为了维护全体业主和物业使用人的合法权益，维护物业范围内环境和秩序，保障物业的安全与合理使用。业主大会议事规则是业主大会运行应当遵循的规则，按此规则办事，才能保证业主大会顺利进行，确保业主大会所作出的决议、决定合法有效。业主大会议事规则对业主具有一定的约束力。

2. 遵守物业管理区域内物业共用部位和共用设施设备的使用、公共秩序和环境卫生的维护等方面的规章制度。建立物业共用部位和共用设施设备的使用规章制度，是为了加强物业共用部位和共用设施设备的使用管理，保证业主和使用人的正常使用，给业主和使用人的工作、学习和生活带来便利。只有大家共同遵守，才能行之有效，实现目的。因此，无论是业主大会制定或是授权物业服务企业制定的物业共用部位和共用设施设备的使用、公共秩序和环境卫生的维护等方面的规章制度，业主都有自觉遵守的义务。

3. 执行业主大会的决定和业主大会授权业主委员会作出的决定。业主大会的决定和业主大会授权业主委员会作出的决定代表了全体业主的共同意志，其宗旨是维护业主的共同利益。物业管理的各项规约中，采取的是多数通过原则，即只要集体中多数成员达成了一致意见，规约就合法生效了，并且对所有的成员都产生一致的约束力。所以，业主有义务遵守和执行业主大会的决定和业主大会授权业主委员会作出的决定。

4. 按照国家有关规定缴纳专项维修资金。物业共用部位、共用设施设备专项维修资金没有建立或筹集不足，势必影响物业保修期满后的正常维修和更新改造，影响物业的正常安全使用，缩短物业的使用寿命，从而损害业主自身的利益。业主缴纳物业管理服务费用和维修资金是保证物业区域获得正常的管理和维护的条件，各业主都负有此项责任，也是业主的义务。

5. 按时缴纳物业服务费用。物业服务企业所提供的服务从根本上说就是一种劳务性商品，具有价值和使用价值，物业服务费就是这种劳动性商品的货币表现。花钱买服务，花钱买享受，这符合等量劳动取得等量报酬的规律。如果享受物业服务但不出钱，物业服务企业所提供的服务得不到价值补偿，那么物业服务这种劳务性商品的再生产就无法进行。对于业主大会或业主委员会做出决议的物业管理费、维修资金等各项合理费用，各业主即使有异议也有缴纳的义务。基于此项义务，各业主应负责其名下应分担的管理费及维修、保险等款项，并应准时缴纳。如因迟缴或欠缴而引起其他业主损失的，要负赔偿责任。

6. 法律、法规规定的其他义务。业主除应履行上述义务外，还得履行法律、法规规定的其他义务，如：遵守社会公德，不得侵害其他业主的权利，维护安定团结，促进精神文明建设的义务；见义勇为，与坏人坏事作斗争的义务；爱护公私财物，损坏按价赔偿的义务等。

四、物业使用人

（一）物业使用人的概念

物业使用人也是物业管理法律关系中的一个重要的主体，又称"非业主物业使用人"，指的是业主以外的物业承租人或其他实际使用物业的非所有权人。

在我国台湾地区多将物业使用人概括为承租人或其他经区分所有权人同意而为专有部分的使用者，并将其与区分所有权人统称为住户，过去我国内地的文件政策中也较常见此"住户"的称谓。在我国香港地区，物业使用人还被称为"占用人"，指的是合法占用单位的租客、分租客或其他人，不包括该单位的业主。

物业使用人在实践中一般有七种类型：

1. 承租人，即物业的承租人。
2. 业主的父母子女等业主同住者。
3. 代管房屋的人，如接受业主委托管理其物业的亲戚朋友或专业机构。
4. 临时借住业主专有物业的物业使用人。
5. 占有物业管理区域内公共物业的使用人。
6. 尚未出售的公有住房住户。
7. 法律上无因管理的管理人。

（二）物业使用人的权利和义务

物业使用人在物业管理中所享受的权利要受到一定的限制。如：物业使用人不能擅自处分其所占的物业财产，物业使用人也不能以自己的名义参加业主大会，更不能在业主大会上就物业管理事项进行独立的投票表决。

相应地，物业使用人在物业管理中所履行的义务也不如业主多。如：物业使用人没有缴纳专项维修资金的法定义务。《物业管理条例》第四十八条规定："物业使用人在物业管理活动中的权利义务由业主和物业使用人约定，但不得违反法律、法规和管理规约的有关规定。物业使用人违反本条例和管理规约的规定，有关业主应承担连带责任。"

第二节　业主大会

一、业主大会的概述

（一）业主大会的概念

根据我国的法律法规的规定和物业管理团体的制度原理，业主大会定义为：指一个物业管理区域内的全体业主组成的、依照物业管理法规规定的方式与程序成立，并按照法规或议事规则的规定进行讨论与决议，决定物业管理区域内涉及物业管理的全局性、整体性重大事项的业主管理团体的最高意愿决定机关和权力机关。

（二）业主大会的产生

一个物业管理区域成立一个业主大会。物业管理区域的划分应当充分考虑物业的共用设施设备、建筑物规模、社区建设等因素。同一个物业管理区域内的业主应当在物业所在地的区、县人民政府房地产行政主管部门或街道办事处、乡镇人民政府的指导下成立业主大会，并选举产生业主委员会。但是，只有一个业主的，或者业主人数较少且经全体业主一致同意，决定不成立业主大会的，由全体业主共同履行业主大会、业主委员会职责。业主在首次业主大会会议上的投票权数，根据业主拥有物业的建筑面积、住宅套数等因素确定。

（三）业主大会的特征

1. 业主大会由全体业主组成。即同一物业管理区域内任何一个业主都应该是业主大会的成员。不具有该物业管理区域业主身份的人，不能成为业主大会的成员。业主成为业主大会的成员不需要有加入的意愿，但同时也不能放弃。

2. 业主大会是一个物业区域的必要组成部分。除"只有一个业主的，或者业主人数较少且经全体业主一致同意，决定不成立业主大会"这种情况外，物业管理区域一般都要成立业主大会。

3. 业主大会是全体业主享有共有权和成员权的载体，涉及业主公共权益的整体性权利从业主权利中让渡出来由业主大会统一行使，不再由单个业主行使。

4. 业主大会是物业管理的意思决定机关，按照所有权与管理权分开的原则，由业主大会对物业的统一管理进行决策，但不具体行使日常物业管理权。

5. 业主大会是物业管理区域内最高权力机关，其作出的决议在物业管理区域内具有最高的法律效力，对业主具有相当的约束力。

（四）业主大会的法律性质

业主大会具有两种存在方式，一种是作为法定的团体组织存在的，另一种是作为具体的、现实性的权力行使方法的会议本身。因此，业主大会既是一个议事形式也是一个团体机关。业主大会的这两重性质在《物权法》、《物业管理条例》及相关法律制度中均有体现，只是说法不一。其实无论是《物权法》或是《物业管理条例》，其主要立法意图是要构建起"业主大会"这样一个业主管理团体机构，只是由于制度设计的价值取向以及传统观念的原因，所创设的"业主大会"组织，团体化、组织化特征并不明显，它既不符合法律规定的成为"法人"的要件，甚至也不太符合作为法律规定的"其他组织"的构成要件，而主要还是体现为业主大会会议形式，争议与分歧由此而起。

（五）业主大会的地位

业主大会的决定对物业管理区域内的全体业主具有约束力。管理规约应当对有关物业的使用、维护、管理，业主的共同利益，业主应当履行的义务，违反公约应当承担的责任等事项依法作出约定，管理规约对全体业主具有约束力。业主大会议事规则应当就业主大会的议事方式、表决程序、业主投票权确定办法、业主委员会的组成和委员任期等事项作出约定。

二、业主大会的召开

（一）业主大会的分类

1. 首次业主大会

（1）概念

首次业主大会是指一个物业管理区域在满足成立业主大会条件时筹备召开的第一次的业主大会会议。这是一个物业管理区域管理团体的启动大会和成立大会，具有深远的意义。

（2）首次业主大会召开的条件

① 已交付使用的物业建筑面积达到50%。

② 已交付使用的物业建筑面积达到30%但不足50%，且使用超过1年。

具备以上两个条件中的一个，就可以召开首次业主大会了。

（3）首次业主大会的筹备

首次业主大会一般由业主筹备召开，在物业所在地的区、县人民政府房地产行政管理部门和街道办事处的指导下成立业主大会筹备组，待业主大会筹备组成员名单确定后，以书面形式在物业管理区域内公告。业主大会筹备组要做好以下准备工作：

① 确定首次业主大会会议召开的时间、地点、形式和内容。

② 拟定《管理规约》（草案）和《业主大会议事规则》（草案）。

③ 确认业主身份，确定业主在首次业主大会会议上的投票权数。

④ 确定业主委员会委员候选人的产生办法及名单。

⑤ 确定业主管理团体的组织架构和运作模式，如决定是否成立业主代表大会、代表大会的职权等。

⑥ 做好召开首次业主大会会议的其他工作。

业主大会筹备组应在自组成之日起30日之内组织业主召开首次业主大会会议，并选举产生业主委员会，以后召开的业主大会，由业主委员会主持召开。

2. 定期业主大会

定期业主大会又被称为业主大会的例会、常会或年会，是由该物业管理区域内的业主委员会召集和主持，在固定的时间召开的业主大会会议。定期的具体时间由该物业管理区域业主大会的议事规则来确定，一般来说，一个物业管理区域业主大会的定期会议每年至少召开一次。

3. 临时业主大会

业主大会的临时业主大会又称之为业主大会的特别大会，是指在必要时，在物业管理区域内临时组织召开的或针对特别事项组织召开的业主大会。有下列情况之一时，可以召开临时业主大会：

（1）20%以上业主提议的；

（2）发生重大事故或者紧急事件需要及时处理的；

（3）业主大会议事规则或者管理规约规定的其他情况。

临时业主大会一般也由主委员会负责召集组织，并做好大会会议记录。

（二）业主大会的规则

1．业主大会会议可采用集体讨论的形式，也可以采用书面征求意见的形式。但是，应当有物业管理区域内专有部分占建筑总面积1/2以上的业主且占总人数1/2以上的业主参加。

2．业主大会决定筹集或使用专项维修资金和改建、重建建筑物及其附属设施设备时，应当经专有部分占建筑物总面积2/3以上且占总人数2/3以上的业主同意；决定其他事项时，应当经专有部分占建筑总面积1/2以上且占总人数1/2以上的业主同意。

3．业主大会或者业主委员会的决定对业主具有约束力。若业主大会或者业主委员会作出的决定侵害了业主合法权益的，受侵害的业主可以请示人民法院予以撤销此项决定。

4．物业管理区域内业主人数较多的，可以以幢、单元、楼层为单位，推行一名业主代表参加业主大会会议。

5．推行业主代表参加业主大会会议的，业主代表应当于参加业主大会会议前3日就业主大会会议拟讨论的事项书面征求其所代表的业主的意见，凡需投票的，业主的赞同、反对、弃权的具体票数需由业主本人签字，由业主代表如实向业主大会反映。

6．业主代表因故不能参加业主大会的，其所代表的业主可以另外推选一名业主代表参会。

7．业主大会做出的决定，必须经与会业主所持投票权1/2以上通过。

8．业主大会做出制定和修改管理规约、业主大会议事规则，选聘、解聘物业服务企业，专项维修资金使用、续筹方案的决定，必须经物业管理区域内全体业主所持投票权2/3以上通过。

9．业主大会会议应当由业主委员会作书面记录并存档。

10．业主大会的决定应当以书面形式在物业管理区域内及时公告。

三、业主大会的职责

业主大会应当代表和维护物业管理区域内全体业主在物业管理活动中的合法权益，这是业主大会总的职责。具体而言，业主大会应当履行下列职责：

1．制定和修改业主大会议事规则。

2．制定和修改管理规约。

3．制定业主委员会或者更换业主委员会成员。

4．选聘和解聘物业服务企业。

5．筹集和使用专项维修资金。

6．改建、重建建筑物及其附属设施。

7．有关共有和共同管理权利的其他重大事项。

以上列举的业主大会的职责主要限于在物业管理范围内的重大事项，根据《物权法》业主的建筑物区分所有权制度的相关规定，业主大会还应当有一项重要的职责，即业主大会有权决定业主大会的合并、解散和清算。另外，业主大会的权限还可以决定成立业主代表大会，可以决定设立独立的物业管理监督小组、专业委员会、决定业主委员会的工作经费和委员工作津贴、撤销业主委员会不适当的决定，以及法律允许范围内其本身管理运作所需要的适当的其他权力等。

当然，业主大会也有一些限制性职责，如：业主大会不得做出与法律、法规相抵触的行为，不能以整体利益或公共利益的名义侵犯单个业主或部分业主的合法权益。

第三节 业主委员会

一、业主委员会的概述

（一）业主委员会的概念

业主委员会是指由一个物业管理区域的业主大会选举产生的，由全体委员组成的会议体机关，是业主大会的执行机构，是一个物业管理区域业主管理团体常设的管理机关之一。

在物业管理实务中，业主委员会有时也指为执行具体管理事务而召开的业主委员会会议。

（二）业主委员会的产生与换届

1. 业主委员会的产生

业主委员会由业主大会选举产生。业主委员会自选举产生之日起 3 日内应召开首次业主委员会会议，推选产生业主委员会主任 1 人，副主任 1~2 人。业主委员会应当自选举产生之日起 30 日内，将业主大会的成立情况、业主大会议事规则、管理规约及业主委员会委员名单等材料向物业所在地的区、县人民政府房地产行政主管部门和街道办事处、乡镇人民政府备案。业主委员会备案的有关事项若发生变更的，要按规定重新备案。

2. 业主委员会会议

业主委员会应定期或不定期召开业主委员会会议，研究和部署业主委员会的相关工作，经 1/3 以上业主委员会委员提议或者业主委员会主任认为有必要时及时召开业主委员会会议。会议应有专人进行会议记录，出席会议的全体委员签字后存档。会议应有过半数以上委员出席，做出的决定必须经全体委员过半数以上同意才有效，并将通过的决定以书面形式及时在物业管理区域内公告。

3. 业主委员会换届

业主委员会的任期由业主大会通过的业主大会议事规则决定。业主委员会任期届满 2 个月前，应召开业主大会会议进行业主委员会的换届举行，逾期未换届的，可由房地产行政主管部门派专人指导其换届工作。原业主委员会应当在其任期届满之日起 10 内，将其保管的档案资料、印章、其他财物等移交新一届业主委员会，并做好交接手续。

（三）业主委员会的特点

1. 业主委员会是业主管理团体的必设和常设机关，它与业主大会均为业主管理团体的管理机关，业主大会与业主委员会并存，业主决策机构与执行机构分离，业主委员会是业主大会的执行机构，由业主大会选举产生，对业主大会负责。

2. 业主委员会是执行机关，负责召集业主大会会议并根据业主大会的决议和委托来具体行使物业管理的有关公共事务。业主委员会不是业主的代表机关，业主委员会会议的决定一般不直接对物业管理区域之外的人或事发生法律效力。

3. 业主委员会是由全体委员组成的机关。业主委员会只能由业主大会选举产生的委员组成，非委员不能进入委员会。

4. 业主委员会不是一个以经营为目的的实体，是非营利性机构，不得做出与物业管理无关的决定，不得从事与物业管理无关的活动。

5. 业主委员会实行备案制度。

二、业主委员会的职责

依据《物业管理条例》第十五条和《业主大会规程》第二十三条的规定，业主委员会作为业主大会的执行机构，其主要履行下列职责：

1. 召集业主大会会议，报告物业管理的实施情况。

2. 代表业主及业主大会选聘的物业服务企业签订物业服务合同。

3. 及时了解业主、物业使用人的意见和建议，监督和协调物业服务企业履行物业服务合同。

4. 监督管理公约的实施。

5. 业主大会赋予的其他职责。

业主委员会应当督促违反物业服务合同约定逾期不缴纳物业服务费用的业主，限期缴纳物业服务费用；在物业服务企业承接物业时，业主委员会应当与其办理物业验收手续，并向物业服务企业移交相关资料；业主委员会应当对因维修物业或者公共利益确需临时占用、挖掘道路、场地的行为进行审查管理；业主委员会应当妥善保管相关档案资料、会议记录、有关印章、财产物品等；业主委员会应当负责做好管理规约、业主大会议事规则修订文本的起草；业主委员会还应配合公安机关，并与居民委员会相互协作，共同做好维护物业管理区域内的社会治安等相关工作。

三、业主委员会委员

（一）业主委员会委员的资格及变更

业主委员会委员的资格是指物业管理区域内能够被选举担任业主委员会委员并依法正常履行委员权利义务与工作职责的条件。

1. 担任业主委员会委员应当符合下列条件

（1）本物业管理区域内具有完全民事行为能力的业主。

（2）遵守国家有关法律、法规。

（3）遵守业主大会议事规则、管理规约，模范履行业主义务。

（4）热心公益事业，责任心强，公正廉洁，具有社会公信力。

（5）具有一定的组织能力。

（6）具备必要的工作时间。

一些地方法规在委员的任职资格上又作了进一步的规定，比如：业主委员会委员必须是未欠交物业服务费、专项维修资金的业主；必须是未在本物业管理区域的物业服务企业及其下属企业内任职的业主等。

2. 业主委员会委员的变更

因各种原因有时需要对业主委员会委员进行变更。经业主委员会或者20%以上业主提议，认为有必要变更业主委员会委员的，由业主大会会议作出决定，并以书面形式在物业管理区域内公告。

业主委员会委员有以下情形之一的，经业主大会会议通过，终止其业主委员会委员的资格：

（1）因物业转让、灭失等原因不再是业主的。

（2）无故缺席业主委员会会议连续三次以上的。

（3）因疾病等原因丧失履行职责能力的。

（4）有犯罪行为的。

（5）以书面形式向业主大会提出辞呈的。

（6）拒不履行业主义务的。

（7）其他原因不宜担任业主委员会委员的。

业主委员会委员资格终止后，应当自终止之日起3日内将其保管的档案资料、印章及其他属于业主委员会的财物移交给业主委员会。因物业管理区域发生变更等原因导致业主大会解散的，在解散前，业主大会、业主委员会应当在区、县人民政府房地产行政主管部门和街道办事处的指导监督下，做好业主共同财产清算工作。

（二）业主委员会委员的权利、义务与职责

1. 业主委员会委员的权利

（1）出席业主委员会会议，参加业主委员会的工作活动。

（2）参与业主委员会所要处理事项的讨论决策与投票表决。

（3）提议召开业主委员会会议。

2. 业主委员会委员的职责

（1）完成业主委员会或业主大会交给的工作，监督物业管理事务。

（2）定期与业主沟通，及时了解业主在物业管理方面的意见和建议，及时向业主委员会报告业主的意见和建议。

（3）参加业务培训及有关物业管理工作会议。

3. 业主委员会委员的义务

（1）遵守管理规约、履行业主义务。

（2）遵守业主大会和业主委员会议事规则，忠实履行职务，恪尽职守，勤勉、敬业、善管，维护业主利益。

（3）诚信与保密义务，如不得利用委员职权为自己牟私利而侵犯业主利益，不得收受贿赂或其他收入，不得侵占业主公共利益，不得擅自处理业主公共财物，不得从事与业主利益相冲突的交易，不得泄露业主在物业管理中不宜对外公开的秘密等。

【基本概念】

业主　　物业使用人　　业主大会　　业主委员会

【经典案例之一】

☆案情简介☆

某小区5楼的一位业主到物业管理公司管理处投诉，反映他家楼上有人养鸡，鸡每天天不亮就打鸣，严重影响其正常休息，致使其老年冠心病加剧，要求管理处马上出面解决。你作为负责接待的管理处工作人员，应该怎么解决这一问题？

☆经典评析☆

首先，你要对前来投诉的业主进行安慰疏导；其次，你要了解小区业主大会制定的管理规约中是否有关于业主在家中饲养动物的禁止规定；最后，你可以登门进行调查，了解6楼业主饲养公鸡的动机，并进行调解，告诉其个人爱好应该建立在不影响他人权利的基础上，必要时可以请求小区业主委员会成员进行协助调解。

【经典案例之二】

☆案情简介☆

为了将自家的庭院设计成田园风情，家住某小区一楼的业主王先生，在庭院里搭建了一个约两米高的葡萄架，而这一举动却引来了楼上邻居杨女士的极度不满。杨女士认为，底楼两米高的葡萄架直接伸向她家的门、窗外，其顶端距离二楼卧室窗台下沿仅仅大约几十厘米，给一些不法之徒进入她家实施侵害提供了便利条件，随即要求底楼业主停止侵权行为，而底层业主认为根本没有对杨女士形成侵权或伤害，因此，双方争执不休。物业、居委会、房管办、城管等部门经多次协调，但此问题一直都没能解决。

☆经典评析☆

就此事而言，如果一楼葡萄架过高，就有可能危及二楼的安全，造成潜在的威胁，侵害了二楼的合法权益。一般在具体处理过程中，如果双方能够协商，葡萄架究竟应多高可以由物业公司、居委会或者业主大会、业主委员会出面协调。

业主大会和业主委员会可以直接要求违章搭建的业主停止侵权行为，消除危险，排除妨碍。若因此发生了盗窃，还可以要求赔偿损失。

如果无法协商或协商不成，根据《物权法》的规定，业主可以直接向法院提出诉讼。

【思考题】

1. 什么是业主？什么是物业使用人？
2. 业主的权利和义务是什么？
3. 什么是业主大会？什么是业主委员会？
4. 业主大会的特征是什么？
5. 业主大会的分类是什么？
6. 业主大会应履行哪些职责？
7. 业主委员会应履行哪些职责？
8. 业主委员会委员应当符合哪些条件？

第三章　物业管理的招标与投标

【学习目标】

通过本章的学习，了解我国物业管理市场与委托代理的关系，熟悉物业管理市场的形成。了解物业管理招标的类型，掌握招投标的过程、工作程序及招标文件的构成。了解物业服务合同的概念与分类，物业服务合同的内容，物业服务合同的签订与履行等。

【导读】

随着我国经济体制由计划经济向市场经济转变，伴随着这种经济体制转变出现了社会化、专业化、企业化的物业管理体制。市场经济最显著的标志之一就是运用价值规律和市场竞争机制整合资源，物业管理招标投标就是市场经济的必然产物，是规范物业管理市场的需要，也是行业发展日趋成熟的体现。

第一节　物业管理市场及委托

一、物业管理市场

（一）物业管理市场的概念

市场是指在一定的时间、地点进行商品交换的场所。这是一种狭义的理解方式，它仅仅把市场看作是流通行为的载体。从广义的理解来看，市场是指商品交换和商品买卖关系的总和。它不仅包括作为实体的商品交换的场所，更重要的是，它包括一定经济范围内商品交换的活动。

所谓物业管理市场，是指出售和购买以物业为对象的管理服务这种无形劳动的场所和由此而引起的交换关系的总和。具体地说，就是把物业管理服务纳入到整个经济活动中，使其进入流通、交换领域，使物业管理经验与服务得以传递、应用，并渗透到生产、生活领域，改善生产与生活环境，提高生产与生活质量，从而实现其应有的价值。

物业管理市场包含了三层含义：

1. **市场交换的商品是物业管理服务。**它是一种即时消费、即时消失的劳务商品，并依附于物业而存在，随物业消失而消失。

2. **市场交换关系的主体是业主和物业企业。**为使物业保值、增值及更具适用性，业主需要高标准、专业化的物业管理服务。这种需求创造了市场，物业企业为业主提供物业服务并获得报酬。

3. 价值规律和竞争规律是物业管理市场的基本规律。物业管理劳务商品的交换是在供求双方议价的基础上完成的。业主提出某种物业服务需求时，物业企业就此测算成本并报出价格。业主对此报价进行评价并与物业企业议价，反复多次，最终形成交易。物业企业之间的竞争对业主价格的决定都有重要影响。

（二）物业管理市场的特征

由于物业管理市场交换的是无形的管理服务，是市场细分的结果，因此它有着与其他商品市场不同的特点。

1. 非所有权性

物业管理服务必须通过服务者的劳动向需求者提供服务，这种服务劳动是存在于人体之中的一种能力，在任何情况下，没有哪种力量能使这种能力与人体分离。因此，物业管理市场交换的并不是物业管理服务的所有权，而只是这种服务的使用权。

2. 生产与消费同步性

物业管理服务是向客户提供直接服务，服务过程本身既是生产过程，也是消费过程，劳动和成果是同时完成的。如：公共秩序维护服务是为业主提供值岗、巡查，为业主的人身安全及财产安全提供安全防范的服务，当保安完成安全防范服务离开岗位后，这项服务内容也就随之完成。

3. 品质差异性

物业管理服务是通过物业服务企业员工的操作为业主直接服务，服务效果必然受到员工的服务经验、技术水平、情绪和服务态度等因素的影响。同一服务，不同的操作，不同的人员，品质差异都会很大。如：不同的装修队伍来装修同一个项目，也会因为装修的风格、材料的使用、工艺等方面有很大的差异，即便是同一工程队，也会因为服务的成果质量也难完全相同。

4. 服务综合性与连锁性

物业管理服务是集物业维护维修、安全防范、卫生保洁、园林绿化、家居生活服务等多种服务于一体的综合性服务。这种综合性服务的内容通常又是相互关联、相互补充的。业主和物业使用人对物业管理服务的需求在时间和空间及形式上经常出现相互衔接，不断地由某一种服务消费引发出另一种消费。如：业主在接受汽车保管的同时，会要求提供汽车清洗及维修服务。

5. 需求的伸缩性

业主或物业使用人对物业管理服务的消费需求有较大的伸缩性，客户感到方便、满意时，就会及时或经常惠顾；感到不便或不满意时，就会延缓，甚至不再购买服务。特别是物业管理的专项服务和特色服务上，如代购车票、船票、飞机票、代订送报纸、牛奶等，客户可以长期惠顾，也可以自行解决或委托其他的服务商办理。

（三）物业管理市场的构成

物业管理市场与其他专业市场一样，由市场主体、市场客体和市场机制三部分组成。

1. 市场主体

市场主体是指市场中进行交换的个人或组织。一种商品或劳务之所以成为交换的对象，是因为有对这种商品或劳务的需求，以及相伴于这种需求的供给。物业管理市场主体包括业主、物业服务企业、中介组织、行业协会及政府等。

（1）业主是物业产权人，是物业管理交易的委托方和服务的对象，是物业管理市场的核心。物业管理市场的一切活动都是围绕着业主的需求展开的，业主主要通过业主大会和业主委员会来参与物业管理市场活动。

（2）物业服务企业是物业管理市场的经营主体，是物业管理的受托方。

（3）中介组织主要有物业服务咨询公司、公证处、律师事务所、资产评估机构及物业租赁等市场媒介，为物业管理市场提供辅助性服务。

（4）行业协会是物业管理市场的自律性组织。其主要功能是协调物业企业之间的市场政策、交流经营管理经验、培育物业管理人才并受托对市场进行监督管理、受理业主投诉调解物业管理纠纷等。

（5）政府是物业管理市场的管理者。

2. 市场客体

市场客体是指在市场中用于交换或出售的对象。物业管理市场上的交换对象就是物业管理服务，是一种无形的商品。一个市场区别于另一个市场的主要标志在于它们所交换的对象不同。市场客体可以分为有形的商品和无形的商品两大类。物业管理市场上交换的对象是无形劳务，这种劳务具体体现在房屋及其附属设施设备的维修、养护、管理，安全防范，清扫保洁，环境绿化，代理租赁，以及应业主或物业使用人的要求提供的其他有偿服务。

3. 市场机制

物业管理市场机制是价格机制、供求机制和竞争机制三者之间的相互制约、相互作用的结果，它调节着物业管理市场的各个方面。

（1）价格机制

价格机制是指价格的形成与变动对生产、消费和供求关系等的调节和影响的形成过程与形式，是市场机制的核心。价格机制是市场机制中最敏感、最有效的调节机制，物业管理的价格既反映物业管理劳动价值量，实行等价交换，又反映供求状况，价格的变动对整个社会经济活动有十分重要的影响。

《中华人民共和国价格法》对于服务收费在内的价格管理规定了三种定价形式：一是政府定价，它是指由政府价格主管部门按照定价权限和范围制定的价格；二是政府指导价，它是指由政府价格主管部门按照定价权限和范围规定基准价及其浮动幅度，指导经营者制定的价格；三是市场调节价，它是指由经营者自主制定，通过市场竞争形成的价格。我国开展物业管理以来，也长期采取上述三种价格管理方式来定价。由于政府定价方式不符合市场竞争法则，实践中引发了大量矛盾，于是，国家发改委、原建设部在 2003 年 11 月 13 日颁布的《物业管理收费管理办法》中不再规定政府定价形式，仅采取政府指导价和市场调节价对物业管理服务收费进行管理。

（2）供求机制

供求机制在物业管理市场中表现为物业管理服务的供给总是追随着人们对物业管

理的需求。供给是指在一定时间内已经存在于市场和能够提供给市场销售的物业管理服务的总量；需求则是指在一定时间内市场上消费者对物业管理服务的具体货币支付能力的需求数量。

供给和需求是对立统一的关系，二者互为条件、相互对立、相互制约。供给和需求都要求对方与之相适应，达到平衡协调的关系。供给不是大于需求，就是需求大于供给，很少相等。但是，在一定时期的客观条件下，物业管理服务又可能呈现供求相等的平衡状态。总的来说，供求之间的平衡只是暂时的、相对的和有条件的，而不平衡则是普遍的、绝对的。

（3）竞争机制

竞争机制是指竞争同供求关系、价格变动、生产要素流动与组合，以及市场成果分配诸因素之间的有机联系和运动趋向。它主要表现在一是新物业的竞争方面，物业企业只有以最低廉的价格提供最优质的服务，才能获得物业管理权；二是在已拥有物业管理权的物业企业的竞争方面，市场奉行优胜劣汰，业主可以自主解聘管理不善、收费过高的企业，改聘管理完善，收费低廉的企业。

在物业管理市场中，市场主体之间，尤其是物业管理服务产品经营者之间的竞争是一个内有动力外有压力、持续不断的市场较量过程。因此，竞争推动和迫使物业管理经营者进行合理的决策，并且通过优胜劣汰的强制作用，奖励高效率者，惩罚低效率者，对价格信号做出迅速及时的反应，不断尝试新的生产服务要素组合，开发和扩大新的物业管理市场领域，推出新的服务项目，保证资源配置到最为需要的地方。如果没有竞争或者缺乏竞争，占据物业管理市场垄断地位的少数企业就会靠牺牲其他市场参与者（包括物业管理服务经营者、业主或物业使用人）的利益，谋取垄断利润。由于没有做出相应的市场贡献，从而导致整个物业管理市场的经济效益和服务水平的降低。

二、物业管理市场中的委托

（一）物业管理市场中的委托关系

《中华人民共和国民法通则》对代理的界定是"代理人在代理权限内，以被代理人的名义实施民事法律行为。被代理人对代理人的代理行为，负担民事责任"。法律上的代理可根据产生代理权的依据不同划分为委托代理、法定代理和指定代理三种，物业管理中主要涉及的是委托代理。

所谓委托代理是基于被代理人的委托而发生的代理关系。被代理人以委托的意思表示将代理权授予代理人，此种授予代理权的行为称为授权行为。

委托代理有两种情况：

1. 单独代理，即代理权属于一人的代理。如：某个业主委托物业服务企业修理管道。

2. 共同代理，即指代理权属于两人以上的代理人的代理。如：多个业主委托业主大会选聘物业服务企业的代理。

现实中，由于物业的复杂性、不可分割性、整体性和产权的多元化性，使众多业主不可能自己直接进行物业管理，也不可能各自寻求物业管理者来管理属于大家的公共区域，所以，物业管理的委托与代理关系便由此而产生。

（二）物业管理委托方

物业管理的委托方是业主。按照物业产权归属和物业管理委托的时间、物业管理委托方一般为物业的建设单位（房地产开发企业）、物业产权人（政府机关、公房出售单位）、业主大会（单一业主）。

1. 建设单位

建设单位在以下两种情况下是物业管理委托方：

（1）对建成后以销售为主的物业，在物业建成和出售前，其产权仍归房地产企业建设单位。根据产权理论和物业管理条例中规定的前期物业管理，应由房地产企业建设单位负责首次选聘物业服务企业。

（2）对建成后并不出售而出租经营的物业，因为产权始终归属房地产开发建设单位，所以房地产开发企业一直是物业管理的委托方。

2. 物业产权人

一些重点基础设施或大型公用设施的物业，如：机场、医院、学校、政府办公大楼等，其产权人多为政府的国有资产管理部门，此类物业招标必须经国有资产管理部门或相关产权部门批准，一般由物业产权人或管理使用单位作为委托，开展物业管理招标。

随着我国住房制度改革的深入，政府或单位原有公房逐步出售给使用人，产权发生转移。由于购房时间不等，因此在召开业主大会前，公房出售单位作为原业主是物业管理的委托方，应负责首次物业管理的招投标。

3. 业主大会（业主委员会）

以销售为主的物业，当业主入住达到一定的比例，应按规定召开首次业主大会，并选举业主委员会。物业管理的委托方就是全体业主，通过业主大会（业主委员会）进行招标投标选择物业服务企业。

（三）物业管理的委托内容

当前，从物业管理总体上可以分为以管理服务为主和租赁经营与管理服务并重两种类型。

1. 以管理服务为主的物业管理

当前我国物业管理绝大多数属于以管理服务为主的物业管理。业主只将物业日常的管理服务委托给物业服务企业，而未委托其代理物业使用权的经营，也就是说物业服务企业只对目标物业实施服务与管理。该类型物业管理的重点就是搞好日常管理与服务工作，主要适用于居住物业。

2. 以出租经营与管理服务并重的物业管理

以出租经营与管理服务并重的物业管理，业主不仅将物业日常的管理服务委托给物业服务企业，还委托其代理物业使用权的经营。业主在保持物业所有权的同时，通过签订租赁合同的方式，将物业出租给物业服务企业，由其负责该物业的出租经营与管理服务；业主通过定期收取租金方式获取利润。此时物业服务企业不仅拥有物业管理实施权，而且也拥有物业使用权的经营权。物业管理工作是出租经营权和管理服务并重。该类型物业管理主要适用于经营性的物业，如写字楼、商业大厦等。

（四）物业管理市场委托代理的实现形式

要实现物业管理服务的委托代理关系必须要有相应的形式，这种形式一般通过物业管理的招投标，并签订前期物业服务合同或物业服务合同来实现。当然也有不实行招投标形式的。

1. 物业管理招标

物业管理招标是开发商、业主大会或其他产权人等物业管理市场权利主体，通过编制和公开符合其管理服务要求和标准的招标文件，向社会招聘，并采取一定的方法进行分析和判断，最终确定最佳的物业服务企业并与之签订物业前期服务合同或物业服务合同的过程。

《物业管理条例》第二十四条规定："国家提倡建设单位按照房地产开发与物业管理相分离的原则通过招投标的方式选聘具有资质的物业服务企业。住宅物业建设单位，应当通过招投标的方式选聘具有相应资质的物业服务企业；招投标人少于3人或者住宅规模较小的，经物业所在地的区、县人民政府房地产行政主管部门批准，可采用协议方式选聘具有相应资质的物业服务企业"。可见，物业管理的招投标是国家鼓励的物业管理业务转移形式，物业管理中引入招投标是物业管理市场化的一种表现，同时也为物业服务企业提供了公平竞争的机会。

2. 物业管理投标

物业管理投标是物业服务企业为了开拓业务，根据物业管理招标文件中确定的管理服务要求与标准，组织编制投标文件，并向招标单位递交申请书和投标书，参与物业管理竞标，以求通过物业管理市场竞争获得物业管理权的过程。

第二节　物业管理招标

一、物业管理招标的概述

（一）物业管理招标的概念

物业管理招标是指物业招标人在选聘物业服务企业时，通过制定符合其项目管理服务要求和条件的招标文件向社会或特定的物业服务企业公开，由响应招标的多家物业服务企业参与竞争，经依法评审，从中确定中标企业并与之签订物业服务合同的一种物业服务产品预购的交易行为。

（二）物业管理招标的原则

物业管理招标必须贯彻"公平、公正、公开、合理"的原则。

1. 公平原则

公平原则是指在招标文件中向所有物业服务企业提出的投标条件是一致的，所有参加投标者都必须在相同基础上投标。招标人不得以不合理条件限制或排斥潜在投标人，不得对潜在投标人实行歧视性待遇，不得对潜在投标人提出与招标物业服务项目实际不符的资格要求。否则，将会损害投标人的合法权益，也必然导致不公平的投标结果。

2. 公正原则

公正原则是指投标评定的准则是衡量所有投标书的尺度，即在公平的基础上，整个投标评定中所使用的准则应具有一贯性和普遍性。通过公正评定，对于不中标者能明白自己的差距和不足。

3. 公开原则

公开原则是指在招标活动的各个环节要使相关信息保持高度透明，确保招标活动公平、公正地实施。这一原则要求在招标过程中，有关招标的条件、程序、评标办法、投标文件的要求、中标结果等信息，不但对所有潜在投标人保持一致，而且要公开透明，更不能对个别投标人公开而对其他的投标人隐瞒。

4. 合理原则

合理原则是指总投标的价格和要求必须合理，不能接受低于正常的管理服务成本的标价，也不能脱离实际市场情况，提出不切实际的管理服务要求。

(三) 物业管理招标的类型

通常分为以下三种类型：

1. 公开招标

公开招标是由招标单位通过公共媒介（如报刊、电视、网络等）发表招标公告，邀请所有符合条件的不特定的物业服务企业参加竞标的一种招标方式。招标人发布的招标公告必须载明招标人的名称、地址、招标项目的基本情况和获取招标文件的办法等具体事项。

其优点是竞争最充分，能最大限度地体现招标的公平、公正、公开、合理的原则，其缺点是招标时间长和招标成本高。一般大型基础设施和公共物业的管理常采用此类方式。

2. 邀请招标

邀请招标又称为有限竞争性招标或选择性招标，是指物业管理招标人以投标邀请书的方式邀请特定的物业服务企业参加竞标的一种招标方式。采取邀请招标方式的，招标人必须向3个以上物业服务企业发出投标邀请书。

其优点是能节省招标时间和降低招标成本，适用于标的规模较小的物业服务项目，是我国物业管理招投标中采用的主要方式。尽管其优点突出，但是缺点也十分明显，由于邀请招标是招标人预先选择了投标人，因此可选择范围大为缩小，容易诱使投标人之间产生不合理竞争，造成招标人和投标人之间的作弊现象。

3. 协商招标

协商招标，又称为议标，是由招标单位直接邀请某一个物业服务企业进行协商，确定物业管理的有关事项，最终达成协议。一般用于中小规模的物业管理招标项目及不适合公开招标的项目或投标的物业服务企业少于3个的住宅物业管理招标项目。

（四）物业管理招标的特点

由于物业管理服务的特殊性，物业管理招标与其他类型的招标相比具有自身的特点，概括起来就是具有超前性、长期性和阶段性。

1. 物业管理招标的超前性

物业管理招标的超前性是指由于物业管理提前介入的特点，决定了物业管理招标必须超前。物业价值巨大和不可移动性的特点决定了物业一旦建成便很难改变，否则将会造成极大的浪费和损失。

2. 物业管理招标的长期性和阶段性

物业管理招标的长期性和阶段性是指由于物业管理工作的长期性和多阶段性，针对不同阶段和不同的服务内容，物业管理招标的内容和方式也有所不同。由于建设单位或业主在不同的时期对物业管理有不同的要求，招标文件中的各项管理要求、管理价格都具有阶段性，会随时间的变化而调整。物业管理行业竞争日趋激烈，中标企业并非一劳永逸，高枕无忧，随时都有被"炒掉"的危险。而且在首次业主大会后，业主有权依法更换建设单位聘请的物业服务企业。这些都体现了物业管理招标具有长期性和阶段性。

（五）物业管理招标的意义

1. 物业管理实行招标是发展社会主义市场经济的需要

物业管理是一种服务商品，必须要遵循价值规律的要求，使物业管理由原来的管理服务终身制变为由市场选择的聘用制，根据市场行情，确定一定的管理聘用标准。

2. 物业管理实行招标是房地产管理体制改革的需要

我国原有的行政性福利型的房地产管理体制已不适应市场经济发展的需要。实行招标，能使开发商或业主管理委员会有权选择物业服务企业，改变原来的行政性管理终身制。

3. 物业管理招标是提高物业管理水平、促进物业管理行业发展的需要

要提高物业管理水平，促进物业管理行业的发展，就要有充满活力的市场竞争。在竞争中，一些经营管理好、服务水平高、竞争能力强的企业就会赢得信誉和业务。

二、物业管理招标的程序

参照国际招投标惯例，就公开招标来说，整个招标程序大致如以下所述：

（一）成立招标机构

任何一项物业管理招标，都需要成立一个专门的招标机构全权负责整个招标活动。成立招标机构主要有两种途径：一是自行成立招标机构并组织招标投标工作；二是委托专门的代理机构招标。两种途径都符合我国《招标投标法》的规定，并且各有各的特点。

（二）编制招标文件

编制招标文件是招标工作最重要的任务之一，招标文件的作用在于：告知投标人递交投标书的程序，阐明所需招标的标的情况，告知投标评定准则以及订立合同的条

件等。招标文件既是投标人编制投标文件的依据，又是招标人与中标人商定合同的基础。

已发出的招标文件如需要澄清或修改，应当在招标文件截止日期至少 15 日前，以书面形式通知所有的招标文件收受人。

另外，按照国际惯例，对于招标项目，招标人应在正式招标前先制定出标底。所谓标底，是招标人为准备招标的内容计算出的一个合理的基本价格。标底是作为招标人审核报价、评标和确定中标人的重要依据。

（三）发布招标信息

招标人采用公开招标方式的，应当在公共媒介上发布招标公告；招标人采用邀请招标方式的，应当向 3 个以上具备承担招标项目能力的、资信良好的特定法人或其他组织发出投标邀请书。

（四）物业管理企业申请投标

物业管理企业在看到招标公告或收到招标邀请书后，结合本企业的具体情况，确定是否参加投标，如果愿意参加投标的，应在规定的时间内按要求填写投标申请书提交招标单位。

（五）投标资格审查和出售招标文件

投标资格审查是对所有投标人的一项"粗筛"，也可以说是投标者的第一轮竞争。通过投标资格审查一方面可以减少招标人的费用，另一方面还可以保证实现招标目的，选择到最合适的投标人。资格审查后，招标人应当向资格审查合格的投标申请人发出资格审查合格通知书，告知获取招标文件的时间、地点和方法，并同时向不符合资格的投标申请人告知资格审查的结果。

招标人在投标资格审查后，应当按照招标公告或邀请书上规定的时间、地点向投标方提供招标文件。除不可抗力外，招标人或招标代理机构在发布招标公告或发出投标邀请书后不得终止招标，招标人应当确定投标人编制投标文件所需要的合理时间。

（六）召开标前会议

标前会议是招标人在投标人递交投标文件前统一组织的一次项目情况介绍和问题答疑会议，其目的是澄清投标人提出的各类问题。《投标人须知》中一般要注明标前会议的日期，如有日期变更，招标人应立即通知已购买招标文件的投标人。招标机构也可要求投标人在规定日期内将问题用书面形式寄给招标人，以便招标人汇集研究，提出统一的解答，在这种情况下就无须召开标前会议。

（七）收存投标书

招标人应当按照招标文件规定的时间和地点接受投标文件。投标人送达投标文件时，招标人应检验投标文件的密封及送达时间是否符合要求，否则招标人有权拒收或作为废标处理。对符合条件者，招标人应发给回执。招标人不得向其他人透露已获取招标文件的潜在投标人名称、数量以及可能影响公平竞争的有关招投标的其他情况。

（八）开标、评标、定标

1．开标的组织

按照招标文件中规定的时间、地点，在法律公证机关公证员及有关投标管理部门工作人员、投标单位共同参与监督下进行开标。开标分为公开开标和秘密开标，公开开标允许所有投标人或其代表出席，秘密开标是指在无投标企业现场参与的情况下进行的开标。开标的程序一般包括：

（1）宣布评标委员会成员名单。

（2）招标单位法人代表讲话，介绍此次招标情况。

（3）招标委员会负责人宣布唱标内容、评标纪律、内容事项和评标事项。

（4）宣布因投标书迟到或没收到而被取消资格的投标单位的名单，并将此情况记录在案，必要时由公证人员签字。

（5）公证人员当场验证投标函，主持抽签决定唱标顺序。

（6）唱标，由合格的投标单位公开宣读投标文件。

（7）宣读公证词，表明本次开标经公证合法有效。

（8）开标会议结束，编写会议纪要存档。

2．评标、定标的组织

评标委员会由招标人代表和物业管理方面的专家组成，成员为 5 人以上的单数，且物业管理方面专家不得少于成员总数的 2/3。定标后发出中标通知，并在确定中标人之日起 15 日内向主管部门备案。

（九）签订物业服务合同

《招标投标法》规定："招标人和中标人应当自中标通知书发出之日起 30 日内，按照招标文件和中标人的投标文件订立书面合同。"按照国际惯例，在正式签订合同之前，中标人和招标人（开发商或业主委员会）通常还要先就合同的具体细节进行谈判磋商，最后才签订新形成的正式物业服务合同。

（十）资料的整理和归档

为了对中标人的履约行为实行有效的监督，招标人在招标结束后，应对形成合同关系过程中的一系列契约和资料进行妥善保存，以便于查考。

三、物业管理招标文件的构成

根据我国招投标法的规定和国际惯例，物业管理招标文件大致包括以下基本内容：

（一）投标邀请书

投标邀请书与招标公告的目的大致相同，即提供必要的信息。其主要内容包括业主名称、项目名称、地点、范围、技术规范及要求的简述、招标文件的售价、投票文件的投报地点、投标截止时间、开标时间、地点等。

（二）投标人须知

投标人须知是为整个招标投标的过程制定的规则，是招标文件的重要组成部分，它是业主委员会、开发商或招标机构对投标人如何投标的指导性文件。

1. 总则

总则主要对招标文件的适用范围、常用名称的释义、合格的投标人和投标费用进行说明。

2. 招标文件说明

招标文件说明主要是对招标文件的构成、招标文件澄清、招标文件的修改进行说明。

3. 投标书的编写

投标书的编写有具体要求，这些要求包括：

（1）投标所用的语文文字及计量单位。

（2）投标文件的组成。

（3）投标文件格式。

（4）投标报价。

（5）投标货币。

（6）投标有效期。

（7）投标保证金。

（8）投标文件的份数及签署。

4. 投标文件的递交

投标文件的递交主要是对投标文件的密封和标记、递交投标文件的截止时间、迟交的投标文件、投标文件的修改和撤销的说明。

5. 开标和评标

开标和评标是招标文件体现公平、公正、公开、合理的招标原则的关键，包括以下内容：

（1）对开标规则的说明。

（2）组建评标委员会的要求。

（3）对投标文件相应性的确定。

（4）投标文件的澄清。

（5）对投标文件的评估和比较。

（6）评标原则及方法。

（7）评标过程保密。

6. 授予合同

授予合同的内容包括：

（1）定标准则。

（2）资格最终审查。

（3）接收和拒绝任何或所有投标的权力。

（4）中标通知。

（5）授予合同时变更数量的权力。

（6）合同协议书的签署。

（7）履约保证金。

（三）技术规范和要求

技术规范是详细说明招标项目的技术要求的文件，属于重要的招标文件之一。如：物业管理项目的服务标准、具体工作量等。技术规范通常以技术规格一览表的形式进行说明，另外还要附上项目的工程图样等作为投标人计算标价的重要依据。

（四）合同条款

合同条款分为一般性条款和特殊性条款，在合同条款中，特殊性条款优于一般性条款，在两者发生不一致时，合同应以特殊性条款为准。

（五）附件

附件是对招标文件主体部分文字说明的补充，包括以下内容：

1. 附表

附表包括投标书格式、授权书格式、开标一览表、项目简要说明一览表、投标人资格的证明文件格式、投标保函格式、协议书格式、履约保证金格式等。

2. 物业说明书

略。

3. 附图

附图包括物业的设计和施工图样。

示范文本：

物业管理招标文件

第一部分　投标邀请

按照国务院《物业管理条例》和《建设部前期物业管理招标投标暂行办法》的规定，现决定对＿＿＿＿＿＿＿＿（项目名称）的物业管理服务进行＿＿＿＿＿＿（公开/邀请）招标。兹邀请合格投标人以密封标书的方式前来投标。

一、招标项目的简要说明

本项目位于＿＿＿＿市＿＿＿＿区（县）＿＿＿＿＿＿＿＿路＿＿＿号，四至范围：东至＿＿＿＿＿＿，西至＿＿＿＿＿＿＿，南至＿＿＿＿＿＿，北至＿＿＿＿＿＿＿（或见附图）。

本项目规划设计的物业类型为：＿＿＿＿＿＿＿＿＿＿＿＿。

本项目总用地面积＿＿＿＿＿＿平方米。用地构成为：建筑用地＿＿＿＿＿＿平方米（其中公建用地＿＿＿＿平方米），道路用地＿＿＿＿＿＿平方米，绿化用地＿＿＿＿＿＿平方米。

本项目总建筑面积＿＿＿＿＿＿平方米。其中地下总建筑面积＿＿＿＿＿＿平方米，地上总建筑面积＿＿＿＿＿＿平方米（住宅建筑面积＿＿＿＿＿＿平方米，商业用房建筑面积＿＿＿＿＿＿平方米，办公用房建筑面积＿＿＿＿＿＿平方米，其他物业建筑面积＿＿＿＿＿＿平方米）。

本项目共计建筑物＿＿＿＿幢（其中住宅＿＿＿＿幢＿＿＿＿套，非住宅＿＿＿＿平方米）；建筑结构为＿＿＿＿＿＿。

本项目的建筑密度为＿＿＿＿%；综合容积率＿＿＿＿；绿化率为＿＿＿＿%。

本项目规划建设机动车停车位_____个,其中地上停车位_____个,地下停车位_____个;按照规划设计建造了非机动车停车场所_____平方米。

二、项目开工和竣工交付使用时间

本项目于_____年___月开工建设,共分期开发建设。第一期工程计划于____年___月竣工并交付使用;整个建设项目(计划)于____年___月全部建成竣工交付使用。

三、物业管理用房的配置情况

1. 物业管理企业办公等用房:

建筑面积为_____平方米;

坐落位置:_____。

2. 业主委员会活动用房:

建筑面积为_____平方米;

坐落位置:_____。

四、招标书的发售

投标单位应于_____年___月_____日_____时_____分前至_____市_____区(县)_____路_____(领取/购买)招标书。(出售的招标书每套标书收取成本费元整)。

五、保证金的缴纳

1. 投标人在(领取/购买)招标书的同时缴纳投标保证金_____元整。未中标者在招标人与中标人签订_____物业服务合同后5日内退还保证金,利息(不计/计),并给予_____元的投标书编制补偿金。

2. 未按规定提交投标保证金的投标,将被视为投标无效。

六、投标地点

_____市_____区(县)_____路_____。

七、投标截止时间_____年_____月_____日_____时_____分,逾期收到的或不符合规定的投标文件不接受。

八、招投标说明会

_____年_____月_____日_____时_____分约请投标人共同踏勘招标物业现场并举行说明会。

九、开标时间、地点

1. 开标时间:_____年_____月_____日_____时_____分

2. 开标地点:_____市_____区(县)_____路_____。

十、对本次招标提出询问的,请于_____年_____月_____日前与_____(姓名)联系(技术方面的询问请以信函或传真的形式)。

地址:_____

邮编:_____

电话:_____

传真:_____

联系人:_____

(招标人)

年 月 日

第二部分 技术规范及要求

本物业物业服务按照《××市物业服务收费等级管理办法》____级标准,具体技术规范与要求和部分差异如下:

一、物业管理服务的内容

1. 物业管理区域内物业共用部位、共用设施设备的管理及维修养护。

2. 物业管理区域内公共秩序和环境卫生的维护。

3. 物业管理区域内的绿化养护和管理。

4. 物业管理区域内车辆(机动车和非机动车)行驶、停放及场所管理。

5. 供水、供电、供气、电信等专业单位在物业管理区域内对相关管线、设施维修养护时,进行必要的协调和管理。

6. 物业管理区域的日常安全巡查服务。

7. 物业档案资料的保管及有关物业服务费用的账务管理。

8. 物业管理区域内业主、使用人装饰装修物业的服务。

9.

10.

二、物业管理服务的要求

1. 按专业化的要求配置管理服务人员。

2. 物业管理服务与收费质价相符。

3.

4.

三、物业管理服务标准

1. 物业共用部位的维修、养护和管理服务标准

(1)

(2)

2. 物业共用设施设备的运行、维修、养护和管理服务标准

(1)

(2)

3. 物业共用部位和相关场地的清洁卫生,垃圾的收集、清运及雨、污水管道的疏通服务标准

(1)

(2)

4. 公共绿化的养护和管理标准

(1)

(2)

5. 车辆停放管理服务标准

(1)

(2)

6. 公共秩序维护、安全防范等事项的协助管理服务标准

（1）

（2）

7. 装饰装修管理服务标准

（1）

（2）

8. 物业档案资料管理标准

（1）

（2）

9. 其他服务标准

（1）

（2）

四、物业服务费的结算形式（包干制/酬金制）

五、主要设施设备的配置及说明（详见附件1）

六、公建配套设施及说明（详见附件2）

七、_____

八、_____

第三部分 投标人须知

一、总则说明

（一）适用范围

1. 本招标文件仅适用于本项目的物业管理服务。

（二）定义

1. "招标方"系指第一部分所指的组织本次招标的招标机构。

2. "投标方"系指向招标方提交投标文件的物业管理企业。

（三）合格的投标方

1. 经过本次招标的资格预审确认为合格的投标人称为合格的投标方。

2.

3.

（四）投标费用

1. 无论投标过程中的做法和结果如何，投标方自行承担所有与参加投标有关的全部费用。

2.

3.

二、投标文件的编写

（一）投标文件格式

1. 投标方应按招标文件提供的投标文件格式填写。

2. 管理服务理念和目标

结合本项目的规划布局、建筑风格、智能化硬件设施配置及本物业使用性质特点，提

出物业管理服务定位、目标。

3. 项目管理机构运作方法及管理制度

编制项目管理机构、工作职能组织运行图,阐述项目经理(小区经理)的管理职责、内部管理的职责分工、日常管理制度和考核办法目录。

4. 管理服务人员配置

根据物业管理服务的内容、标准和本项目实际情况拟配置各岗位人员的具体情况。

5. 根据物业管理服务的内容、标准制订的物业管理服务方案

(1)对物业共用部位、业主或使用人自用部位提供维修服务的方案。

(2)物业管理区域内共用设施设备的维修方案。

(3)业主、使用人装饰装修室内的服务方案。

(4)住宅外墙或建筑物发生危险,影响他人安全时的工作预案。

(5)物业管理区域内环境清洁保洁方案。

(6)物业管理区域内公共秩序维护方案和岗位责任描述。

(7)绿化和园林建筑附属设施的维护、保养方案。

(8)

(9)

6. 物业维修和管理的应急措施

(1)业主、使用人自用部位突然断水、断电、无天然气的应急措施。

(2)本项目范围突然断水、断电、无天然气的应急措施。

(3)业主与使用人自用部位排水设施阻塞的应急措施。

(4)雨、污水管及排水管网阻塞的应急措施。

(5)电梯故障的应急措施。

(6)消防应急措施。

(7)

(8)

7. 丰富社区文化,加强业主相互沟通的具体措施

8. 智能化设施的管理与维修方案

9. 施工噪声控制等与业主生活密切相关事项的应对预案

10. 提供_____(《业主临时管理规约》/《业主管理规约》)的建议稿

11.

12.

(二)投标报价

1. 投标方应根据招标文件的要求写明本项目的物业管理总收费报价金额、分项收费报价金额及测算依据。投标方只允许有一个报价,招标方不接受有任何选择的报价。

报价计价单位按建筑面积元/每平方米·月计算。

2.

3.

(三)投标文件的份数和签署

1. 投标方应根据本招标文件的要求,编制投标书共____套,并明确注明"正本"或

"副本"字样,一旦正本和副本有差异,以正本为准。

2. 投标文件须打印并由投标方法定代表人签署和加盖公章。

3. 电报、电话、传真形式的投标概不接受。

三、投标文件递交的要求和无效

1. 投标文件的密封

投标方应将投标文件密封,并标明投标方的名称、地址、投标项目名称及正本或副本。

2. 投标文件的修改和撤销

(1)投标人在投标截止时间之前可书面通知招标人补充修改或撤回已提交的投标文件。经补充修改的内容为投标文件的组成部分。投标人在投标截止时间之后送达的补充或者修改的内容无效。

(2)投标方对投标文件修改或补充的书面材料应按招标文件的规定进行编写、密封、标注和递交,并注明"修改或补充投标文件"字样。

3. 投标文件有下列情形之一的,投标文件无效:

(1)未密封的。

(2)未加盖投标单位法定代表人与投标单位印章的。

(3)未能按照招标文件要求编制的。

(4)逾期送达的。

(5)附有招标人不能接受条件的。

四、开标和评标

1. 开标的方法与程序

2. 评标标准和评标办法

(1)招标方根据有关规定组建评标委员会,本项目的评标委员会成员共设____人。其中,招标人指派____人,由招标人从市物业管理评标专家名册中采取随机抽取的方式确定物业管理专家成员____人。

(2)评标标准。

(3)评标办法。

五、中标人的确定及物业服务合同的签订

(一)中标人的确定

1. 招标方在投标截止之日起____日内(最长不超过30日)确定中标人。

2. 招标方在确定中标人之日起3日内以书面形式向中标人发出中标通知书。中标通知书一经发出即发生法律效力。

3. 招标人在向中标人发出中标通知书的同时,将中标结果通知所有未中标的投标人,并返还其投标书。

4.

5.

(二)悔标责任

1. 中标人接到中标通知书____日后(最长不超过30日),无正当理由不与招标人按照招标文件和中标人的投标文件签订相应的物业服务合同的,中标无效,投标保证金不予退还。超过投标保证金数额的,对超过部分按_____赔偿;未提交投标保证金的,对招标人的损失按____予以赔偿责任。

2. 招标人在发出中标通知书____日后(最长不超过30日),无正当理由不与中标人按照招标文件和中标人的投标文件签订相应物业服务合同的,给中标人造成损失的,招标人按_____给予赔偿。

(三)物业服务合同的签订说明

1. 最低报价不是被授予合同的保证。

2.

3.

4.

(四)物业服务合同的签订

1. 中标方按中标通知书指定的时间、地点与招标人参照物业管理主管部门制订的示范文本格式签订物业服务合同。

2. 招标文件、中标通知书、中标方的投标文件及其澄清文件,均为签订物业服务合同的依据。

3.

4.

第四部分 其他事项

1. 本项目物业服务费收取标准,按照中标价格确定。

2. 招标人根据《建设部前期物业管理招标投标暂行办法》发现投标人在投标过程中如有违法、违纪、违规行为的,一经查实取消本次投标资格,已经中标的取消中标资格,保证金不予退还,由此造成的经济损失,招标人有权要求予以赔偿。

3. 招标费用的承担,按以下第_____种方式解决:

(1)由招标人全额承担。

(2)由中标人全额承担。

(3)由招标人、中标人各承担一半。

(4)_____。

但由于中标人悔标而未能在规定时间内与招标人签订物业服务合同的,本次招投标的全部费用由中标人承担。

4. 投标人应表明对招标人在投标邀请书、招标文件中所提出的规定和要求表示理解;应表明投标文件连同招标人的中标通知书均具有法律约束力;应表明投标报价的有效期自_____至_____。

5. 投标人应提供公司营业执照、法定代表人证明、物业管理企业资质证书、法人代表的授权委托书和_____等证明文件,并概要介绍本公司的基本状况、管理业绩等情况。

6.

7.

第五部分　附件

附件1：

本物业主要设施设备的配置及说明

一、给水、排水、排污设施设备配置状况。

二、供电、供气设施设备配置状况。

三、垃圾处理设施设备配置状况。

四、小区出入口共计＿＿＿处；分设在＿＿＿路，＿＿＿路和＿＿＿路。

五、小区智能化设备的配置。

六、设施设备的主要技术参数和指标。

七、

八、

附件2：

本项目公建配套设施及说明

第六部分　投标文件附件

投标文件附件至少应包括以下内容,招标人可根据招标项目的具体情况自行扩展：

附件:1. 投标文件商务、技术部分封面。

2. 投标文件资信部分封面。

3. 法定代表人身份证明书。

4. 投标人声明。

5. 投标人文件签署授权委托书。

6. 投标函。

7. 拟派驻本招标建筑区划的负责人简历。

8. 拟为该建筑区划配备的物业服务设备、器材及信息等技术与装备。

9. 投标人管理业绩表。

10. 投标报价表。

第三节　物业管理投标

物业管理投标是指符合招标文件要求的物业服务企业，根据招标文件确定的各项管理服务要求与标准，根据国家有关法律法规与本企业实力，编制投标文件，参与投标的活动。

一、物业管理投标的程序

（一）获取招标物业相关信息

虽然物业服务企业可以随时通过公共媒介查阅物业相关信息，但是对一项大型项目或复杂的物业服务项目，等看到招标公告后再做投标准备就显得仓促了许多，尤其是对于邀请招标，更有必要提前介入，对项目进行跟踪。根据招标方式的不同，投标人可通过以下方式获得招标项目信息：

1. 通过公共媒介获取公开招标项目的信息。

2. 招标方的邀请。

3. 经常派业务人员深入各个建设单位和部门，广泛联系收集信息。

4. 从老客户手中获取其后续物业招标信息。

5. 通过咨询公司或业务单位介绍招标信息。

物业服务企业在投标初期应多渠道、多方位全面搜寻第一、二手资料，情报工作人员应按资料的重要性、类别进行分门别类，以便于投标工作人员使用，由此而得出的最有价值的信息将为投标企业下一步的可行性研究提供分析基础。

（二）进行投标可行性分析

一项物业管理投标从购买招标文件到送出标书，涉及大量的人力、物力、财务的支出，一旦投标失败，其所有的前期投入都将付之东流，给企业造成非常大的损失。因此，物业服务企业在获取招标信息后应组织专业人员进行可行性分析，制定相应的措施。可行性分析的内容主要有以下几方面。

1. 招标物业的基本情况分析

招标物业的基本情况分析包括物业性质分析、客户特殊服务要求分析、物业招标背景分析以及物业开发商信誉等状况分析。物业服务企业可以通过招标文件、现场勘察、标前会议等渠道获取物业服务项目的基本情况等。通过进一步的调查，分析招标物业所在地的人文环境、经济环境、政治和法律环境，搞好招标物业服务项目的功能定位、形象定位和市场定位，这些都是投标文件的核心内容。

2. 企业投标条件分析

企业投标条件分析包括分析本企业以往是否有类似的物业管理经验；招标项目的区域、类型和规模是否符合本企业的发展规划；是否符合企业确定的目标客户；是否具有熟练和经验丰富的管理人员；是否与其他在该物业管理方面有丰富经验的专业服务企业有密切合作关系；本企业能否利用高新技术提供高品质服务或特殊服务；预测的盈利、项目风险是否在企业可承受的范围内；企业现有人力、财力、物力是否能满足投标项目需要等。

3. 竞争对手的分析

知己知彼方能百战不殆。对竞争对手的分析主要包括了解竞争对手的数量和综合实力；对潜在竞争者的分析；竞争对手所管物业的社会影响程度；竞争对手与招标方有无背景联系或物业招标前双方是否存在关联交易；同类物业服务企业的规模及其现管理物业的数量与质量的分析；当地竞争者的地域优势分析以及不同管理经营方式差异的分析；竞争对手对招标项目是否具有绝对优势及其可能采取的投标策略等。

4. 风险分析

风险分析主要包括通货膨胀分析（主要由于通货膨胀引起的设备、人工等价格上涨，导致其中标后实际运行成本费用大大超过原有预算）、经营风险、自然风险以及其他风险（如分包公司不能履行合同规定义务，而使物业服务企业遭受经济乃至信誉损失等）分析。物业服务企业必须在决定投标之前认真考虑这些风险因素，并从自身条件出发，制订出最佳规避风险的方案，将其可能发生的概率或造成的损失尽量减少到最小，使自己立于不败之地。

（三）报送投标申请书、购买招标文件

物业服务企业在进行了可行性投标分析后决定投标，在规定时间内报送投标申请书。若招标人接受投标申请，物业服务企业应当按照招标公告或投标邀请书指定的地点和方式登记并取得招标文件。要特别注意以下几点：

1. 仔细阅读标书并尽可能找出错误

投标企业应本着仔细谨慎的原则，阅读并尽可能找出错误，再按其不同性质与重要性将这些错误与遗漏划分为"招标前由招标人明确答复"和"计入索赔项目"两类。

2. 注意标书的翻译

从事国际投标的企业还应注意标书的翻译，不同的翻译可能会导致标书内容的面目全非。

3. 注意招标文件中的各项规定

投标企业还应注意招标文件中的各项规定，如开标时间、定标时间、投标保函等，尤其是对图样、设计说明书和管理服务标准、要求和范围予以足够重视，做出仔细研究。

（四）考察物业项目现场、参加标前会议

参加投标方组织的现场勘察、标前会议，掌握物业项目情况，以便合理进行方案制订和标价估算。考察时应注意以下事项：

1. 物业竣工前期介入，应现场查看工程土建构造、内外安装的合理性，尤其是消防安全设备、自动化设备、安全监控设备、电力交通通信设备等，必要时做好日后养护、维修要点记录和图纸更改要点记录，并与开发商商议。

2. 物业已经竣工，应按以下标准视察项目：工程项目施工是否符合合同规定与设计图纸要求；技术经检验是否达到国家规定的质量标准，能否满足使用要求；是否确保外在质量无重大问题；周围公用设施分布情况。

3. 主要业主情况，包括收入层次、主要服务要求与所需特殊服务等。

4. 当地的气候、地质、地理条件。这些条件与接管后的服务密切相关，不同地区物业服务的内容有很大的差异。

（五）编制投标书

作出投标报价决策后，投标人按照招标文件的要求正确编制投标书。

（六）办理投标保函

为防止投标单位违约给招标单位带来经济上的损失，在投递物业管理标书时，招标单位通常要求投标单位出具一定金额和期限的保证文件，以确保在投标单位中标后不能履约时，招标单位可通过出具保函的银行，用保证金额的全部或部分为招标单位赔偿经济损失。投标保函通常由投标单位开户银行或其主管部门出具。除办理投标保函外，投标方还可以采用保证金的形式提供违约担保，此时，投标方保证金将作为投标文件的组成部分之一。投标方应将保证金于投标截止之日前交到招标机构指定处，未按规定提交投标保证金的投标，将被视为无效投标。

（七）送封标书

全部投标文件编制好以后，投标人就可派专人或通过邮寄将所有标书投送给招标人。封送标书一般是由投标人将所有投标文件按照招标文件的要求，准备正本和副本（通过正本 1 本，副本 2 本）。标书的正本及每一份副本应分别包装，而且都必须用内外两层封套分别包装和密封，密封后打上"正本"或"副本"的印记，两层封套上均应按投标邀请信的规定写明投递地址及收件人姓名或名称，并注意投标文件的编号、物业名称、在某日某时之前不要启封等。所有投标文件都必须按招标方在投标邀请中规定的投标截止时间之前送至招标方，招标方将拒绝在截止时间后收到的投标文件。

（八）参加开标和现场答辩

在接到开标通知后，投标人应按规定的时间、地点参加开标会议。招标人要求进行现场答辩时，投标人应事先做好准备，按时参加，注意答辩时的仪容仪表，做到谈吐大方、答题准确。有的招标文件要求参加的答辩人员必须是投标单位拟派项目管理人员时，投标人必须按照投标文件中的承诺派人应辩，未经招标人的同意不得更换。

（九）签约并执行合同

中标物业服务企业按照招标文件和投标书，与招标方签订物业服务合同。双方还应及时协调，做好人员进驻、实施管理前的各项准备工作。

（十）资料整理与归档

无论中标与否，在竞标结束后投标人都应将投标过程中的一些重要文件进行分类归档保存，以备查核。这样既为中标企业在合同履行中解决争议提供原始资料，也可为竞标失利的企业分析失败原因提供资料。

二、物业管理投标书的编写

物业管理投标书是指投标人的投标意图、报价策略与目标的集中体现，其编制质量的优劣将直接影响投标竞争的成败。因此，投标人除了应以合理报价、先进技术和优质服务为其竞标成功打好基础外，还应做好标书的编制、装订、密封工作，给评委留下良好的印象，以争取关键性评分。

（一）物业管理投标书的编制要求

物业服务企业在编制标书的过程中除应特别注意投标书的质量、印刷、装订外，还应特别注意以下几点：

1. 响应性

物业管理投标书的格式、具体内容、应提交的材料、投标报价等必须响应并符合招标文件的具体要求，不得缺项或漏项，否则很难竞标成功。

2. 合法性

物业管理是一项法律法规要求很严的服务性工作，因此物业服务企业在编制投标书时，必须符合国家法律、法规、规章的具体规定，否则同样难以竞标成功。

3. 客观合理性

物业管理的客观合理性包含了两层含义：一是物业管理投标书本质上是物业服务企业根据对招标物业状况的了解，利用自身管理经验和知识编制的目标物业管理方案。因此，投标书中提出的各项管理措施必须结合投标物业的实际具有可操作性，切勿千篇一律，不切实际。二是物业服务费用的价格必须合理。投标方不能为了取得超额利润而虚报物业服务成本。

(二) 物业管理投标书的组成

物业管理投标书主要包括以下内容：

1. 投标函

投标函实际上就是投标者的正式报价信，其主要内容一般为：

（1）表明投标人完全愿意按招标文件中的规定承担物业管理服务，按期、保质完成投标项目的物业管理工作。

（2）表明投标人接受物业服务合同全部委托服务的期限。

（3）说明投标报价的有效期。

（4）说明投标人所有投标文件、附件的真实性和合法性，并愿承担由此造成的一切后果。

（5）表明如投标人中标，将按投标文件中的承诺与招标人签订物业服务合同。

（6）表明对招标人接受其他投标人的理解。

（7）本投标如被接受，投标人愿意按照招标文件规定金额提供履约保证金。

示范文本：

物业投标综合说明书范本

业主：××

1. 根据已收到的　　市城乡结合部物业招标文件，遵照《　　市物业管理招标投标管理法》的规定，经考察现场和研究上述招标文件、招标文件补充通知、招标答疑纪要的所有内容后，我方愿以我方所要递交的标书摘要表中的总投标价，承担上述物业的全部管理工作。

2. 一旦我方中标，我方保证按我方所递交的标函摘要表中承诺的期限和招标文件中对承包期限的要求如期按质提供服务。

3. 一旦我方中标，我方保证所提供的物业管理质量达到我方所递交的标函摘要表中承诺的质量等级。

4. 一旦我方中标，我方保证按投标文件中的物业管理班子及管理组织设计组织管理工作。如确需变更，必须征得业主的同意。

5. 我方同意所递交的投标文件在投标有效期内有效，在此期间内我方的投标有可能中标，我方将受此约束。

6. 我方同意招标文件中各条款，并缴纳保证金。若我方违约，则扣除所缴纳的全部保证金。

7．除非另外达成协议并生效，招标文件、招标文件补充通知、招标答疑纪要、中标通知书和本投标文件将构成约束我方的合同。

投标单位：　　物业管理有限公司

法定代表人：

日期：

2．投标报价

投标报价的主要内容包括：

（1）物业服务费用单价、总报价、年费用。

（2）企业资质等级。

（3）出现问题服务响应的时间。

（4）有无其他的优惠条款。

3．物业管理方案

物业管理投标书除了按规定格式要求回答招标书中的问题处，最主要的内容就是介绍物业管理要点和服务内容、服务形式和费用，即物业管理方案与投标报价。物业管理方案没有统一的模式，但一般包含以下内容：

（1）介绍本物业服务企业的概况。

（2）项目整体设想与策划，如：项目情况分析、物业管理的档次及目标等。服务理念如"业主第一，服务至上"等；管理目标表现在两个方面：一是总体达到的某种水平，一般指将参与不同级别的物业管理示范或优秀项目评比，获得有关部门授予的荣誉称号；二是管理达到的具体质量指标，如：房屋完好率、小修及时率等。

（3）分析投标物业的管理要点。指出此次投标物业的特点和日后管理上的特点、难点，分析业主及使用人对物业管理服务的需求等。

（4）介绍本企业将提供的管理服务内容及功能。其内容及功能主要包括开发设计建设期间、物业竣工验收前、用户入住及装修期间、日常运作期间的服务内容等。

（5）说明将提供的服务形式、费用和期限。服务形式一般分为直接管理或顾问管理。投标方应仔细核算物业服务所需费用，列明各项物业管理服务费用测算明细表。若投标物业服务企业拟在中标后将某些专项服务业务委托给专业性服务企业，应在投标文件中加以说明。

（6）说明物业项目管理组织架构、各部门职责及人员配备。根据物业项目的特点确定组织架构及人员配备，说明各部门职责，拟派出的项目负责人简历、业绩和拟用于完成招标项目的设备等。

4．附件

附件的数量及内容按照招标文件的规定确定。但应注意各种商务文件、技术文件等均应依据招标文件要求备全，缺少任何必需文件的投标将被排除在中标人之外。这些文件主要包括：

（1）企业简介。概要介绍投标企业的资质条件、以往业绩等情况。

（2）企业法人地位及法定代表人证明，包括资格证明文件、资信证明文件（保函、已履行的合同及商户意见书、中介机构出具的财务状况书等）。

（3）企业对合同意向的承诺，包括对承包方式、价款计算方式、服务款项收取方式、材料设备供应方式等情况的说明。

（4）物业管理专案小组情况，包括主要负责人的职务、以往业绩等。

（5）物业管理组织实施规划等，说明对该物业管理运作中的人员安排、工作规划、财务管理等。

示范文本：

物业管理投标书目录

第一章　投标人资格证明文件

一、投标承诺书

二、法定代表人授权委托书

三、投标人资格证明文件

四、拟派现场项目经理资格声明

五、拟派项目主要管理人员、工程技术人员情况表

第二章　企业基本情况

一、企业理念

二、机构设置

三、管理优势

四、管理规模

五、酒店管理

六、项目剪影

第三章　前期介入服务与接管验收及入住管理方案

一、前期介入服务

二、项目的接管验收

三、入伙（住）管理方案

第四章　对本项目物业管理的整体设想及策划

一、总体管理服务目标

二、管理服务理念

三、保证体系

四、服务承诺

第五章　拟采取的工作计划和物资装备情况

一、拟采取的工作计划

二、物资装备情况

第六章　拟建立的组织机构及人员的配备、培训、管理

一、拟建立的组织机构及人员的配备
二、培训及管理

第七章　管理规章制度及管理档案建立情况

一、管理处各项管理制度目录
二、管理规章制度
三、管理档案建立情况

第八章　针对该项目的特点结合实际情况制订服务内容和指标

一、管理处服务人员形象的服务内容和指标
二、急修项目的服务标准与承诺
三、一般维修的服务内容和指标
四、服务受理、报修接待的服务内容和指标
五、投诉处理的服务内容和指标
六、电梯、水泵等设备运行服务的服务内容和指标
七、房屋及其设备设施完好程度的服务内容和指标
八、小区消防安全、公共秩序维护的服务内容和指标
九、小区交通以及停车管理的服务内容和指标
十、控制突发事件的服务内容和指标
十一、物业及住户档案管理的服务内容和指标
十二、住宅装修管理的服务内容和指标
十三、业户满意度测评的服务内容和指标

第九章　构建和谐社区与便民服务

一、和谐社区
二、便民服务

第十章　物业服务费用范围的物业设施、设备维修管理与维护

一、房屋共用部位、共用设施设备的使用管理、维修和更新
二、房屋共用部位、共用设施设备维修养护的管理规定
三、房屋共用部位、共用设施设备维修养护计划及实施方案

第十一章　公共维修基金范围的使用方案

第十二章　其他物业及设施、设备维修管理与维护

一、房屋及公用设施维修养护
二、设备管理

第十三章　拟采取的安全与秩序维护方案

第十四章　绿化和保洁管理方案

一、绿化管理方案
二、保洁管理方案

第十五章　停车管理方案及地下车库经营管理的说明

一、停车管理方案
二、地下车库经营管理的说明

第十六章　针对业主、物业使用人及装修企业的装修管理与服务

第十七章　协助招标人开展销售工作的可行性方案与实施空房管理说明

一、开展销售工作的可行性方案
二、空房管理办法

第十八章　投标报价及经费收支预算

第十九章　对招标人提出的相关配合要求的说明

第二十章　招标人要求投标人对以下内容做出实质性承诺

附件：物业管理应急措施

一、遇火灾处理程序
二、接报治安事件处理程序
三、接报刑事案件处理程序
四、遇燃气泄漏处理程序
五、遇停电处理程序
六、遇水浸（跑、冒、漏）处理程序
七、遇爆炸物或可疑物品处理程序
八、遇恐怖事件处理程序
九、触电事故的应急处理程序
十、电梯困人事故的应急处理程序
十一、强烈大风的应急处理程序

（物业管理投标书正文：略）

三、物业管理投标原则与策略

（一）物业管理投标原则

在物业管理投标中，投标企业要想最大可能地争取中标，应当遵循以下几点原则，审慎研究，大胆出击。

1. 集中实力，重点突破

众多的招标物业中，物业服务企业不可能每一个都参加，应当寻找那些符合自身经营目标的物业进行投标。

2. 客观分析、趋利避险

企业投标前必须对所投标物业进行仔细而客观地分析，并及早要求招标方澄清可能出现的差错或不够明确的地方。

3. 精益求精，合理估算

投标企业应尽可能按严密的管理组织计划计算标价，做到不漏项，不出错。

4. 适当加价，灵活报价

在同一项报价中，单价高低应视具体情况而定，并要加强调查，了解市场。

（二）物业管理投标策略

1. 攻势策略

攻势策略是一种主动进攻性的策略。通过高于平均水平的投标报价、谈判中强调突出自己的雄厚实力和优势等来争取中标。采用这种策略投标的企业往往对投标物业与业主的档次已经充分了解，并拥有大量的类似物业的管理经验。

2. 守势策略

运用守势策略的物业服务企业通常是尽可能地突出自身特殊优势，避免在自身弱点上与其他投标企业发生正面冲突。他们可以尽可能地与其他投标企业接触，获取更多的信息，找出其他竞争者的弱点，伺机出动，以获取胜利。

3. 低成本策略

低成本策略是指投标企业在制定标价时，尽可能地压低报价以争取中标的策略。采用这种策略的投标企业既可以是为实现扩大市场份额目标的实力雄厚的大企业，也可以是刚刚开始打入市场的小企业的先行步骤。

4. 差异策略

差异策略是指投标的物业服务企业根据招标物业的性质和自己企业的特点，在管理服务的方式方法上提出自己与众不同的构思，颇具创意，与其他竞争对手形成差异，以获取胜利的策略。

（三）物业管理投标现场答辩

物业管理投标的现场答辩是业主确定中标企业的重要环节，在评标到最后定标的定标期内，招标人和招标机构必要时要召集现场答辩会。业主可要求任何投标人澄清其投标书，包括单价分析表，但投标人不应寻求或提出对其报价价格或实质性内容进行修改。投标企业在投标的过程中，要做好现场答辩的准备工作，要求答辩人具有较强的语言表达能力，较高的专业水平，同时要熟悉标书。答辩人在答辩过程中要心理素质好，能迅速应对，树立良好的企业形象和个人形象，对业主针对投标书提出的所有问题，要做好合理满意的解释说明。

第四节　物业服务合同

一、物业服务合同的概念

合同是指平等的自然人、法人、其他组织之间设立、变更、终止民事权利和义务关系的协议。物业服务合同是指物业管理市场上物业管理服务的各有关当事人，为实现物业管理服务的目标，而签订的相互之间的民事权利义务关系的协议。

物业服务合同属于委托合同。委托合同是受托人以委托人的名义和费用为委托人处理委托事宜，委托人支付约定报酬的协议。物业服务合同既可以发生在法人之间，也可以发生在公民与法人之间；既可以因房屋维修养护的需要而发生，也可以因日常生活的需要而发生。

二、物业服务合同的分类

根据《物业管理条例》的规定，物业服务合同主要有两种类型。

（一）前期物业服务合同

《物业管理条例》第二十一条规定："在业主、业主大会选聘物业管理物业之前，建设单位选聘物业服务企业的，应当签订书面的前期物业服务合同"。前期物业服务合同是指新建物业在业主、业主大会选聘物业服务企业之前，由建设单位选聘物业服务企业并与之签订的合同。这也是实施物业管理的第一个合同。前期物业服务合同可以约定期限，但是期限未满、业主委员会与物业服务企业签订的物业服务合同生效后，前期物业服务合同终止。建设单位与物业买受人签订的买卖合同应包括前期物业服务合同约定的内容。

（二）物业服务合同

《物业管理条例》第三十一条第一款规定："业主委员会应当与业主大会选聘的物业服务企业订立书面的物业服务合同"。物业服务合同是指业主委员会成立后，业主委员会与所选聘的物业服务企业签订的书面物业服务合同。物业服务企业应当按照物业服务合同的约定，提供相应的服务。如未履行物业服务合同的约定，导致业主人身、财产安全受到损害的，应当依法承担相应的法律责任。业主应当根据物业服务合同的约定缴纳物业服务费用。在同等条件下，业主委员会应当优先选聘物业买受人签订过《前期物业服务合同》的物业服务企业。

除了上述两种合同外，《物业管理条例》规定："物业服务企业可以将物业管理区域内的专项服务业务委托给专业性服务企业，但不得将该区域内的全部物业管理一并委托给他人"。此时物业服务企业应与专业企业签订专项分包合同。

（三）物业服务合同与前期物业服务合同的主要区别

物业服务合同与前期物业服务合同相比较，其服务内容基本相同，主要区别在于以下两点：

1. 订立服务合同的当事人不同

前期物业服务合同的当事人是物业建设单位与物业服务企业，物业服务合同当事人是业主大会（业主委员会）与物业服务企业。

2. 合同期限不同

前期物业服务合同的期限虽然可以约定，但不定因素很多，最主要的是业主大会召开、业主委员会成立，与新的物业服务企业签订服务合同又开始生效，法律法规明确规定前期物业服务合同自然终止；而物业服务合同期限由订立双方合同当事人约定，期限明确，稳定性强。

三、物业服务合同的特征

（一）物业服务合同是有偿的

物业服务合同是委托行为，也称之为委托合同，委托合同的目的在于由受托人用委托人的名义和费用处理管理委托人事务。因此业主不但支付物业服务企业在处理委托事务中花费的必要费用，同时还应支付物业服务企业一定的酬金。

（二）物业服务合同的订立是以当事人相互信任为前提的

物业服务合同的订立是以当事人相互信任为前提，任何一方通过利诱、欺诈、蒙骗等手段签订合同，一经查实，可依法起诉，直至解除合同关系。

（三）物业服务合同的内容必须是合法的

应当体现当事人双方的权利义务的相互平等，并不得与现行的物业管理法律、法规和政策规定相抵触。否则，合同将不受法律保护。

（四）物业服务合同当事人的权利与义务是对等的

物业服务合同当事人都既有权利，也有相应的义务，不能只享受权利而不履行自己的义务。

（五）物业服务合同既是诺成性合同又是双务合同

物业服务合同自双方达成协议时成立，故称为诺成性合同；委托人与受托人双方都负有义务，故称为双务合同。

四、物业服务合同的主要内容

通常，物业服务合同应包括以下内容：

（一）总则

总则是对物业服务合同的总的说明。总则中，一般应当载明下列主要内容：

1. 合同当事人，包括委托方（一般简称甲方）和受托方（一般简称为乙方）的名称、住所和其他简要情况介绍。

2. 签订本物业服务合同的依据，即主要依据哪些法律法规和政策规定。

3. 委托物业的基本情况，包括物业的建成时间、类型、功能布局、坐落、四至、占地面积和建筑面积概况等。

（二）委托管理事项

委托管理事项也就是具体负责哪些方面的具体内容，有哪些管理任务等。委托管理事项主要阐述管理项目的性质、管理项目由哪几部分组成等。一般来说，它主要包括建筑物本体建筑的维修养护与更新改造；物业共用设备、设施（如共用照明、中央空调、电梯、天线、高压水泵房等）的使用管理、维修、养护和更新；物业区域内市政公用设施和附属建筑物、构筑物的使用管理、维修、养护与更新；附属配套建筑和设施，包括商业网点等的维修、养护与管理；环境卫生管理与服务；安全管理与服务（如治安管理、消防管理和车辆道路安全管理等）；物业档案资料管理；环境的美化与绿化管理（如公共绿地、花木、建筑小品等的养护、营造与管理）；供暖管理；社区文化建设以及业主或使用人的自用部位和自用设备的维修与更新；业主或业主管理委员会委托的其他物业管理服务事项等。

（三）管理服务费用

物业管理委托合同中的管理服务费用包括：

1. 管理费用的构成，即物业管理服务费用包括哪些项目。
2. 管理费用的标准，即每个收费项目收费的标准。
3. 费用的总额，即合计每建筑面积或每户每月（或每年）应缴纳的费用总计。
4. 管理费用的缴纳方式与时间，即是按年缴纳、按季预交还是按月缴纳；什么时间或日期缴纳等。
5. 费用的结算，如是多退少补还是如实报销等。
6. 管理费标准的调整，即管理费调整的办法与依据等。
7. 逾期缴纳管理费用的处理，如处罚标准与额度等。
8. 某些管理费用的承担责任，如房屋的大小修费用，如何分摊或承担等。
9. 专项服务和特约服务收费的标准。
10. 公共设备维修基金的管理办法等。

（四）合同双方的权利与义务

不同的物业，其物业管理项目的具体内容也不同，物业管理服务需求双方的权利与义务也不能完全一致。所以，对于不同类型的物业，合同双方都要根据物业的性质和特点，在物业管理委托合同中制定出具有针对性、明确性的权利与义务关系来。

（五）管理服务质量

合同中应明确物业管理服务的要求和标准，可以采用统计数字的方式进行量化管理。

（六）合同期限

在物业管理委托合同中，一定要明确合同的起止时间，这个起止时间一定要具体，有时甚至要精确到某年某月某日某时某分。另外，有时还要规定物业服务合同终止时，物业及物业资料如何交接等问题。

（七）违约责任

所谓违约责任是指合同一方或双方当事人违反合同规定的义务，依照法律规定或合同约定由过错一方当事人所应承担的以经济补偿为内容的责任。违约责任应尽可能订得具体、明确，违约责任是物业管理委托合同中一项不可缺少的组成部分。

（八）附则

附则一般记录合同双方对合同生效、变更、续约和解除的约定。通常应注明：合同何时生效（即合同的生效日期）；合同期满后，是否续约的约定；对合同变更的约定；合同争议解决办法的约定以及当事人双方约定的其他事项。

五、物业服务合同的签订

（一）物业服务合同签订的程序

物业服务合同应在双方谈判磋商达成一致的基础上签署，一般程序为：

1. 签约前协商谈判

选聘方初步确定被聘用的物业服务企业后，一般要针对一些招标文件中不够清晰或完善的条款、未中标物业服务企业的标书中值得借鉴的建议等方面进行协商谈判。

2. 签订谅解备忘录

经协商谈判后，选聘方将与被聘企业签订一份有关招聘内容的事实性说明书，即谅解备忘录，用于记录谈判双方在签订合同前的谈判中所作出的所有决定和达成的一致意见。谅解备忘录将成为合同协议书的组成部分。

3. 发送中标函或签发意向书

选聘方征得被聘企业的同意后，向其签发中标函，并随函附上谅解备忘录。如果选聘方不能立即签发正式的中标函，通常会签发一份拟签订合同的意向书。

4. 拟订并签订物业服务合同

在实质性条款确定后，双方着手拟订合同条款，通常需要参照国家有关示范文本的格式拟订。最终双方签字，合同即告成立。

（二）签订中的注意事项

1. 仔细研读合同

合同双方应本着求同存异的原则，围绕物业管理业务的方方面面，从主要款项到具体细节进行研究和磋商。对合同中的每一条款反复琢磨，在确切搞清所有条款含义的前提下，选择合适的时间和场合正式签署。

2. 物业服务合同的制订宜细不宜粗

合同要尽量做到"服务项目清、服务项目的具体内容细、服务质量标准明、服务费用清"。

3. 物业服务合同要避免过分承诺

签订物业服务合同时，不要过分承诺，如"不发生人身、财务安全事故"等。在实践工作中，这样的承诺很难实现，而且一旦物业管理区域发生了承诺过的事情，物业服务企业将难以摆脱责任，必须承担相应的赔偿，无疑增加了管理风险。

六、物业服务合同的变更与解除

（一）物业服务合同的变更

物业服务合同变更是指服务合同生效后，在履行过程中，因合同签订时的主客观情况与条件发生变化，双方当事人（合同主体）依据法律、法规对原合同内容进行修改或补充。

1. 物业服务合同变更的条件

物业服务合同变更应具有三方面的条件：

（1）协商一致性

协商一致性即合同的修改须经双方当事人协商一致，并在原有合同的基础之上达成新的协议。

（2）局部变更性

局部变更性即合同的变更只能是对原有合同内容的局部修改和补充。

（3）相对消灭性

合同的变更意味着有新的内容产生，它的履行相应不能再按照原有合同执行，而应按照变更后的权利义务关系履行。

2. 物业服务合同变更的效力

物业服务合同的当事人应当就合同变更的内容做出明确的规定，若变更内容不明确，则从法律上可推定为未变更。合同一旦发生变化，当事人就应当按照变更后的内容履行合同，任何一方违反变更后的合同内容都将构成违约。如果合同的变更对一方当事人造成了损害，则另一方当事人应承担相应的赔偿责任。

（二）物业服务合同的解除

合同的解除是指由于发生法律规定的或当事人约定的情况，使得当事人之间的权利义务关系消灭，从而使合同终止法律效力。

导致物业服务合同解除的事项主要有：

1. 合同规定的期限届满。

2. 当事人一方违约，经法院判决解除合同。

3. 当事人一方侵害另一方权益，经协商或法院判决解除合同。

4. 当事人双方商定解除合同。

合同的解除无论是当事人双方协商解除还是依据法律规定解除，均须遵照一定程序。合同解除后，尚未履行合同的，终止履行；已经履行的，根据履行情况，当事人可以要求采取补救措施，并有权要求赔偿。

示范文本：

物业服务合同

第一章　总则

第一条　本合同当事人

委托方（以下简称甲方）

名称：＿＿＿＿＿＿＿＿＿业主大会

受委托方（以下简称乙方）：

名称：

物业管理资质等级证书编号：

根据有关法律、法规，在自愿、平等、协商一致的基础上，甲方选聘（或续聘）乙方＿＿＿＿
＿＿＿＿＿＿＿＿为（物业名称）提供物业管理服务，订立本合同。

第二条　物业管理区域基本情况

物业名称：

物业用途：

坐落：

四至：

占地面积：

总建筑面积：

第二章　物业服务内容

第三条　制订物业管理服务工作计划，并组织实施；管理与物业相关的工程图纸、住
用户档案与竣工验收材料等，＿＿＿＿＿＿＿＿＿＿＿＿。

第四条　房屋建筑共用部位的日常维修、养护和管理，共用部位包括楼盖、屋顶、外
墙面、承重墙体、楼梯间、走廊通道＿＿＿＿＿＿＿＿＿＿＿。

第五条　共用设施设备的日常维修、养护和管理，共用设施设备包括共用的上下水
管道、共用照明＿＿＿＿＿＿＿＿＿＿＿＿。

第六条　共用设施和附属建筑物、构筑物的日常维修养护和管理，包括道路、化粪
池、泵房、自行车棚＿＿＿＿＿＿＿＿＿＿＿。

第七条　公共区域的绿化养护与管理，＿＿＿＿＿＿＿＿＿＿＿＿＿＿。

第八条　公共环境卫生，包括房屋共用部位的清洁卫生，公共场所的清洁卫生、垃圾
的收集、＿＿＿＿＿＿＿＿＿＿＿＿＿。

第九条　维护公共秩序，包括门岗服务、物业区域内巡查、＿＿＿＿＿＿＿＿。

第十条　维持物业区域内车辆行驶秩序，对车辆停放进行管理，＿＿＿＿＿＿＿。

第十一条　消防管理服务，包括公共区域消防设施设备的维护管理，＿＿＿＿＿＿＿
＿＿＿＿＿＿＿＿＿＿＿＿＿＿＿＿＿＿＿＿。

第十二条　电梯、水泵的运行和日常维护管理，＿＿＿＿＿＿＿＿＿＿＿＿。

第十三条　房屋装饰装修管理服务，＿＿＿＿＿＿＿＿＿＿＿＿＿＿＿。

第十四条　其他委托事项

(1)＿＿＿＿＿＿＿＿＿＿＿＿＿＿＿＿＿＿＿＿＿＿＿＿＿＿；

(2)＿＿＿＿＿＿＿＿＿＿＿＿＿＿＿＿＿＿＿＿＿＿＿＿＿＿；

(3)＿＿＿＿＿＿＿＿＿＿＿＿＿＿＿＿＿＿＿＿＿＿＿＿＿＿。

第三章　物业服务质量

第十五条　乙方提供的物业服务质量按以下第＿＿＿＿＿＿＿项执行：

1.执行北京市国土资源和房屋管理局发布的《北京市住宅物业管理服务标准》规定的标准一，即普通商品住宅物业管理服务标准；＿＿＿＿＿＿＿＿＿＿＿＿＿＿＿＿。

2.执行北京市国土资源和房屋管理局发布的《北京市住宅物业管理服务标准》规定的标准二，即经济适用房、直管和自管公房、危旧房改造回迁房管理服务标准；＿＿＿＿＿＿＿＿＿＿＿＿＿＿＿。

3.执行双方约定的物业服务质量要求，具体为：＿＿＿＿＿＿＿＿＿＿＿＿＿。

第四章　物业服务费用

第十六条　（适用于政府指导价）物业服务费用执行政府指导价。

1.物业服务费由乙方按＿＿＿＿＿＿＿＿＿元/平方米·月向业主（或交费义务人）按年（季、月）收取。（按房屋建筑面积计算，房屋建筑面积包括套内建筑面积和公共部位与公用房屋分摊建筑面积。）

其中，电梯、水泵运行维护费用价格为：＿＿＿＿＿＿＿＿＿；按房屋建筑面积比例分摊。

2.如政府发布的指导价有调整，上述价格随之调整。

3.共用部位、共用设施设备及公众责任保险费用，按照乙方与保险公司签订的保险单和所缴纳的年保险费按照房屋建筑面积比例分摊。乙方收费时，应将保险单和保险费发票公示。

第十七条　（适用于市场调节价）物业服务费用实行市场调节价。

1.物业服务费由乙方按＿＿＿＿＿＿＿＿＿元/平方米·月向业主（或交费义务人）按年（季、月）收取。（按房屋建筑面积计算，房屋建筑面积包括套内建筑面积加公共部位与公用房屋分摊建筑面积。）

其中，电梯、水泵运行维护费用价格为：＿＿＿＿＿＿；按房屋建筑面积比例分摊。

2.物业服务支出包括以下部分：

(1)管理服务人员的工资、社会保险和按规定提取的福利费等；

(2)物业共用部位、共用设施设备的日常运行、维护费用；

(3)物业管理区域清洁卫生费用；

(4)物业管理区域绿化维护费用；

(5)物业管理区域秩序维护费用；

(6)办公费用；

(7)物业管理企业固定资产折旧；

(8)物业共用部位、共用设施设备及公众责任保险费用；

(9)其他费用：

＿＿＿＿＿＿＿＿＿＿＿＿＿＿＿＿＿＿＿＿＿＿＿＿＿＿＿＿＿＿＿＿；

_____。

3.（适用于包干制）物业服务费如需调整，由双方协商确定。

4.（适用于酬金制）从预收的物业服务费中提取_____%作为乙方的酬金。

5.（适用于酬金制）物业服务费如有节余，则转入下一年度物业服务费总额中；如物业服务费不足使用，乙方应提前告知甲方，并告知物业服务费不足的数额、原因和建议的补足方案，甲方应在合理的期限内对乙方提交的方案进行审查和作出决定。

6.（适用于酬金制）双方约定聘请/不聘请专业机构对物业服务资金年度预决算和物业服务资金的收支情况进行审计；聘请专业机构的费用由全体业主承担，专业机构由双方协商选定/（甲方选定、乙方选定）。

第十八条 共用部位共用设施设备的大、中修和更新改造费用从专项维修资金支出。

第十九条 停车费用由乙方按下列标准向车位使用人收取：

1.露天车位：_____

2.车库车位（租用）：_____；其中，物业管理服务费为：_____

车库车位（已出售）：_____

3._____

4._____

第二十条 乙方对业主房屋自用部位、自用设备维修养护及其他特约服务的费用另行收取，乙方制定的对业主房屋自用部位、自用设备维修养护及其他特约服务的收费价格应在物业管理区域内公示。

第五章 双方权利义务

第二十一条 甲方权利义务

1.审定乙方制订的物业管理服务工作计划。

2.检查监督乙方管理工作的实施情况。

3.按照法规政策的规定决定共用部位共用设施设备专项维修资金的使用管理。

4.（适用于酬金制）审查乙方提出的财务预算和决算。

5.甲方应在合同生效之日起_____日内向乙方移交或组织移交以下资料：

（1）竣工总平面图、单体建筑、结构、设备竣工图、配套设施、地下管网工程竣工图等竣工验收资料；

（2）设施设备的安装、使用和维护保养等技术资料；

（3）物业质量保修文件和物业使用说明文件；

（4）各专业部门验收资料；

（5）房屋和配套设施的产权归属资料；

（6）物业管理所必需的其他资料。

6.合同生效之日起_____日内向乙方提供_____平方米建筑面积物业管理用房，管理用房位置：_____。

管理用房按以下方式使用：

（1）乙方无偿使用；

(2)_____。

7. 当业主和使用人不按规定缴纳物业服务费时,督促其缴纳。

8. 协调、处理本合同生效前发生的遗留问题:

(1)_____;

(2)_____。

9. 协助乙方作好物业管理区域内的物业管理工作。

10. 其他:_____。

第二十二条　甲方的业主委员会作为执行机构,具有以下权利义务:

1. 在业主大会闭会期间,根据业主大会的授权代表业主大会行使基于本合同拥有的权利,履行本合同约定的义务(按照法规政策的规定必须由业主大会决议的除外)。

2. 监督和协助乙方履行物业服务合同。

3. 组织物业的交接验收。

4. 督促全体业主遵守《业主公约》、《业主大会议事规则》和物业管理规章制度。

5. 督促违反物业服务合同约定逾期不缴纳物业服务费用的业主,限期缴纳物业服务费用。

6. 如实向业主大会报告物业管理的实施情况。

7. 其他:_____。

第二十三条　乙方权利义务

1. 根据甲方的授权和有关法律、法规及本合同的约定,在本物业区域内提供物业管理服务。

2. 有权要求甲方、业主委员会、业主及物业使用人配合乙方的管理服务行为。

3. 向业主和物业使用人收取物业服务费。

4. 对业主和物业使用人违反《业主公约》和物业管理制度的行为,有权根据情节轻重,采取劝阻、制止、_____等措施。

5. 选聘专营公司承担本物业的专项管理业务,但不得将物业的整体管理委托给第三方。

6. 每年度向甲方报告物业管理服务实施情况。

7. (适用于酬金制)向甲方或全体业主公布物业服务资金年度预决算并每年不少于一次公布物业服务资金的收支情况;当甲方或业主对公布的物业服务资金年度预决算和物业服务资金的收支情况提出质询时,应及时答复。

8. 本合同终止时,应移交物业管理权,撤出本物业,协助甲方作好物业服务的交接和善后工作,移交或配合甲方移交管理用房和物业管理的全部档案资料、专项维修资金及账目、_____。

9. 其他:_____。

第六章　合同期限

第二十四条　委托管理期限为_____年;自_____年_____月____日起至_____年_____月____日止。

第七章　合同解除和终止的约定

第二十五条　本合同期满,甲方决定不委托乙方的,应提前三个月书面通知乙方;乙方决定不再接受委托的,应提前三个月书面通知甲方。

第二十六条　本合同期满,甲方没有将续聘或解聘乙方的意见通知乙方,且没有选聘新的物业管理企业,乙方继续管理的,视为此合同自动延续。

第二十七条　本合同终止后,在新的物业管理企业接管本物业项目之前,乙方应当应甲方的要求暂时(一般不超过三个月)继续为甲方提供物业管理服务,甲方业主(或交费义务人)也应继续缴纳相应的物业服务费用。

第二十八条　其他条款。

第八章　违约责任

第二十九条　因甲方违约导致乙方不能提供约定服务的,乙方有权要求甲方在一定期限内解决,逾期未解决且严重违约的,乙方有权解除合同。造成乙方经济损失的,甲方应给予乙方经济赔偿。

第三十条　乙方未能按照约定提供服务,甲方有权要求乙方限期整改,逾期未整改且严重违约的,甲方经业主大会持三分之二以上投票权的业主通过后有权解除合同。造成甲方经济损失的,乙方应给予甲方经济赔偿。

第三十一条　乙方违反本合同约定,擅自提高收费标准的,甲方有权要求乙方清退;造成甲方经济损失的,乙方应给予甲方经济赔偿。

第三十二条　业主逾期缴纳物业服务费的,乙方可以从逾期之日起每日按应缴费用万分之_____加收违约金。

第三十三条　任何一方无正当理由提前解除合同的,应向对方支付违约金_____;由于解除合同造成的经济损失超过违约金的,还应给予赔偿。

第三十四条　乙方在合同终止后,不移交物业管理权,不撤出本物业和移交管理用房及有关档案资料等,每逾期一日应向甲方支付委托期限内平均物业管理年度费用_____‰的违约金,由此造成的经济损失超过违约金的,还应给予赔偿。

第三十五条　为维护公众、业主、物业使用人的切身利益,在不可预见情况下,如发生煤气泄漏、漏电、火灾、水管破裂、救助人命、协助公安机关执行任务等情况,乙方因采取紧急避险措施造成财产损失的,当事双方按有关法律规定处理。

第三十六条　其他条款_____。

第九章　附则

第三十七条　双方约定自本合同生效之日起_____日内,根据甲方委托管理事项,办理接管验收手续。

第三十八条　本合同正本连同附件_____页,一式两份,甲乙双方各执一份,具同等法律效力。

第三十九条　本合同在履行中如发生争议,双方应协商解决,协商不成时,甲、乙双方同意按下列第_____方式解决。

1. 提交＿＿＿＿＿＿＿＿仲裁委员会仲裁；

2. 依法向人民法院起诉。

但业主拖欠物业服务费用的，乙方可以直接按照有关规定向有管辖权的基层人民法院申请支付令。

第四十条 本合同自＿＿＿＿＿＿＿＿＿＿＿＿＿＿＿＿＿＿＿起生效。

甲方签章 乙方签章

代表人:(业主委员会) 代表人:

年 月 日 年 月 日

【基本概念】

物业管理市场 物业管理招投标 物业服务合同 物业管理方案

【经典案例一】

☆案情简介☆

在某高档住宅小区内设有一座300个车位的停车场。陈先生在该小区买下一套三居室的商品房，入住后他把车停放进了停车场。小区物业公司要求其每月缴纳300元的停车费，就此问题与陈先生发生了纠纷。陈先生认为，开发商在明确宣称有提供停车的配套服务，而且停车场是小区的共用部分，其权属应归全体业主所有，既然是业主自己的，理应不该向业主收费。因此，陈先生拒绝缴纳每月300元的停车费。在保安干涉其车辆进入停车场时，陈先生强行进入，撞倒保安，造成保安小腿骨折，物业公司遂向法院起诉，请求法院判决陈先生缴纳停车费及赔偿保安医药费。

☆经典评析☆

法院应判决陈先生缴纳停车费和赔偿保安医药费。

停车场作为住宅小区配套的附属物，所有权属于全体业主共有，所以全体业主对停车场具有共同的使用权。但业主在享有共同使用权的同时，也必须承担相应的义务。目前，居住小区停车场收费一般由物业公司收取，该项收费主要用于弥补物业管理费的不足，最终体现在物业对停车场的日常管理、维护等支出上，所以使用者应当付费。另外，从公平角度来看，按照谁受益谁付费的原则，使用停车场的人理应承担付费的义务。开发商宣称的提供停车服务，并非是免费提供，除非在合同中有明确约定不用交费。

【经典案例二】

☆案情简介☆

李老师担任业主委员会主任后，工作尽职尽责，受到广大业主的拥护。快到年终时，有些业主向李老师反映物业管理收费有些偏高，业主委员会能不能真正行使一次权利，与物业服务企业重新确定收费标准。李老师和业主委员会其他成员一起找到物业服务企业，反映了广大业主的意见希望重新确定物业管理费用。物业服务企业负责人把原来做的物业管理费用测算表拿给李老师看，李老师仔细一看，发现物业书报费、服务人员服装补助费、手机费等都算在了费用构成中，李老师认为这部分费用不应该由业主来承担，应该在费用构成中删除。但物业服务企业解释说，这是国家规定的合理费用构成。那么，李老师的怀疑对吗？

☆经典评析☆

我国《物业服务收费管理办法》和《物业服务定位成本监审办法（试行)》中规定，物业服务费用中包括通信费、书报费及安全防范人员服装费。所以应把服装补助费中除安全防范人员服装费以外的费用删除。当然，可以保留一定额度的通信费（一般指固定电话费）与书报费。通信费、书报费的标准应该是物业服务企业履行《物业服务合同》所需的，是必要的，不能随意改变。

【思考题】

1. 什么是物业管理市场？
2. 阐述物业管理市场中的委托代理关系及其实现。
3. 物业管理招标有哪些类型？
4. 物业管理招标的程序是什么？
5. 分析物业管理招标的必要性。
6. 物业管理招标的原则是什么？
7. 简述物业管理投标的条件和程序。
8. 物业管理投标书的主要内容有哪些？
9. 物业服务合同的类型有哪几种？
10. 简述物业服务合同的内容是什么？
11. 物业管理方案制订的程序是什么？
12. 物业管理方案的基本内容是什么？

第四章 早期介入与前期物业管理

【学习目标】

通过本章的学习，了解物业服务企业中标后应如何开展物业前期的服务工作，掌握早期介入与前期物业管理的概念，了解早期介入的意义和工作内容，熟悉前期管理的内容等。

【导读】

随着生产力的发展和物质产品的丰富，人们对自身居住条件的要求也在不断攀升，不但对房屋的基本条件有较高要求，还希望物业保值增值。随着物业管理的深入发展，物业管理总是在物业建成后介入的状况已经不能适应物业管理发展的需要，物业开发建设是一次性的"买卖"，而物业管理则是长期伴随着业主的事情，物业管理的早期介入又是物业管理的首要阶段，因此，从法律法规的角度规定物业管理建设必须要进行物业管理的早期介入是非常必要的，它能提前发现并解决物业的诸多问题，避免今后在实际的物业管理中再遇到此类问题，减少诸多麻烦。

第一节 物业管理的早期介入

我国的物业管理一直滞后于物业的规划设计和施工阶段，这种脱节现象导致建设单位在规划设计中往往只考虑房屋和配套设施，而忽略房屋建成以后管理方面的因素，如没有物业管理用房，停车位不够用，住房使用功能不全，空调位置未考虑，建筑物内的管线布局不利于日后的维修养护，水电和安保设施等配套方面存在问题等。这种整体布局上的问题不仅使得业主与物业使用人非常不满，而且增加了物业管理工作的难度，导致很多的问题难以解决和弥补。在物业的策划、设计、建设阶段就选择物业服务企业早期介入，充分利用物业服务企业使用物业和管理物业的经验和知识，对于方便业主，发挥物业的最大价值具有重要意义。

一、物业管理早期介入的含义

房地产开发包括决策立项（市场调查、可行性论证、项目选址以及申请立项等），前期准备（规划设计、方案报批、工程勘探、土地征用和拆迁安置、办理开工手续和施工准备），施工建设，竣工验收和营销五个阶段。

物业管理早期介入是指物业服务企业在接管物业之前，开发企业邀请物业管理的有关人员，参与该物业的项目可行性研究、小区的规划、设计和施工等阶段的讨论，并从物业管理的角度提出一定的意见和建议，以更好满足业主与使用人的需要和有利于物业管理。早期介入是物业服务企业提供的有偿性服务，其服务对象主要是建设单位，其咨询服务费由建设单位承担。

二、物业管理早期介入的作用

物业管理早期介入的作用表现在以下几方面：

（一）完善物业的使用功能

随着人们生活水平的提高，人们对各种物业的使用要求也日益提高。房屋开发建设单位在开发设计时就要充分考虑人们对物业服务和居住环境需求的不断变化，不仅要重视房屋本身的工程质量，更应考虑房屋的使用功能、布局、造型、建材选用、室外环境、居住的安全舒适、生活的方便等。因此，在物业开发建设的规划设计和施工阶段，物业服务企业在早期介入，就物业日后的使用和管理方面诸如户型的设计、供电、供水、污染处理、电信、道路、绿化、管线走向、服务配套设施及平面布局等方面提出建设性意见，有利于完善物业的使用功能。

（二）避免物业设计中可能存在的缺陷

在物业的一些较微观的设计上，设计部门往往会按照国家颁布的一般建筑设计规范的要求进行设计。而随着人们生活水平的提高，实际的需要往往会超过这些设计规范的要求。如在住宅用电方面，随着大户型房屋的出现，每户的用电负荷增长很快，有些业主需要在套间内安装好几台空调，若按一般设计规范设计的普通电路就不能承载大功率空调的负荷。又如有些商住楼项目，由于只考虑了"住"的特性，而对"商"的特性考虑不周，结果造成物业投入使用后，电梯数量满足不了商户的经营需要。类似这些看似细小、实则影响房屋日后使用的问题，一般设计人员很难考虑周全，而有经验的物业管理人员则清楚设计的不合理之处及其将来可能造成的后果。所以物业管理人员从日后管理的角度及时向设计部门提出自己的意见，就能使物业设计避免许多缺陷。

（三）对工程的施工质量进行监督

为了提高建设工程质量，我国建立和实施了工程建设的监理制度，施工工程一般都有专业工程监理公司进行监理，但监理公司难以取代物业服务企业参与施工监理的作用，因为物业服务企业负责物业接管验收及维护保养的任务，而工程质量问题的任何隐患和疏忽都会增加今后物业管理的工作难度。物业服务企业通过早期介入，参与监督施工质量，使工程质量又多了一份保障，同时，可使物业管理人员全面了解和熟悉物业施工质量及存在的问题，为接管验收和日后的维修打下基础。

（四）为前期物业管理做好准备

物业服务企业可利用早期介入的机会，逐步开展制订物业管理方案和各项规章制度，进行机构设计、招聘人员、实施上岗培训等前期物业管理的准备工作，方便物业移交后物业管理各项工作的顺利开展。同时，通过在早期介入过程中与各方的磨合，理顺与环卫、水电、通信、治安、绿化等部门之间的关系，为日后管理建立畅通的沟通渠道，便于日后对物业的管理。

（五）为日后的物业管理打下良好的基础

通过物业管理的早期介入，物业服务企业对该物业的设计、施工情况提前进行了熟悉和了解，特别是对管线的铺设、设备的安装做到了心中有数，这为物业管理、养护、维修带来许多便利，具体包括：

1. 有利于制订切实可行的物业管理维修保养计划

由于物业管理人员已掌握工程结构及设备、设施的实际情况，以此为依据制订的维修保养计划，针对性强，容易实施。

2. 有利于缩短维修时间，提高维修质量

由于物业管理人员熟悉工程建设情况和存在的问题，所以当工程结构及设备、设施发生故障时，就能很快找到故障的原因，并尽快排除故障，从而缩短维修时间，并能保证维修质量。

3. 有利于设备、设施的更新改造

由于物业管理人员参与设备、设施的招投标、安装、试运行等过程，与供应厂家有密切的接触，熟悉厂家及设备、设施的特点，这样就可以提出可行度较高的设备、设施的更新改造计划和方案。

所有这一切都可以大大提高物业管理的工作效率和工作质量，为物业服务企业日后为业主和使用人提供更好的服务打下基础。

（六）有助于提高建设单位的开发效益

早期介入是物业服务企业从物业开发项目的可行性研究开始到项目竣工验收的全程介入，建设单位可以得到物业服务企业的专业支持，开发出市场定位准确、功能使用考虑周全、业主满意的物业，促进物业的销售。同时，建设单位还可以通过引入高水平的物业管理咨询提升自身的品牌。

三、物业管理早期介入的方式及内容

物业管理的早期介入在物业建设与使用中按时间顺序参见图4-1。

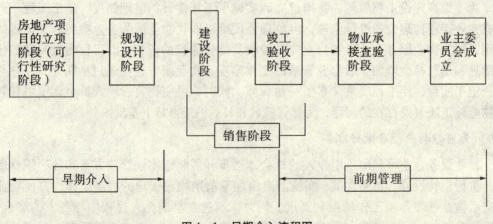

图4-1　早期介入流程图

从图4-1中可以看出，物业服务企业和物业建设单位在前期活动中分为两阶段：一是物业管理的早期介入阶段，二是物业的前期管理阶段。

（一）立项设计阶段介入

1. 介入形式

向物业建设单位及其聘请的专业机构提供专业咨询意见，同时对未来的物业管理进行总体规划。

2. 工作内容

物业服务企业在立项阶段介入的主要工作内容包括两个方面：

（1）提出专业咨询意见

根据物业选址、市场定位、潜在客户群、周边物业管理情况等信息向建设单位提出开发项目类型及功能、消费档次、目标客户等专业咨询意见，减少其投资决策的盲目性。

（2）对物业管理进行总体规划

① 根据物业建设成本及目标客户群的定位确定物业管理模式。

② 根据规划和配套确定物业管理服务的基本内容。

③ 根据目标客户情况确定物业管理服务的总体服务质量标准。

④ 根据物业服务成本初步确定物业服务费的收费标准。

⑤ 设计物业管理框架性方案。

3. 注意事项

（1）在项目的可行性研究阶段除对物业档次定位外，还要考虑物业的使用成本。

（2）物业管理的模式要和业主的生活水准、文化相一致。

（3）要完成此阶段物业管理的工作需要对市场准确把握和深刻认识，同时具备知识面广、综合素质高和策划能力强的高级人才。

（二）规划设计阶段介入

1. 介入形式

参与各项规划的讨论会，并从使用、维护、管理、经营以及未来功能的调整和保值、增值等角度，对设计方案提出意见或建议，此时介入的物业服务企业应站在潜在业主的角度上看待和分析问题，这样做并不与物业建设单位的利益相冲突，相反在以下几个方面会使物业建设单位受益：

（1）通过优化设计或在使用维护等角度上对设计方案进行调整，使物业建设单位在总体上更能满足购房者的需求，从而促进项目的成功运作，有利于降低开发风险。

（2）设计上的预见性可以减少后续的更改和调整，从而为物业建设单位节约资金。

（3）分期开发的物业服务项目，对公用配套设施、设备和环境能更好地协调，可以使各分期之间顺利过渡。

2. 工作内容

（1）配套设施的完善

目前，就房地产而言，要求进行综合性开发。因此，光满足住的需求是不够的，还需要充分考虑享受和发展的需求。而能否充分发挥其整体功能，关键要看各类配套设施是否完善。那么，需要配些什么呢？如对于大多数住宅小区而言，小区内外道路交通的布置、环境的和谐与美化，尤其是人们休息交往的场所与场地的布置在规划设计中都必须给予充分地考虑，但这些设施的规模和档次如何设置，以及是否需要幼儿园、学校等公益设施，是否需要各类商业服务网点、娱乐健身设备都需要根据不同的物业、不同的业主，区别对待。

（2）水电气等的供应容量问题

水、电、气的供应容量是项目规划设计时的基本参数，设计人员在设计时，通常参照国家的标准设计，而国家的标准设计仅规定了下限，即最低标准，只要高于此限就算达到设计要求。但在实际生活中，南北气候的差异必然会造成实际用量的差异，并且随着人们生活水平的不断提高，对各种能源的需求也会不断增大。因此，在规划设计时，要留有余地。

（3）生活垃圾的处理方式

垃圾处理是每一个物业每天都要面临的问题，处理不好将直接影响小区的环境卫生和业主的日常生活。一般小区垃圾的处理方式有两种选择：垃圾道或垃圾桶。如果采用垃圾道，对于业主来说是相当方便、快捷的，但是对于物业服务企业来说，如何保持其清洁，杜绝蚊蝇、蟑螂、老鼠的滋生源，防止异味的产生，则成了一个非常头痛的问题。如果采用垃圾桶，就需要考虑如何在方便业主的前提下，合理地设置垃圾桶的位置及数量，保持小区公共区域的环境卫生。这两种方式各有利弊，在规划设计时具体采用哪种方式应根据小区的实际情况和物业服务企业的管理经验来选择。

（4）安全保卫消防系统

大部分消费者在购买物业时，都把小区的安全摆在首位。因此，做好小区的安全保卫工作，给业主创造一个安全的居家环境是规划设计的又一个重要环节。目前，大部分小区都采用现代化的自动报警系统，如消防联动控制柜、远红外自动报警系统等。但采用的设备越多、越先进，物业的建造成本就越高，这就需要在节约成本的基础上，尽可能设计经济有效的报警系统。另外，还要着眼于不同的物业类型、地区特点的消防要求及消防中的死角，提出合理化建议。

（5）建筑材料的选择

建筑材料的选择影响着工程的质量、造价，物业服务企业应根据自己以往的管理经验提供一份常用建材使用情况的资料，以便设计单位择优选择，减少日后的维修管理工作。

（6）物业的结构布局及规划设计的合理性

如建筑间距，一般房屋间距是 $1H \sim 1.7H$（H 为前排屋檐口到后排房屋底层窗台的高度差），学校建筑一般应为 $2.5H$，最小不得少于 12 米；再如居住面积密度，住宅平均层数 5~6 层的居住区用地面积平均每人为 15 平方米左右；新建居住区绿化用地占建设用地面积比例不得低于 30%，绿地规划应点、线、面相结合。

（7）其他

在规划设计时，还有一些细节性的问题容易被设计人员忽略，如室内各种管线的布局、位置是否适用，电梯接口的数量、位置是否方便日后检修，插座开关的高度、数目及具体的位置是否适当、方便使用等。这些问题一旦出现，会给日后的使用和管理带来极大的不便，物业服务企业应提前指出，尽量减少类似的缺陷。总之，物业管理的工作特点造成了从业人员对物业在使用和管理工程中细节问题的敏感性，物业管理人员的改进意见或建议更贴近业主的实际需要，并为以后的物业管理打好基础。

3．注意事项

（1）在规划设计阶段提出的意见或建议要贯彻可行性研究阶段所确定的物业管理总体设计规划的内容和思路，保证总体思路的一致性、连贯性和持续性。

（2）一定从业主的角度来看待和考虑问题，尤其要将设计与将来的使用维护、建设和使用成本、业主的需求及经济承受力相结合，这样才能将业主、物业建设单位与物业服务企业的目标利益统一起来。

（3）所提的意见及建议应符合有关法律、法规及技术规范的要求。

（三）建设阶段介入

1．介入形式

建设阶段主要是派出工程技术人员进驻到现场，对建设中的物业进行观察、了解和记录，并就有关问题提出意见和建议。

2．工作内容

在这个阶段，物业管理人员的介入一方面加强了工程的力量，使工程质量多了一份保障，另一方面又保证了建筑移交和日后管理的连续性。其主要工作内容包括以下两方面：

（1）解决常见的质量问题

物业管理人员对房屋在使用工程中常见的质量问题了解得较多，如卫生间哪里最容易漏水、什么样的墙会渗水等，这些问题如有物业管理人员在现场进行指导和监督，就会在施工中予以彻底解决，减少"先天不足"问题的产生。

（2）熟悉各种设备和线路

在这个阶段，物业管理人员需要熟悉机电设备的安装高度，管道线路的铺设及走向，因此要尽可能全面收集物业的各种资料，熟悉各个部分，为日后的管理工作做好准备。

3．注意事项

（1）在建设阶段介入的物业服务企业是站在开发商和潜在业主的角度，对施工进行监理，但此时物业服务企业并不是建设监理的主体或主要授权人及责任人，因此既要对质量持有认真的态度，又要注意方法和方式。

（2）要特别强调记录的作用。这种记录一方面为今后的物业管理提供了丰富的资料，另一方面的重要作用是当有些施工中的问题或隐患经物业服务企业提出整改建议，但由于某些原因没有进行改进，此时完善的记录和相应的证据在将来这样的隐患发生时对分清物业服务企业与建设单位、施工单位、安装单位的责任非常有利。

（四）销售阶段介入

1．介入形式

销售阶段物业服务企业的形式多种多样，物业服务企业派出的人员及投出的力量较大。

2. 工作内容

（1）销售前

① 物业管理整体策划落实成完整、详细的物业管理方案及实施进度表。

② 确定物业管理的外部制度，如各类公共管理规定、房屋公共场地及场所的管理规定。

③ 明确各项费用的收费标准及收费办法，必要时履行各种报批手续。

④ 起草并确定《前期物业服务合同》。

⑤ 对物业管理在销售中的活动进行计划与安排。

⑥ 根据实际情况采取公开招标的方式确定前期物业服务企业。

（2）销售中

① 派出现场咨询人员，在售楼现场为客户提供咨询服务：一方面使购房者对物业管理有较具体的了解，另一方面也可以了解并统计分析潜在业主对物业管理的要求、意见等。

② 可以印发有关资料和制度，以加深业主对未来物业管理的认识并明确物业管理的消费内容和金额，将各项收费的用途和管理办法公开化、透明化。

③ 已确定的前期物业服务企业可以采取各种方法宣传并展示未来物业管理的状况。

④ 督促物业建设单位与业主签订《前期物业服务合同》。

（3）销售后

将前期全部物业早期介入的资料、记录、方案等，连同在销售中收集的情况和分析结论，整理后移交给前期物业服务企业。如果早期介入与前期服务是同一家企业，也应整理资料后准备成立物业服务企业，并进行承接查验的前期准备工作。在此期间的竣工验收、早期介入及前期物业管理物业服务企业都应参加。

3. 注意事项

（1）有关物业管理服务的宣传及承诺，包括各类公共管理制度和公共场地的使用规定，一定要合法，同时要实事求是，根据物业管理服务的整体规划和方案来进行，不应为了销售而夸大其词，乱承诺无论对物业服务企业还是物业建设单位都是不智之举。

（2）售楼阶段对物业管理服务所做的承诺以及咨询期间业主反映和关注的物业管理服务要求，应作为对前期物业管理的基本要求，一定要做好。另外还应注意，对公共制度和公共秩序的规定也应建立在以现实的收费情况下物业管理所能达到基础上。避免由于业主要求过高而产生物业服务企业的管理水平和管理设施跟不上的情况。

（3）在销售过程中对未来物业服务企业的宣传以及物业管理所带来的生活方式具有很多的表现手段和操作手法，尺度把握准确，方式使用得当，会给销售工作以很大的促进，给物业建设单位带来丰厚的回报。

（4）销售工作中物业管理的介入，即是前期物业建设和物业管理观念的延伸，也正式确定了以后物业管理的主要内容和要求，起到了承前启后的作用，在此阶段之后，物业管理的早期介入将逐渐向前期物业管理过渡。因此，该阶段的工作效果既是对前期工作（特别是物业管理总体策划）效果的验证，也会对今后的物业管理活动产生深刻的影响，故应认真对待，足够重视。

物业管理在早期介入时，房地产项目还处于可行性研究阶段，此时物业建设单位根本无法对早期介入的物业服务企业进行公开招标，实际上早期介入的形式和内容与前期物业管理和日常物业管理相比，更多是策划、定位和指定方案的内容，因此对这一时期介入物业管理人员要求较高，要求他们了解市场，了解业主及潜在业主的要求，对物业建设单位的前期开发在物业管理方面起到指导和帮助作用。

鉴于这一特殊的作用和成本费用的考虑，物业建设单位选择早期介入的物业服务企业和前期物业服务企业不是一家，或者早期介入的只是某些物业管理的专家。如果发生这种情况就出现了早期介入和前期管理两者不是同一物业服务企业的现象（实际运作时最好是同一企业，这便于管理和了解物业的情况），面对这种结果，早期介入的物业服务企业（或个人）还要协助物业建设单位进行选聘前期物业服务企业。

在选择前期物业服务企业时，由于物业规划已建成或即将建成，物业的现状基本确定，这时可通过公开招标的形式来选定物业服务企业。在招标时应根据物业的现状、物业建设单位的规划及对业主的许诺制订出详细的物业管理招标方案，向社会公共招标。

第二节　前期物业管理

一、前期物业管理的概述

前期物业管理概念的提出，最早出现在1994年11月1日起实施的《深圳经济特区住宅区物业管理条例》中。该条例规定：开发建设单位应当从住宅开始入住前六个月，自行或委托物业管理企业对住宅进行前期管理，管理费用由开发建设单位自行承担。建设部2003年颁布的《前期物业管理招标投标管理暂行办法》中所下的定义为：前期物业管理，是指在业主、业主大会选出物业服务企业之前，由建设单位选出物业服务企业实施的物业管理。

根据该办法，并结合《物业管理条例》一些原则规定，可对前期物业管理作如下定义：所谓前期物业管理，是指房屋出售后至业主委员会与业主大会选聘的物业服务企业签订的物业服务合同生效时止，由建设单位选聘物业服务企业对房屋及配套的设施设备和相关场地进行维修、养护、管理，维护相关区域内的环境卫生和秩序活动。

二、前期物业管理的意义

（一）方便业主的顺利入住

在业主入住时，房地产开发企业和物业服务企业均需向业主提交有关楼宇交付使用后的法律文书和资料，还有要求业主签字承诺的回复文件，大量的文件审阅不可能在入住时一次完成。另外，在业主未验收物业之前，物业服务企业应履行委托方（房地产开发企业）授予的钥匙监护权。因此，物业服务企业应从方便业主的角度出发，事先准备有关材料交予业主，使业主正式入住时能顺利办理有关手续。

（二）维护小区楼宇的整体形象，推动租售

入住前的开荒工作（物业服务企业首次对完成工程建设的建筑在接管验收后进行的环境清洁工作），入住后的二次装修管理及人员、车辆的出入管理等，在前期物业管理中都会集中反映出来，这些方面如能得到有效管理将会为日后的物业管理奠定良好的基础，当然也是楼宇租售的有利保证。

（三）为物业服务企业树立形象、赢得声誉创造机会

对物业服务企业而言，在物业管理期间能否形成良好的管理秩序，满足业主或使用人的服务要求，通过自身努力在业主或使用人中间树立有效管理者的良好形象，关系到能否促成业主委员会与物业服务企业正式达成物业管理委托合同。实践证明，物业服务企业唯有做好前期物业管理与服务工作，才能取得业主们的信任，才有进一步合作的可能性，这是每一个物业服务企业不断拓展业务范围、努力塑造企业形象的必由之路。

三、前期物业管理的特点

相对于常规的物业管理而言，前期物业管理具有以下基本特征。

（一）建设单位的主导性

为业主提供物业管理服务的物业服务企业并非由业主来选择，无论是招投标方式还是协议方式，选择物业服务企业的决定权在建设单位。前期物业活动的基础性文件——临时管理规约的制定权在建设单位。物业管理服务的内容与质量，服务费用，物业的经营与管理，物业的使用与维护，专项维修资金的缴存、管理、使用、续筹，均由建设单位确定。

（二）业主地位的被动性

相对于建设单位、物业服务企业而言，业主除享有是否购置物业的自由外，其他的权利义务均处于从属地位。如业主在签订物业买卖合同时应当对遵守临时管理规约予以书面承诺；建设单位与物业服务企业达成的前期物业服务合同约定的内容，业主在物业买卖合同中不能变更；前期物业管理中，有关物业的使用、维护，专项维修资金的缴存、管理、使用、续筹等方案，业主无权决定等。

（三）前期物业服务合同期限的不确定性

建设单位虽可与物业服务企业在签订前期物业服务合同时约定期限，但是期限虽未满，只要业主委员会与物业服务企业签订的物业服务合同生效的，前期物业服务合同即告终止。

（四）监管的必要性

在前期物业管理中，建设单位、物业服务企业处于优势地位，如果对其失去监督，那么业主的合法权益就不能得到有效保障。《物业管理条例》及原建设部与之配套的规章对建设单位前期物业管理活动的行为作了一些具体的限制性规定。如建设单位制定的临时管理规约，不得侵犯买受人的合法权益；前期物业服务企业的选择要遵守《前

期物业管理招标投标管理暂时办法》的规定等。

四、前期物业管理中权利主体的相互关系

前期物业管理阶段，形成了开发企业、受托的物业服务企业以及业主三个权利主体共存的法律关系。开发企业与物业服务企业达成的前期物业服务合同须向行业主管部门备案。前期物业管理中权利主体的相互关系如下：

1. 开发商与业主为买卖关系。
2. 开发商与物业服务企业是合同聘用关系。
3. 物业服务企业与业主是服务与被服务关系。

物业买受人如果拒绝接受拟定的前期物业服务合同也就意味着物业买卖无法成交，这是对开发企业和物业服务企业最有效的制约。反之，业主一旦接受了这份合同的规定内容，也就必须在前期物业管理阶段接受物业服务企业依法依约进行的管理。

五、前期物业管理与早期介入的区别

早期介入的物业服务企业不一定与开发企业确定服务合同委托关系。而前期物业管理必须有委托关系，管理者已依法拥有该物业的经营管理权。

早期介入一般还未确定物业与业主等具体服务对象，而前期物业管理必须有明确的服务对象。

在早期介入工作中，物业服务企业只是起辅助作用。而在前期物业管理中，物业服务企业起主导作用。

六、前期物业管理的主要内容

（一）建立物业管理机构与人员的培训

物业服务企业在签订物业服务合同后的首要任务就是要建立管理机构。管理机构的设置应根据委托物业的用途和规模，确定岗位的设置和人员配备，除考虑管理人员的选派之外，还要考虑服务人员，如物业维修养护、保安、绿化、客户服务、社区文化人员等的选聘，并依据职责分别进行培训，要求员工从一开始就要了解企业的管理理念和管理目标。

（二）制定相关的管理制度

在建立管理机构之后，物业服务企业应根据委托物业的具体情况、业主的需要、管理的目标和要求，制定相关的管理制度，包括物业服务企业内部的岗位责任制度和运行管理制度（如员工的岗位职责、工作程序、管理规程、员工培训、物业管理财务预算等）、外部的管理制度（主要是物业辖区的各种公众管理制度）。在前期物业管理过程中，物业服务项目管理机构应根据实际情况对已经制定的管理制度与服务规范进行调整、补充和完善。

（三）深入物业现场及前期沟通协调

签订物业服务合同后，物业服务企业要尽快深入现场，熟悉物业情况和业主情况。

如果签订物业服务合同后，物业尚未竣工，物业服务企业要选派管理人员深入物业施工现场，了解施工质量、施工进度等情况，参与建筑安装工程检查与验收，并就物业的内部设计、功能配置等提出合理化建议。

物业管理是一个综合性较强的行业，物业管理所涉及的单位和部门也较多，其中直接涉及的管理部门和单位有政府行政主管部门、社区居民委员会、开发建设单位、物业服务企业、业主、业主大会及业主委员会等，还有相关部门和单位如城市供水、供电、供气、供暖等公用事业单位，市政、环卫交通、治安、消防、工商、税务、物价等行政管理部门。通过沟通协调与相关部门建立良好的合作支持关系，不仅有利于前期物业管理工作的顺利开展，也为正常的物业管理与服务打下良好的基础。

（四）物业的承接查验

物业的承接查验是依照住房和城乡建设部及省市有关工程验收的技术规范与质量标准对已建成的物业进行检验，它是直接关系到今后物业管理工作能否正常开展的一个重要环节。物业承接查验是房地产开发企业向接收委托的物业服务企业移交物业的过程，移交应办理移交手续。房地产开发企业还应向物业服务企业移交整套图纸资料，以方便今后的物业管理与维修养护，在物业保修期间，接收委托的物业服务企业还应与房地产开发企业签订保修实施合同，明确保修项目、内容、进度、原则与方式。

（五）业主入住管理

1. 业主领钥匙入住

入住又称为"入伙"，是指业主与物业使用人正式进驻使用物业。此项工作不仅是将房屋完好移交，而且涉及首期收费和法律文件的签署，具有为今后管理与服务开展打下良好基础的重要意义。入住时要做好以下两点：

（1）入住资料的准备

入住资料的准备包括业主在入住时签署的法律文书、入住时向业主递交的文件、业主入住后需要使用的文件。

（2）入住办理

入住办理包括预先策划、组织接待、验房交钥匙。

2. 入住手续文件

入住手续文件是指业主办理入住手续时要知道并签订的相关文件，如入住通知书、入户手续书、收楼须知、缴款通知书、用户登记表、验房书等。这些文件由物业服务企业负责拟定，以开发商和物业服务企业的名义在业主办理入住手续前发给他们。

入住时往往是物业服务企业和开发商一起在现场办公，一般入住时的手续文件如下：

（1）入住通知书

入住通知书是物业服务企业在物业验收合格后通知业主准予入住，可以办理入住手续的文件。

（2）入住手续书

入住手续书是物业服务企业为方便业主、对已具备入住条件的楼宇在办理手续时的具体程序而制定的文件。业主在办理手续时，每办完一项手续，有关部门便在其上面盖章证明，在入住手续书上留有有关部门确认的证明。

（3）收楼须知

收楼须知是物业服务企业告知业主收楼时应注意的事项，收楼时的程序，以及办理入住手续时应该携带的各种证件、合同及费用的文件。

（4）缴款通知书

缴款通知书是物业服务企业通知业主在办理入住手续时应该缴纳的款项及具体金额的文件。

（5）用户登记表

用户登记表是物业服务企业为了便于日后及时与用户保持联系、提高管理和服务的效率、质量而制定的文件。

（六）装修搬迁管理

为了搞好装修搬迁管理，必须做好以下几个方面的工作：

1. 大力宣传装修规定

（1）装修不得损坏房屋承重结构，破坏建筑物外墙外貌。

（2）不得擅自占用共用部位、移动或损坏共用设施设备。

（3）不得排放有毒、有害物质和噪声超标。

（4）不得随地乱扔建筑垃圾。

（5）遵守用火用电规定，履行防火职责。

（6）因装修而造成他人或共用部位、共用设施或设备损坏的，责任人负责修复或赔偿。

2. 加强装修监督管理

审核装修设计图纸，派人定期或不定期巡视施工现场，发现违约行为及时劝阻并督促其改正。

3. 积极参与室内装修

略。

4. 合理安排搬迁时间

略。

（七）开展日常的管理服务工作

物业接管验收和用户入住后，物业服务企业就要开展日常的管理服务工作。这一阶段的主要工作是接受业主和物业使用人的各种咨询，协调和理顺各方的关系，建立完善的服务系统与网络，包括聘请社会专业服务企业（如保安、保洁、绿化等专业公司）承担专业服务，与街道、公安、交通、环卫等部门进行联络、沟通，全面开展公共服务、专项服务和特约服务。

（八）协助业主召开首次业主大会

首次业主大会一般由业主筹备召开，物业服务企业应协助业主筹备召开首次业主大会，并在物业所在地的区、县人民政府房地产行政主管部门和街道办事处的指导下，完成业主大会的筹备工作，召开首次业主大会，成立业主委员会。物业服务企业应接受业主委员会的监督，由业主委员会配合其搞好物业服务活动。

七、前期开办费用测算实例

物业服务企业与建设单位签订前期物业服务合同后，应在业主入住之前对物业管理项目实施管理，提前介入的时间越早，管理效果越好。物业服务企业应对接管项目所需的前期开办费用进行仔细核算，并在合同中明确这笔费用由谁来进行承担。

例： 某物业服务企业接管了项目绿茵豪苑高尔夫1号华府，对项目的前期开办费用进行了测算，列表如表4-1至表4-8。

（一）行政办公设备

表4-1　　　　　　　　　　　行政办公设备

序号	项目	数量	单位	单价（元）	合计（元）
1	内联网络电脑终端	2	台	4 000	8 000
2	传真机	1	台	800	800
3	数码照相机	1	部	2 000	2 000
4	复印机	1	台	8 000	8 000
5	油墨打印机	1	台	600	600
6	针式打印机	1	台	2 200	2 200
7	空调	3	台	1 500	4 500
8	合计				26 100

（二）治安消防用品

表4-2　　　　　　　　　　　治安消防用品

序号	项目	数量	单位	单价（元）	合计（元）	备注
1	无线对讲机	15	套	1 250	18 750	二电一充一主机
2	电筒	10	盏	90	900	
3	灭火器	30	个	80	2 400	
4	消防带	5	卷	200	1 000	包括喷头
5	消防面罩	10	个	100	1 000	
6	警示牌	15	块	45	675	
7	太阳伞	6	把	250	1 500	
8	消防斧头	2	把	60	120	
9	专用消防扳手	3	把	50	150	
10	安全雪糕桶	20	个	75	1 500	
11	消防培训用品	1	批	1 500	1 500	
12	合计				29 495	

（三）工程设备

表 4-3　　　　　　　　　　工程设备

序号	项　目	数　量	单位	单价（元）	总金额（元）
1	冲击钻	1	台	980	980
2	手抡电钻	1	台	240	240
3	75 型室内疏通机	1	套	1 450	1 450
4	管钳（大小）	1	套	400	400
5	数字万用表	2	个	250	500
6	指针万用表	2	个	100	200
7	万用钳	1	个	200	200
8	电工组合工具	5	套	250	1 250
9	综合维修工具	1	套	1 500	1 500
10	2 米铝合金组合梯	1	架	220	220
11	3 米档铝合金组合梯	1	架	420	420
12	5 米档铝合金组合梯	1	架	800	800
13	常用维保材料备件	1	批	3 000	3 000
14	电焊机	1	台	3 000	3 000
15	切割机	1	台	500	500
16	平板车	1	辆	500	500
17	拖线盘	2	台	400	800
18	警示牌	2	套	800	1 600
19	保险带	2	条	150	300
20	合计				17 860

（四）清洁设备

表 4-4　　　　　　　　　　清洁设备

序号	名称	数量	单位	单价(元)	总金额(元)	用途
1	双马达吸水机	1	台	2 000	2 000	洗地后吸干地面
2	工具车	2	台	500	1 000	员工清洁工作时放置各类工具
3	风干机	1	台	500	500	地毯清洗后及地面快干
4	垃圾分类箱	20	个	400	8 000	装各种垃圾
5	管道疏通机	1	台	800	800	下水道、马桶等疏通
6	吸尘机	1	台	800	800	
7	高压水机	1	台	2 000	2 000	
8	垃圾桶	100	个	100	10 000	

表4-4（续）

序号	名称	数量	单位	单价（元）	总金额（元）	用途
9	3 米铝梯	2	台	420	840	
10	玻璃清洁工具	1	套	800	800	
11	手拖车	1	台	500	500	
12	洗地机	1	套	3 500	3 500	
13	合计				30 740	

（五）服装清单

表4-5　　　　　　　　　　　　　服装清单

序号	项目		人数	数量	单位	单价（元）	总金额（元）	备注
1	客服服装	冬装	6	12	套	290	3 480	西装/衬衣/西裤
		夏装	6	12	条	80	960	西裙
		工作鞋	6	6	对	80	480	
2	保安服装	冬装	20	40	套	250	10 000	
		夏装	20	40	件	30	1 200	短衬衣
		军大衣	15	15	件	90	1 350	
		皮鞋	20	20	对	80	1 600	
		迷彩服	20	20	套	80	1 600	
		配饰品	20	20	套	105	2 100	
		军训鞋	20	20	对	20	400	
3	工程服装	冬装	9	18	套	200	3 600	
		夏装	9	18	套	160	2 880	
		工作鞋	9	9	对	80	720	
4	行政服装	男西装	4	8	套	450	3 600	西装/衬衣/西裤
		女西装（冬）	3	6	套	400	2 400	西装/衬衣/西裤
		女裙	3	6	条	100	600	
		配饰品	7	7	件	30	210	
5	小计						37 180	

（六）后勤资产

表4-6　　　　　　　　　　　　　后勤资产

序号	物品名称	单位	数量	单价（元）	总金额（元）	备注
（一）	宿舍支出					
1	热水器	台	2	550	1 100	员工宿舍
2	双层床	张	20	250	5 000	基层员工用
3	床上用品	套	40	300	12 000	保安专用

表4-6(续)

序号	物品名称	单位	数量	单价(元)	总金额(元)	备注
4	电风扇（吊）	台	10	75	750	宿舍用
（二）	食堂支出					
1	燃气灶	台	1	500	500	
2	抽油烟机	台	1	700	700	
3	电饭锅	台	2	350	700	
4	冰箱	台	1	1 700	1 700	
5	厨具	批	1	1 500	1 500	
6	消毒柜	台	1	600	600	
7	桌椅	批	1	1 200	1 200	
8	风扇（吊）	台	2	120	240	
9	合计				25 990	

（七）人工成本

表4-7 人工成本

序号	项目	人数	月薪(元)	计算方法	月支出（元）	年支出（元）
1	经理	1	6 000	人数×月薪	6 000	72 000
2	行政助理	1	1 800	人数×月薪	1 800	21 600
3	财务出纳	1	2 200	人数×月薪	2 200	26 400
4	财务会计	1	2 200	人数×月薪	2 200	26 400
5	物业助理	2	2 000	人数×月薪	4 000	48 000
6	客服员	5	1 400	人数×月薪	7 000	84 000
7	工程班长	1	2 000	人数×月薪	2 000	24 000
8	维护/值班技工	3	1 800	人数×月薪	5 400	64 800
9	安全主任	1	2 500	人数×月薪	2 500	30 000
10	安全班长	3	1 800	人数×月薪	5 400	64 800
11	安全管理员	13	1 500	人数×月薪	19 500	234 000
12	中控值班员	3	1 500	人数×月薪	4 500	54 000
13	园林绿化	2		外包	5 000	60 000
14	清洁	10	1 200	人数×月薪	12 000	144 000
小计		47			79 500	954 000

表4-8　　　　　绿茵豪苑高尔夫1号华府物业开办及销售服务费用测算总表

序号	项目	测算依据	支出（元）	备注
开办费用	行政办公设备	详见测算明细表	26 100	一次性开办费用（221 075 元）
	治安消防用品	详见测算明细表	29 495	
	工程设备清单	详见测算明细表	17 860	
	清洁设备	详见测算明细表	30 740	
	服装清单	详见测算明细表	37 180	
	后勤支出	详见测算明细表	25 990	
	装修费	180×300 元/平方米	54 000	
销售服务费用	水电费	包括销售中心/样板房/办公室	3 800	按月计算到销售活动结束（130 130 元）
	人工费	详见测算明细表	79 500	
	接待费/客用品	日常用品	3 000	
	物业顾问费用	按合同约定	30 000	
	其他支出	日常杂费/维护费	2 000	
	物业服务佣金	按总金额的 10 %	11 830	
合计			351 495	

【基本概念】

物业管理早期介入　　　前期物业管理　　　开办费用

【经典案例一】

☆案情简介☆

陈女士到物业管理公司办理入住手续，物业管理公司要求陈女士一次性交齐一年的物业管理费，并提出这是前期物业服务合同中事先约定的，陈女士认为这是不公平、不合理的内容，拒绝交付。对此，物业管理公司宣布停止陈女士入住手续的办理，不交付陈女士所购房屋的钥匙。你认为这种做法对吗？

☆经典评析☆

如果业主按规定缴纳了商品房购房款项，就应该在规定时间内向业主移交所购房屋和钥匙，这是房地产开发企业履行商品房买卖关系的职责之一，这和物业服务合同之间并没有必然的联系，物业管理公司不能以业主没有缴纳物业管理费为理由拒绝向陈女士交付所购房屋钥匙。同时，从实践来看，大多数物业服务费是按月收取的，按年收取不符合商业惯例。

【经典案例二】

☆案情简介☆

李女士买了一套全装修商品房。购房合同对房屋内部及外墙面装修材料的品牌和型号进行了约定。在交房验收时，开发商要求李女士签署了一份房屋装修验收单，表明已对房屋及装修进行了验收。李女士入住后发现，房屋装修与合同约定不一致。按合同约定，屋内地板应当是直纹的，而实际装修的却是横纹地板，外墙面本应采用进口涂料却改成了釉面砖。为此，李女士要求开发商赔偿。开发商认为交房时李女士已签收了房屋装修验收单，表明她对房屋装修及设备状况已予以认可，所以自己并未违约，不愿承担责任。无奈之下，李女士一纸诉状将开发商告上法庭。法院该如何认定呢？

☆经典评析☆

法院判决：庭审中，法院委托房屋质量检测站按合同约定的装修标准进行了鉴定。鉴定结论表明，开发商未按合同约定提供装修设施，故开发商须承担违约责任。最后，法院判令开发商按照合同约定，对屋内地板进行更换。至于不符合合同约定的外墙面装修，考虑到外墙虽未采用约定的进口涂料，但现采用釉面砖不影响房屋质量，且外墙为整幢房屋的产权人共有，其他业主未对此提出异议，故外墙不宜铲除重做。因此，通过补差价方式，即按合同约定的进口涂料与现用的釉面砖市场差价乘以购房人外墙面积的价款，赔偿了李女士的损失。

【思考题】

1. 物业管理早期介入的必要性是什么？
2. 什么是物业管理的早期介入？
3. 物业管理早期介入的内容是什么？
4. 什么是前期物业管理？
5. 简述前期物业管理与早期介入的区别。
6. 前期物业管理的内容是什么？
7. 前期物业管理的作用有哪些？

第五章　物业承接查验与业主入住

【学习目标】

本章内容涉及物业承接查验、业主入住及房屋装修管理三个部分。通过本章的学习，掌握物业承接查验的目的、作用和方法，了解物业移交的内容及承接查验所发现问题的处理。掌握业主入住的含义、业主入住的操作程序及物业装修管理的内容等。

【导读】

物业的承接查验、入住与装修管理是前期物业管理的重要的基础工作，也是物业管理操作过程的难点和重点之一。物业管理的承接查验主要以核对的方式进行，在现场检查、设备等情况下还可采用观感查验、使用查验、检测查验和试验查验等具体方法进行检查。物业入住与装修管理服务政策性强、涉及面广、管理难度大，容易导致物业服务企业与业主或物业使用人直接发生矛盾和冲突。在物业管理的操作中，物业服务企业如果能以优秀的服务品质、高超的管理艺术、严谨的工作作风和良好的专业素养赢得业主与物业使用人的认同和拥戴，对引导业主正确地认识物业管理，树立良好的物业管理形象，化解物业管理操作中的种种矛盾和问题，实现积极的物业管理服务开局以及顺利地完成物业管理服务工作均有积极的重要作用。

第一节　物业承接查验

一、物业竣工验收

（一）物业竣工验收的含义

竣工是指一个建筑工程项目，经过建筑施工和设备安装后，达到了该工程项目设计文件所规定的要求，具备了使用的条件。工程项目竣工以后，承建单位需向建设单位办理交付手续。在办理交付手续时，需经建设单位或专门组织的验收委员会对竣工项目进行查验，在认为工程合格后办理工程接受手续，把产品移交给建设单位，这一移交过程被称为竣工验收。

（二）竣工验收的分类

物业的竣工验收可分为以下四种类型：

1. 隐蔽工程验收

各项隐蔽工程完成后，在隐蔽前，开发单位与承建单位应按技术规范要求及时进行验收。在验收时要以施工图的设计要求和现行技术规范为准。经检查合格后，双方在隐蔽工程检查记录上签字，作为工程竣工验收资料。

2. 分期验收

分期验收，是指分期进行的工程项目或单元工程在达到使用条件、需要提前使用时所进行的验收。

3. 单项工程验收

工程项目某个单项工程已按设计要求施工完毕，具备使用条件，能满足投产要求时，承建单位可向开发单位发出交工通知。开发单位应先自行检查工程质量、隐蔽工程有关资料、工程关键部位施工记录及有否遗漏情况等，然后由开发、设计、承建单位组织验收小组，共同进行交工验收。

4. 全部工程验收

整个建设项目按设计要求全部建成并达到竣工验收标准时，即可进行全部工程验收。对于一些大型项目，在正式验收之前，要进行一次预验收。

已正式验收合格的物业，应迅速办理固定资产交付使用手续，并移交与建设项目有关的所有技术资料。

二、物业承接查验的概述

(一) 物业承接查验的概念

物业的承接查验是指物业服务企业对新接管项目的物业共用部位、共用设施设备进行的再检验。《物业管理条例》第二十八条规定："物业服务企业承接物业时，应当对物业共用部位、共用设施设备进行查验"。

新建房屋办理承接查验时应具备以下条件：

1. 建设工程全部施工完毕，并已经竣工验收合格。
2. 供电、采暖、给水排水、卫生、道路等设备和设施能正常使用。。
3. 房屋幢、户编号已经有关部门确认。

原有房屋办理承接查验时应具备以下条件：

1. 房屋所有权、使用权清楚。
2. 土地使用范围明确。

(二) 承接查验的作用

物业承接查验是物业管理过程中对工程质量进行监控的不可缺少的一环，是物业管理的基础性工作之一。目前，我国物业管理还处于发展阶段，一些物业服务企业的行为不规范，在签订合同时，忽视了物业承接查验。房屋的管网设施、隐蔽工程等存在的问题，有些往往在业主入住后才会暴露出来，如果不进行严格的承接查验，后果必须是产品质量责任、施工安装质量责任、管理维护责任不清，纠纷多、投诉多，业主和物业服务企业的合法权益得不到有效保护。

1. 物业的承接查验有利于明确建设单位、业主、物业服务企业的责权义，维护各自的合法权益。

通过承接查验，合同的签订，实现了权利和义务的转移，在法律上界定清楚各自的权利和义务。

2. 物业承接查验有利于促使建设单位提高建设质量，加强物业建设与管理衔接，提供开展物业管理的必备条件，确保物业的使用安全和功能，保障物业买受人的权益。

通过物业服务企业的前期介入和承接查验，能进一步促使开发或施工单位按标准进行设计和建设，减少日后管理中的麻烦和开支。同时，还能弥补部分业主专业知识不足，做到从总体上把握整个物业的质量。

3. 物业承接查验有利于着力解决日趋增多的物业管理矛盾和纠纷，规范物业管理行业有序发展，提高人民群众居住水平和生活质量，维护社会安定。

通过承接查验，一方面使工程质量达到要求，减少日常管理过程中的维修、养护工作量。另一方面，根据承接中的有关物业的文件资料，可以摸清物业的性能与特点，预防管理事物中可能出现的问题，计划安排好各个管理事项，建立物业管理系统，发挥专业化、社会化、现代化的管理优势。

三、新建物业的承接查验

(一) 新建物业的承接查验准备工作

1. 人员准备

物业的承接查验是一项技术难度高、专业性强，对日后的管理有较大影响的专业技术性工作。组建承接查验小组，成员包括管理部、办公室、工程部、策划部有关人员，应选派精通业务、责任心强、有不同专业特长的工程技术人员参加，规模一般为5~8人；指定负责人，最好由本项目的负责人担任。

2. 计划准备

物业服务企业制订承接查验实施方案，能够让承接查验工作按步骤有计划地实施。

（1）与建设单位确定承接查验的日期、进度安排。

（2）要求建设单位在承接查验之前提供移交物业详细清单、建筑图纸、相关单项或综合验收证明材料。

（3）派出技术人员到物业现场了解情况，为承接查验做好准备工作。

3. 资料准备

在物业的承接查验中应做必要的查验记录，在正式开展承接查验工作之前，应根据实际情况做好资料准备工作，制定查验工作流程和记录表格。

（1）工作流程一般有《物业承接查验工作流程》、《物业查验的内容及方法》和《承接查验所发现问题的处理流程》等。

（2）承接查验的常用记录表格有《工作联络登记表》、《物业承接查验记录表》和《物业工程质量问题统计表》等。

4. 设备、工具准备

物业的承接查验中采取一些必要的检验方法来查验承接物业的质量情况，应根据具体情况提前准备好所需要的检验设备和工具。

5. 进行现场初步勘察

根据设计图和施工图纸，派承接查验小组的工程技术人员到物业现场进行初查，为承接查验工作打下基础。

（二）新建物业的承接查验程序

1. 建设单位书面提请承接查验单位承接查验，并提交相应的资料。

2. 承接查验单位按照承接查验标准，对建设单位提交的申请和相关资料进行审核，对具备条件的，应在 15 日内签发验收通知并约定验收时间。

3. 承接查验单位会同建设单位按照承接查验的主要内容及标准（质量与使用功能）进行验收。

4. 验收过程中发现的问题，按质量问题的处理办法处理。

5. 经检验符合要求时，承接查验单位应在 7 日内签发验收合格凭证，并应及时签发接管文件。

（三）新建物业的承接查验的主要内容

1. 物业资料

在办理物业的承接验收手续时，物业服务企业应接受查验下列资料：

（1）产权资料

产权资料包括项目批准文件、用地批准文件、建筑执照、拆迁安置资料。

（2）竣工验收资料

竣工验收资料包括竣工图、地质勘察报告、工程合同、工程预决算。图纸会审记录、工程设计变更通知及技术核定单、隐蔽工程验收签证、沉降观察记录。钢材水泥等主要材料的质量保证书、砂浆混凝土试块试压报告、竣工验收证明书等。

（3）技术资料

技术资料包括新材料、构配件和鉴定合格证书，设备设施的检验合格证书，供水、供暖的试压报告，各项设施设备的安装、使用和维护保养等技术资料。

（4）说明文件

说明文件包括物业质量保修文件和物业使用说明书。

2. 物业共用部位

按照《物业管理条例》的规定，物业管理企业承接物业时，应对物业共用部位进行查验。共用部位主要包括：

（1）主体结构

地基沉降不得超过规定要求允许的变形值，不得引起上部结构开裂或毗邻房屋的损坏。其中，房屋的主体构件无论钢筋混凝土还是砖石、木结构，变形、裂缝都不能超过国家标准的规定。

（2）外墙、屋面，共用部位楼面、地面、内墙面、顶棚和门窗

外墙不能渗水，各类屋面必须符合国家建筑设计标准的规定，排水畅通，无积水，不渗漏。地面的面层与基层必须黏结牢固，不空鼓，整体平整，没有裂缝、脱皮、起砂等现象。

钢木门窗均应安装平正牢固，开关灵活；进户门不得使用胶合板制作，门锁安装牢固；门窗玻璃应安装平整，油灰饱满、粘贴牢固；油漆色泽一致，不脱皮、不漏刷。

（3）卫生间、阳台

卫生间、阳台、厨房的地面相对标高应符合设计要求，不允许倒流水和渗漏。

（4）公共走廊、楼道及其扶手、护栏

略。

3．共用设施设备

物业的共用设施设备种类繁多，各种物业配置的设备不尽相同，共用设施设备承接查验的主要内容有：

（1）低压配电设施。

（2）柴油发电机组。

（3）电气照明、插座装置。线路应安装平整、牢固、顺直，过墙有导线，铝导线连接不得采用铰接或绑接。每一回路导线间及对地绝缘电阻值不得小于规定要求。照明器具等支架必须牢固，部件齐全，接触良好。

（4）防雷与接地。避雷装置必须符合国家标准规定。

（5）给排水、消防水系统。管道应安装牢固，控制部件启闭灵活，无滴、漏、跑、冒现象。卫生间、厨房间排水管道应分设，出户管长不超过8米，并不可使用陶管、装料管；地漏、排水管接口、检查口不渗漏，管道排水流畅。

（6）电梯。电梯应能准确、正常运转，噪声震动不得超过规定，记录、图纸资料齐全。

（7）通信网络系统。

（8）火灾报警及消防联运系统。消防设施应符合国家标准规定，必须有消防部门检验合格证。

（9）排烟送风系统。

（10）安全防范系统。

（11）采暖和空调等。采暖的锅炉、箱罐等压力容器应安装平正，配件齐全，没有缺陷，并有专门检验合格证。

4．园林绿化工程

园林绿化分为园林植物和园林建筑。物业的园林植物一般有花卉、树木、草坪、绿篱和花坛等；园林建筑主要有建筑小品、花架、长廊等。这些均是园林绿化的查验内容。

5．其他的公共配套设施

物业其他的公共配套设施的主要内容有物业大门、值班岗亭、围墙、道路、广场、社区活动中心（会所）、停车场（库、棚）、游泳池、运动场地、物业标识、垃圾屋及中转站、休闲娱乐设施、信报箱等。

（四）新建物业的承接查验方式

承接查验可以从资料查验和现场检验两个方面进行。

1．资料查验

资料查验是对建设单位移交的文件资料、单项验收报告以及对房屋共用部位、共用设施设备、园林绿化工程和其他公共配套设施的相关合格证明材料进行查验。

2. 现场查验

现场查验是对房屋共用部位和公共设施设备采用观感查验、使用查验、检测查验和试验查验等方法进行检查。

（五）新建物业的承接查验中质量问题的处理

1. 发生物业工程质量问题的原因

发生物业工程质量问题的原因包括设计方案不合理或违反规范造成的设计缺陷；施工单位不按规范施工或施工工艺不合理甚至偷工减料；验收检验不细，把关不严；建材质量不合格；建设单位管理不善；气候、环境、自然灾害等其他原因。

2. 处理物业工程质量问题的方法

（1）发现影响房屋结构安全和设备使用安全的质量问题，必须约定期限由建设单位负责进行加固补强，直至合格，并按双方商定的时间组织复验。

（2）发现影响相邻房屋的安全问题，由建设单位负责处理；因施工原因造成的质量问题，应由施工单位负责，按照约定期限进行加固返修，直至合格，并按双方商定的时间组织复验。

（3）对于不影响房屋结构安全和设备使用安全的质量问题，可约定期限由建设单位负责修缮，或可采取费用补偿的办法由物业服务企业处理。

（4）房屋接管交付使用后，如发生隐蔽性重大质量事故，应由承接查验单位会同建设、设计、施工等单位共同分析研究，查明原因。如属设计、施工、材料的原因由建设单位负责处理；如属使用不当、管理不善的原因，则应由承接查验单位负责处理。

3. 处理质量问题应把握的两条原则

（1）原则性与灵活性相结合

原则性是指要严格按照规章制度办事。灵活性是指在不违背原则的前提下，针对不同情况分别采取措施，共同协商，力争合理、圆满地解决承接查验中存在的问题。

（2）细致入微与整体把握相结合

物业服务企业在进行工程验收时必须细致入微，任何一点疏忽都可能给日后的管理带来无尽的麻烦，也会严重损害业主的利益。整体把握是指从更高层次，从整体角度去验收，要注意物业土地使用情况、市政公用设施、公共配套设施等综合性项目能否适合业主的需要。

四、原有物业的承接查验

（一）原有物业的承接查验程序

1. 移交人书面提请承接查验单位承接查验，并提交相应的资料。

2. 承接查验单位按照承接查验标准，对建设单位提交的申请和相关资料进行审核，对具备条件的，应在 15 日内签发验收通知并约定验收时间。

3. 承接查验单位会同移交人按照承接查验的主要内容及标准进行验收。

4. 查验房屋的情况，包括建筑年代、用途变迁、拆改添建等；评估房屋的完好与损坏程度及现有价值；对在验收过程中发现的问题，按危险和损坏问题处理办法处理。

5. 交接双方共同清点房屋、装修、设备，以及定、附着物，核实房屋的使用状况。

6. 经验收符合要求时，承接查验单位应在 7 日内签发验收合格凭证，签发接管文件，并办理房屋所有权的转移登记（若无产权转移，则无需办理）。

（二）原有物业承接查验的条件

在物业管理机构发生更迭时，新任物业服务企业必须在具备下列条件的情况下实施承接查验：

1. 物业产权单位或业主大会与原有物业服务企业签订的物业服务合同完全解除。

2. 物业产权单位或业主大会同新的物业服务企业签订了物业服务合同。

（三）原有物业承接查验应提交的资料

1. 产权资料

产权资料包括房屋所有权证，土地使用权证，有关司法、公证文书和协议，房屋分户使用清册，房屋设备及定、附着物清册。

2. 技术资料

技术资料包括房地产平面图、房屋分间平面图、房屋及设备技术资料。

（四）原有物业的承接查验步骤及内容

1. 成立物业承接查验小组

在签订了物业服务合同之后，新的物业服务企业即应组织力量成立物业承接查验小组并着手制订承接查验方案。承接查验验收小组应提前与业主委员会及原物业服务企业接触，洽谈移交的有关事项，商定移交的程序和步骤，明确移交单位应准备的各类表格、工具和物品等。

2. 原有物业承接查验的内容

（1）文件资料的查验

在对文件资料进行查验过程中，除检查上述资料外，还要对原物业服务企业在管理过程中产生的重要质量记录进行检查。

（2）物业共用部位、共用设施设备及管理现状的查验

主要查验项目包括建筑结构及装饰装修工程的状况，供配电、给水排水、消防电梯、空调等机电设施设备的质量和运行情况，保安监控的质量和运行情况，对讲门禁设施的质量和运行情况，清洁卫生设施的质量状况，绿化及设施，停车场、门岗、道闸设施，室外道路、雨污水井等排水设施的质量和运行情况，公共活动场地、公共娱乐设施及其他设施设备的质量和运行情况等。

（3）各项费用与收支情况

各项费用与收支情况包括物业服务费、停车费、水电费、其他有偿服务费的收取和支出情况，维修资金的收取、使用和结存情况，各类押金、应收账款、应付账款等账务收支情况。

（4）其他内容

其他内容包括物业管理用房，专业设备、工具和材料，与水、电、通信等市政管理单位签订的供水、供电的合同、协议等。

五、物业承接查验与竣工验收的区别

（一）验收目的不同

承接查验是在竣工验收合格的基础上开展的，以主体结构安全和满足使用功能为主要内容的验收；而竣工验收是为了检验房屋工程是否达到设计文件所规定的要求。

（二）验收性质不同

竣工验收是政府行为，也就是说任何建设工程项目的竣工验收都是由政府建设行政主管部门负责，组成综合验收小组，对施工质量实行检验和评定。而承接查验是企业行为，是物业服务企业代表业主或用户对所管物业进行全面的质量验收。

（三）移交对象不同

承接查验是由物业服务企业接管开发商（建设单位）移交的物业；而竣工验收是由开发商验收建筑商（施工单位）移交的物业。

（四）验收阶段不同

竣工验收合格后，由施工单位向开发商办理物业的交付手续，标志着物业可以交付使用；承接查验是竣工验收之后进行的再验收，由开发商向物业服务企业办理物业的交付手续，标着物业正式进入使用阶段。

六、物业的承接查验中应注意的事项

物业的承接查验是直接关系到今后物业管理工作是否正常开展的重要环节。物业服务企业通过承接查验，即由对物业的前期管理转入到对物业的实体管理之中。因此，为确保今后的物业管理工作顺利开展，物业服务企业在承接查验时应注意以下几个方面：

1. 物业服务企业应该选派素质好、业务精、对工作认真负责的管理人员及技术人员参加验收工作。

2. 物业服务企业既应从今后物业维护保养管理的角度进行验收，也应站在业主的立场上对物业进行验收，以维护业主的合法权益。

3. 承接查验中若发现问题，应明确记录在案，约定期限督促房地产开发企业对存在的问题加固、补强、整修，直到完全合格。

4. 落实物业的保修事宜。根据建筑工程保修的有关规定，由房地产开发企业负责保修，向物业服务企业交付保修保证金，或由物业服务企业负责保修，房地产开发企业一次性拨付保修费用。

5. 房地产开发企业应向物业服务企业移交整套图纸资料，包括产权资料和技术资料。

6. 物业服务企业接受的只是对物业的经营管理权以及法律法规赋予的有关权利。

7. 承接查验符合要求后，物业服务企业应签署验收合格凭证，签发接管文件。当物业服务企业签发了接管文件，办理了必要的手续后，这个物业验收工作即完成。

第二节　业主入住

办理入住手续是物业服务企业接管物业后第一次与业主的零距离接触，也是物业服务企业展示企业形象、服务水平、专业能力的最佳契机，对物业服务企业的建设和发展具有深远意义。

一、物业入住的概念

物业入住（又名业主入住）是指建设单位将已经具备使用条件的物业交付给业主并办理相关手续，同时物业服务企业为业主办理物业管理事务手续的过程。对业主而言，物业入住的内容包括两个方面：

1. 物业验收及其相关手续办理。

2. 物业管理有关业务办理。

从权属关系来看，入住是建设单位按照规范程序将物业交付给物业的所有人，是建设单位和业主的关系，但业主入住手续的办理又意味着物业已经由房地产的开发建设、销售阶段转入消费阶段，物业管理服务全面启动。所以物业服务企业有义务协助建设单位和业主办理与入住有关的手续，做好服务工作，使业主顺利收楼、高兴入住。

物业的入住以业主签署验楼文件、办理入住手续、领取钥匙为标志，从此业主享有了《物权法》所赋予的权利，同时履行业主的义务和责任。此外，由建设单位负责的工程质量保修期也开始计算日期。

二、业主入住应具备的条件

办理业主入住手续应具备以下几个条件：

1. 物业服务企业的承接查验已经完成。

2. 已同开发商（建设单位）签订了《物业服务合同》。

3. 物业已达到入住条件。

物业已达到入住条件包括物业管理区域具备通路、通水、通电、通气、通邮、排水、排污、通信联络等基本使用功能，可以满足日常生活及工作需要；消防设施验收合格；配套设施已基本齐备、建成并投入使用；物业服务企业有固定的办公场地并开始办公。

三、业主入住前的准备工作

入住在物业管理服务中是一项琐碎细致的工作，业主在短时间内集中办理入住手续，物业服务企业的工作频度高、劳动强度大，加上又是物业服务企业首次面对业主提供服务。因此，物业服务企业要抓紧时间做好准备工作，以便在业主与物业使用人中树立好第一印象，为今后的物业管理打下基础。

（一）组建入住服务机构

业主入住前应成立由物业管理机构领导和管理人员、财务人员及工程技术人员等相关人员组成的入住服务机构，各成员分工负责，各司其职，如入住服务方案设计、资料准备、入住时环境布置、对外单位联络、财务收费准备、验楼协助、后勤物资准备、现场入住服务等。各项工作都要落实到责任人和落实完成时间。所有人员都要接受培训，使入住工作规范化。

（二）入住服务方案的编制

在入住前由物业服务企业制订入住服务方案，内容包括：

1. 入住时间、地点。
2. 物业类型、位置、幢号、入住的户数。
3. 入住服务的工作流程。
4. 负责入住服务的工作人员及职责分工。
5. 需要使用的文件和表格。
6. 入住仪式策划及场地布置设想。
7. 注意事项及其他的情况。

入住服务方案制订后，物业服务企业应与建设单位就方案中的相关事项交换意见，听取建设单位的建议，以便在入住服务现场物业服务企业与建设单位保持协调一致。

（三）准备入住资料

1. 《住宅质量保证书》、《住宅使用说明书》、《临时管理公约》由建设单位提供，也可由物业服务企业配合建设单位制定。其中《临时管理规约》是建设单位在销售物业之前制定的，当业主大会成立后，经业主共同决定，按业主委员会制定的《管理公约》执行。

2. 结合物业区域实际情况，编印《住户手册》、《防火公约》等。其中《住户手册》是由物业服务企业编制，向业主和使用人介绍物业基本情况、物业管理服务项目及相关管理规定的文件。

3. 根据《住宅室内装饰装修管理办法》并结合实际情况，编印住宅（大厦）《装修管理规定》、《临时用电管理规定》等。

4. 印制《入住通知书》、《收楼须知》、《入住手续书》、《缴款通知书》、《楼宇验收书》、《楼宇交接书》等入住手续文件，以及入住所需各类表格，如入住登记表、钥匙发放登记表、入住统计表及返修统计表等。

5. 制定其他规定，如：《空调安装管理规定》（附空调安装平面示意图和空调架的式样图）、《防盗网（窗）管理规定》等。

6. 以上各类文件资料分类袋装，连同准备交接的配套物品（如钥匙、门禁卡等）按户袋装。

（四）协调各方的关系

物业服务企业要联系建设单位，统一办理地点，集中服务。此外，还应同建设单位一起做好以下协调工作。

1. 协调供水、供电、供气等公用事业部门，保证水、电、气的正常供应。
2. 联系电信公司安装电话、网络事宜，争取现场放号，方便业主。

3. 联系学校、派出所及社区居民委员会，方便业主办理孩子入学、转学及迁移户口的相关手续。

（五）其他工作的准备

1. 物业的清洁与"开荒"

开荒是指物业竣工综合验收后，业主入住前，对物业内外进行全面、彻底地清洁，目的是将干净漂亮的物业交到物业所有人的手中。清洁开荒也是物业服务企业承接的较为大宗的有偿服务，是承接物业后的第一项繁重的工作。开荒工作量大，质量要求高，时间紧、任务重，对物业服务企业来说是一个严峻的考验。一般可以采取以下三种方式：

（1）物业服务企业开荒，对于物业规模不大、时间较充裕的物业可以采取此办法。

（2）物业服务企业与专业保洁公司相结合，请专业保洁公司承担一些专业性较强或风险较高的项目，如高空外墙清洗等。

（3）聘请专业公司承做。专业公司一般配备较多先进的清洗设备，如商业大厦大堂、大厅天花板清洗需要升降机，清理地面需配备抛光机、高压水枪、打蜡机、打磨机等专业机械。

2. 设备的试运行

物业的入住，各设备设施系统必须处于正常的工作状态。照明、空调、电梯、给排水、消防报警、治安防范等系统的正常运行是必备的条件。物业服务企业在业主入住、开业之前要对设备进行连续运转检验，发现异常及时修理，必要时可在入住前对电梯作满负荷载人运行检测，以确保电梯的正常使用。

3. 物料准备

为保证入住之后的物业日常管理服务的全面启动，准备充足的物料是必不可少的。

（1）工具类物料，如各类仪表、检修工具、对讲机等。

（2）易耗品的物料，如清洁剂、灯泡、清洁用具等。

（3）办公用品的物料，如电脑、复印机、传真机、电话等。

4. 其他

（1）准备及布置办理入住手续的场地，如布置彩旗、标语，设立业主休息等待区等。

（2）准备及布置办理相关业务的场地，如电信、邮政、有线电视、银行等相关单位业务开展的安排。应相对集中，方便业主办理相关业务。

（3）准备资料及预先填写有关表格，为方便业主，缩短工作流程，应对表格资料预先做出必要处理，如预先填上姓名、房号和基本资料等。

（4）准备办公用品，如复印机、打印机、电脑和文具等。

（5）制作标识牌、导视牌、流程图，如交通导向标志、入住流程示意图、有关文明用语的标志等。

（6）针对入住过程中可能发生的紧急情况，如交通堵塞、矛盾纠纷等，制订必要的应急预案。

四、入住流程

业主的入住流程如图 5－1 所示。

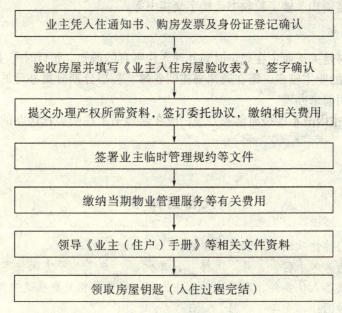

图 5－1　入住流程图

业主的入住流程为：

1. 业主凭入住通知书、购房发票及身份证进行业主登记确认。

2. 房屋验收，填写《业主入住房屋验收表》，建设单位和业主核对无误后签署确认。

建设单位或物业服务企业陪同业主一起验收其名下的物业，登记水表、电表、气表起始数，根据房屋验收情况、购房合同双方在《业主入住房屋验收表》上签字确认。对于验收不合格的部分，物业服务企业应协助业主督促建设单位进行工程不合格整改、质量返修等工作。若发现重大的质量问题，可暂时不发钥匙。

3. 产权代办手续，提供办理产权的相关资料，缴纳办理产权证所需费用，一般由建设单位承办。

4. 建设单位开具证明，业主持此证明到物业服务企业继续办理物业入住手续。

5. 业主和物业服务企业签署物业管理的相关文件，如物业管理收费协议、车位管理协议和装修管理协议等。

6. 缴纳入住当月物业服务费用及其他相关费用。

7. 领取提供给业主的相关文件资料，如《住宅质量保证书》、《住宅使用说明书》和《业主（住户）手册》等。

8. 领取物业钥匙。

业主入住手续办理完结之后，物业服务企业应将相关资料归档。

五、业主入住的有关手续文件

入住手续文件是指业主在办理入住手续时要知晓并签订的相关文件，主要包括入住通知书、收楼须知、楼宇验收书、楼宇交接书等。

（一）入住通知书

入住通知书是关于业主在规定时间办理入住事宜的通知。制订时需注意两个问题：

1. 若入住的业主较多，需在通知书注明各幢、各层分期分批办理的时间，以方便业主按规定时间前来办理。

2. 有的业主因故不能按时前来办理，应在通知书上注明委托代办的方法或补办的方法。

示范文本：

入 住 通 知 书

尊敬的_____业主：

您好！我们热忱欢迎您入住××小区。

您所购买的××小区____号____楼____单元____户____平方米住宅，已通过了单体竣工验收，具备入住条件，现将交付入住的有关程序及相关事项通知如下：

一、交付时间：____年____月____日

交付地点：_____

二、办理入住时，请务必携带本通知书、购房合同、身份证明（身份证或者护照）原件以供核对，委托他人的，委托人须持有效的书面授权委托书，业主本人身份证及委托人身份证（需复印并留存）

三、领取本通知时，请详细阅读《_____物业使用守则》，待交付日与××物业公司正式签订。

四、房屋交付时需缴纳的款项。

1. 预收物业管理费____个月_____元，（收费标准：每月、每建筑平方米____元，电梯运行费每平方米____元）。

2. 装修押金_____元。（装修结束经业主申请物业公司审查符合要求后三个工作日内返还）

3. 建筑垃圾清运费_____元。

以上款项共计_____元。

特此通知。

××房地产开发中心

××物业公司

____年__月__日

（二）入住手续书

入住手续书是办理入住手续的程序和安排，其目的是为了让业主知晓办理的程序。

示范文本：

入 住 手 续 书

_____先生/女士：

　　您好！您所购买的××小区____幢_____室，楼宇现已交付并具备入住条件，请阅读收楼须知，并按下列顺序办理手续。

1. 至××物业服务中心签订物业管理服务协议、填写住户情况登记表、领取"两书"等。

已填写完整 　　　　　　特此证明 　　　　　　　　经办人：　　　　　　　　　　年　　月　　日

2. 至××物业服中心财务处缴付各项费用。

各项费用已全部付清 　　　　　　特此证明 　　　　　　　　经办人：　　　　　　　　　　年　　月　　日

3. 至××物业服务中心钥匙处，领取钥匙。

入住收楼事项已办理完毕 　　　　　　特此证明 　　　　　　　　经办人：　　　　　　　　　　年　　月　　日

4. 至××物业服务中心看房处对房屋进行检查验收。

已检查房屋室内各项设施 　　　　　　特此证明 　　　　　　　　经办人：　　　　　　　　　　年　　月　　日

5. 入住手续办理完毕。

××房地产开发中心

××物业公司

_____年___月___日

（三）收楼须知

　　收楼须知是告知业主在办理入住手续时应携带的各种证件、合同、费用及应注意事项的文件。

示范文本：

收楼须知

欢迎阁下成为××小区新业主：

我公司将为您提供良好的管理服务，现介绍有关收楼事项和程序，避免您在接收新楼时产生遗漏而引致不便。

1. 您收楼时，请认真查看室内设备、土建装修等是否未尽妥善，如有投诉，请书面告知小区管理办公室，物业管理公司将代表业主利益向承建商协商解决。

2. 楼宇维修保养期间，如因工程质量所致，承建单位为业主维修，如因业主使用不当，则由业主自己支付费用。

3. 业主在对其住宅进行装修时，应遵守《××小区装修管理规定》，履行承诺。

4. 您办理手续时请按以下程序进行：

（1）至××小区项目经理部缴清购房余款，领取《缴款证明》。

（2）凭《缴款证明》至××小区物业管理办公室，缴付房屋装修保证金500元，装修建筑垃圾100元（如拆墙另外加收10元/平方米）。

（3）至××小区物业管理办公室办理其他手续，主要有签订《业住公约》、领取《住户手册》、钥匙等。

（4）装修完毕，确定无违章现象，则带保证金收据到小区物业管理办公室办理退回保证金手续。

××房地产开发中心

××物业公司

年　月　日

（四）楼宇验收书

楼宇验收书是物业服务企业为方便业主对房屋验收而制定的文件，目的是对验收中发现的问题进行系统记录，督促建设单位及时整改。

示范文本：

表 5-1　　　　　　　　　××小区客户楼宇验收记录

楼　层		单　元		验　收　日　期		备　注
验收移交内容	数　量	状　况		遗漏及整改内容		
窗台						
天花吊顶						
墙面						
窗框						
玻璃						

表5-1(续)

门				
锁匙				
单元内配电箱				
灯盘				
照明开关				
风机盘管				
空调送风口				
空调回风口				
空调新风口				
风机盘管控制器				
电视分配箱				
电话分配箱				
喷淋头				
烟感				
小五金				
窗户护栏		移交其他物品		
单元内电表读数	度	单元内水表读数		吨
验收交接单位	代表签署		日　期	

（五）楼宇交接书

楼宇交接书是业主在验收并确认可以接受所购房屋后，与开发商（或是物业服务企业代办）签订的书面文件。

示范文本：

××项目楼宇交接书

致：×××物业管理有限公司

×× 公司所开发的 ×× 项目一期工程已竣工，本人同意签署本楼宇交接书，由××公司委托的物业公司将本人所购买的房屋通过本楼宇交接书正式移交给本人。现本人已检查了该房屋的建筑质量和装修情况，双方一致认为该房屋可以交付使用，本人同意接受该房屋。因此签订本交接书，并确定下列条款：

1. 确认自 _____ 年 _____ 月 _____ 日起，该房屋交付。

2. 确认：尽管该房屋已经交付给业主，但仍负有"商品房买卖合同"中规定的保修义务，×××公司已委托由×××物业管理有限公司协调保修工作。

3. 业主同时确认：该房屋的建筑质量和装修质量符合双方所签的"商品房买卖合同"中规定，业主并无异议。

4. 本交接书自双方签字起生效。

5. 本交接书一式两份，双方各执一份。

附：

收钥匙记录

致：×××管理有限公司

本人已将上述之房屋钥匙已于 ____ 年 ____ 月 ____ 日收到，收钥匙记录表见表 5-2。

表 5-2   **收钥匙记录表**

钥匙种类	数量（把）
大　门	
其　他	

XX 公司（代表）签字：   业主签字：

年　月　日   年　月　日

六、办理业主入住手续应注意的问题

（一）入住服务准备工作要充分

物业入住在物业管理中是一项繁琐细致的工作，既要求快捷高效，又要求井然有序。物业入住准备工作的核心是制订科学周密的计划，在进行周密计划和进行资源准备及其他准备工作的同时还应注意以下几方面的工作：

1. 人力资源要充足

现场引导、办理手续、交接查验、技术指导、政策解释、综合协调等各方人员应全面到位、协同工作。如果现场出现人员缺位，其他的人员或机动人员应及时补位。

2. 资料准备要充足

虽然物业服务企业可以通过一定的管理方法有意识地疏导业主，避免业主过于集中，但业主的随意性是不可控制的，因此，有必要预留一些余量的资料。

3. 分批办理入住手续，避免因为过分集中办理产生的混乱

为避免入住工作的混乱，降低入住工作强度，在向业主发出《入住通知书》时，应明确告知其入住办理时间，现场亦应有明确标识和提示，以便对业主入住进行有效的疏导和分流，确保入住工作的顺利进行。

4. 紧急情况要有预案

入住时由于现场人员混杂、场面较大，随时可能发生如治安、消防、医疗、纠纷等突发事件，建设单位及物业服务企业应预先设立各种处理方案，防患于未然。

（二）入住期间需要注意的问题

1. 业主入住实行一站式柜台服务，方便业主办理有关入住手续。在入住手续办理期间，物业建设单位、物业服务企业和相关部门应集中办公，形成一条龙式的流水服务，一次性解决业主入住初期的所有问题。

2. 因故未能按时办理入住手续的业主，可按照《入住通知书》中规定的办法另行办理。

3. 应合理安排业主入住服务办理时间，适当延长办理时间。为方便业主入住，应根据业主的不同情况实行预约办理或延长办理等弹性工作方式。

4. 办理入住手续的工作现场应张贴入住公告及业主入住流程图，在显要位置张贴或摆放各类业主入住的标牌标识、作业流程、欢迎标语、公告提示等，方便业主了解掌握，加快入住进程。同时，现场摆放物业管理其他的资料，方便业主取阅，减轻咨询工作压力。对于重要的法规文件等，可以开辟专门的公告栏。

5. 指定专人负责业主办理入住手续时的各类咨询和引导，以便入住工作有秩序地顺利进行。入住现场应设迎宾、引导、办事、财务、咨询等各类人员，以方便业主的不同需要，保障现场秩序，解决各类问题。

6. 注意安全保卫以及车辆引导。入住期间不仅有室内手续办理，还有现场验房等程序。而有些楼盘的现场施工尚未完成，现场人员混杂，故应特别注意业主人身安全和引导现场车辆有序停放。

第三节　房屋装修管理

物业的装修管理是物业管理的重要内容之一，在售楼后，业主有权对其所购物业进行装修，但装修必须在规定范围内进行，并遵守有关房屋装修的法规制度。为此，物业管理人员必须熟悉有关法律法规，了解、掌握房屋建筑的基本构造知识，了解装修管理运作程序及熟悉装修施工中的常见问题，明确有关人员的职责范围，尽可能消除或减少违章引起的负面影响。

一、房屋装修管理的概念

房屋装修管理是指对房屋装饰装修过程的管理、服务和控制，规范业主、物业使用人装修行为，协助政府行政主管部门对装修过程中的违规行为进行监督和纠正，从而确保物业的正常运行使用、维护全体业主合法权益。

物业服务企业应根据国家和地方政府的有关规定制定所管物业的装修管理制度，一般包括报批程序、装修范围、装修时间、装修保证金、垃圾清运、电梯使用、装修责任、管理权限、违约处理规定等。

二、物业服务企业对业主房屋装修的管理责任

1. 在发给每位业主的《住户手册》或《客户手册》中写明业主或使用人进行房屋

装修时应遵循的有关管理规定和程序。

2. 接受业主或使用人（以下简称装修人）的房屋装修申报登记。

3. 将房屋装修工程的禁止行为和注意事项告知装修人和装修人委托的装修企业。

4. 与装修人，或者装修人和装修企业签订房屋装修管理服务协议。房屋装修管理服务协议中应当约定装修工程的实施内容、装修工程的实施期限、允许施工的时间、废弃物的清运及处置、房屋外立面设施及防盗窗的安装要求、禁止行为和注意事项、管理服务费用、违约责任及其他需要约定的事项。

目前，物业服务企业进行装修管理所依据的有关法规主要包括《物业管理条例》、《住宅室内装饰装修管理办法》、《建筑装饰装修管理规定》等。

5. 按照房屋装修管理服务协议实施管理，进行现场检查，对违反法律、法规和装修管理服务协议的，应当要求装修人和装修企业纠正，并将检查记录存档，甚至可以追究违约责任；已造成事实后果或者拒不改正的，应当及时报告有关部门依法处理。

三、装修管理程序

装修管理程序见图 5-2。

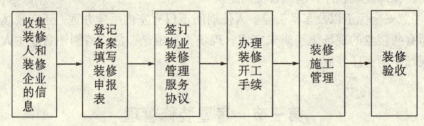

图 5-2 装修流程图

（一）收集装修人和装修企业的信息

收集装修人和装修企业信息包括物业所有权证明，申请装修人的身份证原件和复印件，装修设计方案，装修施工单位资质，原有建筑、水电气等改动设计和相关审批以及其他法规规定的相关内容。物业使用人对物业进行装修时，还应当取得业主的书面同意。

（二）登记备案，填写装修申报表

物业服务企业在装修登记备案时，可以以书面形式将装修工程的禁止行为和注意事项告知装修人和装修企业，并督促装修人在装修开工前主动告知邻里。

物业服务企业应详细核查装修申请表中的装修内容。有下列情况之一将不予登记：

1. 未经原设计单位或者具有相应资质等级的设计单位提出设计方案，擅自变动建筑主体和承重结构的。

2. 将没有防水要求的房间或者阳台改为卫生间、厨房的。

3. 扩大承重墙上原有的门窗尺寸，拆除连接阳台的砖、混凝土墙体的。

4. 损坏房屋原有节能设施，降低节能效果的。

5. 未经城市规划行政主管部门批准搭建建筑物、构筑物的。

6. 未经供暖管理单位批准拆改供暖管道和设施的。

7. 未经燃气管理单位批准拆改燃气管道和设施的。

8. 其他影响建筑结构和使用安全的行为。

示范文本：

表 5-3   **房屋装修申请表**

No_____

小区：

业主姓名		房屋位置		联系电话	
装修施工时间：自 年 月 日至 年 月 日					
装修施工单位名称		负责人姓名		施工人数	
装修/安装项目	1.				
	2.				
	3.				
	4.				
	5.				
提交资料	1. 房屋所有权证（或者证明其合法权益的有效凭证）【 】				
	2. 申请人身份证明【 】				
	3. 装修安装方案【 】				
	4. 原设计单位或有相应资质等级的设计单位的设计方案【 】				
	5. 装修企业资质证书的复印件【 】				
	6. 业主同意装修的书面证明【 】				
审核意见	物管单位名称 （公章） 年 月 日				
验收意见	物管单位名称 （公章） 年 月 日				

（三）签订《物业装修管理服务协议》

在物业装修之前，物业服务企业和装修人应签订《物业装修管理服务协议》，约定物业装修管理的相关事项，应主要包括以下内容：

1. 装修工程的实施内容。
2. 装修工程的实施期限。
3. 装修施工的时间和日期。
4. 废弃物的清运和处置。
5. 禁止行为和注意事项。
6. 管理服务费用。
7. 违约责任。
8. 发生纠纷矛盾解决的办法与途径。
9. 其他需要约定的事项。

示范文本：

房屋装修管理服务协议

甲方：（物业管理单位）

乙方：（装修企业）

丙方：（装修人，即业主或物业使用人）

合法拥有××小区　幢　单元　室房屋的产权或使用权。为了加强××小区的物业管理，确保物业使用规范、安全、合理，房屋的外观和结构不受损坏，全面维护业主和物业使用人的合法权益，根据国家和杭州市有关规定，特签订本协议。甲乙丙三方在装修过程中严格遵守本协议规定。

一、装饰装修施工前应办理的手续

凡需进行装修的业主和物业使用人在装修前必须向物业管理单位提出申请，不涉及结构改动的住宅装修，到物业管理单位登记备案即可；涉及结构改动的住宅装修，应报当地房产管理部门审批，领取装修许可证后方可开工。

1. 进入小区施工的企业必须持有××市房管局颁发的资质证书，从业人员应具有上岗证书或相关技术证书。

2. 装修人和装修企业进场施工前需签订××市统一的装修合同，并到物管单位登记备案。

3. 装修企业的施工人员出入小区应办理出入证。

4. 施工人员留宿的，应经装修人同意，并到当地派出所办理暂住证，再到物管单位办理登记。

二、装饰装修施工的期限和时间

装修期限以装修人与装修企业签订的施工合同上所约定时间为准。因其他原因导致装修工程不能按时完工而延期的，装修人或装修企业应到物业管理单位登记，延长施工时间。禁止夜间　时至次日　时进行产生环境噪声的住宅装修活动。

三、废弃物的清运与处置

装修垃圾不得在小区内随意堆放，装修企业应每日清理垃圾，袋装扎口后堆放于指定地点。装修人和装修企业必须维护园区内公共设施和场地的完好、整洁，不得向公共区域随意抛物，践踏绿地，严禁随地大小便。装修工程完毕后，装修施工单位应将施工现场清理干净，经装修人验收认可后，到物业管理单位办理离场手续。

四、住宅外立面设施及防盗窗的安装要求

住宅装修不得改变房屋外观形象（外门窗及玻璃、外墙材料、阳台等细部做法、空调室外机安装位置）；所有外立面上的墙体均不得擅自凿洞或拆除。为维护小区统一风格，不得有任何损坏房屋结构及设施设备的行为。业主安装空调室外机仅限于室外指定的位置，并须将冷凝水管接入各层对应的下水口。

住宅外立面设施及防盗窗的安装要求还需遵守《购房协议》和《小区业主公约》相关规定。

五、禁止行为和注意事项

除××市政府第 号令《××市城镇住宅装修管理办法》和国家建设部110号令《住宅室内装饰装修管理办法》中明令禁止的行为外，严禁封死地漏检查孔，严禁施工人员在园区内游荡、喧哗、酗酒、赌博，禁止擅自改变进户总线和公共管线走向。装修施工人员进出园区，必须佩戴出入证，无证或衣衫不整的人员不得入内，施工过程中未经批准不得私自外接电源，施工过程中若需动用明火，须向物管单位提出用火申请，装修施工单位不得野蛮施工，严禁将泥浆、胶水等装修垃圾冲入下水管，不得在公共场所搅拌水泥。搬运材料过程中不得损坏楼道、墙面、地面或电梯设备等。

六、管理服务费用

住宅装饰装修管理服务费用已包含在物业管理费中，物业管理单位不再向装修人和装修企业收取费用，物业管理单位不得以任何名义收取装修押金和保证金，施工人员办理出入证每证工本费 元，物管单位不得向装修人和装修企业强行推销装饰材料和装饰施工企业。

七、违约责任

1. 由于装修施工原因造成公共部位或相邻业主财产损失的，由装修企业负责修复赔偿。

2. 对于违反以上协议的行为，物业管理单位有权责令装修企业停工整顿，对于情节特别严重造成公共部位或公共设施损失的，物管单位可要求装饰公司赔偿损失。

3. 对经劝告和教育拒不改正的装饰企业，物管单位应当及时报告当地房产管理部门依法处理。

八、纠纷的解决

住宅室内装饰装修管理服务过程中发生纠纷的当事人，可以协商或者调解解决；也可按下列第 种方式处理：

1. 提交××仲裁委员会仲裁。

2. 依法向人民法院起诉。

九、其他需要约定的事项

1.

2.

3.

注：本协议一式三份，签字（盖章），后即日生效，装修人、装修单位、物业管理单位各执一份。

甲方：（签字）　　　　　乙方：（签字）　　　　　丙方：（签字）

　　年　月　日　　　　　年　月　日　　　　　年　月　日

（四）办理装修开工手续

1. 装修人按有关规定向物业服务企业缴纳装修管理费和装修押金。

2. 装修企业办理施工卡、施工人员办理临时出入证。

3. 备齐灭火器等消防器材。

4. 签署装修施工责任承诺书。

5. 发放装修施工许可证。

（五）装修施工管理

在装修的过程中，物业服务企业要派专人对装修施工人员的装修情况进行检查，通过加强施工现场管理来确保装修的规范运作和安全。物业装修施工现场管理要注意好以下几个方面。

1. 严把出入关，杜绝无序状态

由于装修施工人员的来源有极大的不确定性，施工过程中的自我约束不足，施工单位管理不力的原因，在物业装修期间，物业服务企业应加强物业管理区域出入口的人员和材料管理。凡未佩戴物业装修施工标识的施工人员和其他的闲杂人员应一律禁止入内，从而保证装修施工人员管理的有序化、规范化。

2. 加强巡视，防患于未然

物业装修期间，物业服务企业要抽调专业技术人员、巡楼人员和保安，加大物业装修管理的巡视力度，对有违反规章苗头的装修户要重点巡视，做到防患于未然。出现违章违规行为的，要晓之以理，动之以情，必要时可报告行政主管部门处理。

3. 控制作业时间，维护业主的合法权益

物业装修要特别注意装修施工时间，尤其是拆打时间，避免影响其他的业主或物业使用人的正常生活秩序和工作秩序。另外，还应针对物业的不同类型制定相应的管理规定并区别对待。

4. 强化管理，反复核查

物业装修期间，物业服务企业要增加人力，做到普遍巡查与重点检查相结合。一方面要检查装修项目是否为已经登记的项目；另一方面要检查装修物业的内容有无私自增加，还要检查装修施工人员的现场操作是否符合安全要求。

（六）装修验收

装修人在装修完工之后，通知物业服务企业进行验收，物业服务企业应按照管理服务协议进行现场检查，对照装修申报方案和装修实际结果进行比较验收。验收合格签署书面意见，退还装修押金。对因违反法律、法规和装修管理服务协议而验收不合格的，应提出书面整改意见，要求业主和施工企业限期整改。若发生分歧，无法统一意见或业主拒不接受的，应报请城市管理有关行政部门处理，并将检查记录存档。

四、装修管理的内容和要求

（一）室内装修管理要求

1．不得改动或损坏房屋的梁、板、柱、承重墙、剪力墙、屋面的防水层、隔热层、上下水管道、烟气道、供电电路，天然气管道、暖气管道及位置，防盗及对讲系统等。

2．地面装修不要凿除原水泥层，只允许凿毛。铺设装修材料不得超过楼板负荷，大理石厚度不得超过10厘米。

3．厨房、卫生间改动必须做好防水，包括墙面、地面、原下水管道周围。阳台不得封包，堆放超过负载的物品。非厨房、卫生间不得改为厨房、卫生间。

4．不得改变厨房、卫生间、阳台的使用功能，请勿将生活污水排入雨水管道。

5．主下水管不要用建筑材料封包，安装抽油烟机，其排气管须接入烟道。

6．不得擅自封包、改动燃气管道。如需改动燃气管道，须待煤气验收合格后向燃气公司申请，由燃气公司专业人员施工。

7．浴室内安装燃气热水器必须采用强排式，排气管不得超出外墙10厘米。排气管不得排入烟道或管井。

8．浴室内安装浴霸必须从插座重新引线，不得使用原预留灯线。房内不得使用超过原设计负载的用电器。

9．未在装修申请中注明的施工内容不得施工。

（二）外观装修管理要求

1．原有门、窗、墙洞、尺寸、位置、式样、颜色等均不要做任何改动。不准安装遮阳篷。

2．住宅入户门由开发商统一指定式样安装，走廊不准装饰或垫高，门外不准包框、贴瓷片、设神位、鞋柜。

3．空调主机要在预留位置安装，空调架应牢固防锈，排水、排风不要影响他人。

4．不得在外墙钻孔开洞。

5．首层有小院的及顶层有消防通道的住房不得私自搭建建筑物及构筑物。

（三）装修施工管理要求

1．装修时间管理

装修时间应根据各地不同的作息时间、季节变换以及习惯习俗等综合确定。装修时间包括一般装修时间、特殊装修时间和装修期。

（1）一般装修时间是指除节假日之外的正常时间。一般装修时间各地不同的季节有不同的规定，如北方某些地区规定作业时间及噪声施工时间为上午7:00～12:00，下午13:00～20:00。

(2) 特殊装修时间是指节假日休息时间。为保障其他业主的休息和正常生产生活秩序，一般节假日原则上不允许装修。特殊情况需要装修的，时间应视具体情况相应缩短装修时间，重大节假日（如元旦、春节、劳动节、国庆节）不得进行施工装修。

(3) 装修期是指装修过程的完结时间，一般情况下不超过 3 个月。

2. 装修施工人员管理

装修工人的来源有极大的不确定性，施工过程中的自我约束不足，物业装修管理中应要求装修施工人员佩戴施工标识，严格施工人员的出入管理，杜绝物业管理区域装修期间的不安全问题和无序化状态。

(1) 施工单位填写《装修施工人员登记表》，将装修施工人员的身份证复印件或暂住证复印件（用于外地施工人员）及近照 2 张，交到物业服务企业办理出入证。

(2) 装修施工人员凭证出入项目区。出入证实行专人专证、专户专用，不得涂改或转借。施工人员不得串户装修，不得从事招揽生意等与本户装修不相关的行为。

(3) 装修施工人员留宿须经住户、装修队负责人、物业服务企业三方同意，并办理暂住手续。未办理暂住手续者，晚上 8 点至次日 7 点不得进入小区。

(4) 装修人员不得侵扰其他的业主，不准在楼道内闲逛或在其他的楼层里停留。

3. 装修材料、设备的管理

(1) 核对是否为审批同意的材料。

(2) 装修材料须封装，要及时搬入室内，不得堆放在户门外或公共场所。

(3) 对于有特别要求的材料或设备按照规定办理相应手续。

4. 施工过程管理

(1) 核查装修项目。

(2) 施工人员检查。检查施工人员是否如实申报，是否办理施工证。

(3) 施工现场严禁使用煤气罐、电炉、碘钨灯等，防火设备是否配备，操作是否符合安全要求。

(4) 施工期间，如要使用电气焊或动用明火时，应遵守国家有关消防管理规定，要向物业服务企业提出申请，填写动用明火申请表，批准后方可使用。装修队的电工、焊工应持证上岗，严格遵守安全操作规程。施工现场禁止吸烟。

(5) 检查施工人员的现场操作是否符合相关要求，如埋入墙体的电线是否穿管，是否用合格的套管，是否破坏了墙、梁等。

(6) 注意用电及消防安全。用电时，要注意采用适当的插头，严禁用电源线直接接到漏电开关上。严禁用电炉做饭、烧水。

(7) 施工队应严格遵守有关装修规定，如业主要求违章装修时，应解释说明，不予装修。

(8) 施工负责人要保证各楼层公用设施完好。

(9) 发现新增项目需指导用户及时申报。

(10) 出现问题时，施工负责人应及时与物业服务企业联系，双方协商解决，不得擅自做主。

5. 装修垃圾清运

装修垃圾是装修管理中的一个重要内容，其对物业环境和业主以及物业使用人的工作生活有着极大的影响，甚至会产生环保、安全等方面的隐患。

（1）装修垃圾需袋装处理。

（2）按指定位置、时间、方式进行堆放和清运，由物业服务企业统一清运。

（3）装修期间要保持环境整洁，装修垃圾须封装，不得堆放在户门外或公共场所，应保持所经电梯、楼道及走廊干净。

（4）严禁高空抛物。

6. 竣工验收

（1）装修施工结束后，由物业服务企业验收组在《装修申请表》"完工验收"档中签署"初验合格"，装修人有违章装修行为的，物业服务企业验收组主管按规定做出估价，列清扣款数额，经物业服务企业主任同意后，将扣款清单一份交装修人，一份交财务部，由财务部扣款。

（2）物业服务企业收回施工证，发生丢失的，装修企业给予赔偿。

（3）装修企业清场离开。

（4）装修验收合格并使用 1 个月后，物业服务企业验收组对装修施工组织复验，复验没有问题，在《装修申请表》内注明"复验合格"后，送物业服务企业主任审批，由财务部退还装修人员及装修企业的装修押金。

（5）将装修资料整理归档，长期保存。

（四）违章责任

1. 发生装修违章，装修企业为第一责任人，装修人为第二责任人，两者对装修违章负有共同的责任。

2. 未申报登记擅自开工的，或在申报登记时提供虚假资料的，责令改正，补办手续。

3. 影响建筑物结构或使用安全进行装修的，应由装修人和装修企业限期改正，造成损害的，装修人与装修企业连带承担赔偿责任。

4. 不按照相关部门的技术要求进行装修的，由装修人、装修企业改正。

5. 擅自改动、暗藏燃气管道设施的，由装修人和装修企业改正。

6. 违反规定装修施工现场未配备消防灭火器的，由装修人改正。拒不改正的，报消防部门处理。

7. 违反规定违章堆放、清运垃圾的，由装修人改正。

8. 违反规定不遵守装修时间限制的，责令装修人、装修企业改正。

9. 对违章装修，对责任人做出处理：

（1）责令限期修复、纠正。

（2）责令停工。

（3）扣缴装修企业缴纳的押金，不足部分再从装修人缴纳的押金中扣缴，如仍然不足，则由装修人一方承担。

（4）情节特别严重的，在小区内公告，取消装修企业在小区的装修资格，并依法追究当事人的责任。

【基本概念】

物业承接查验　　业主人住　　房屋装修管理

【经典案例一】

☆案情简介☆

一天午夜，某小区的某一户业主运来不少装修材料。业主叫了该住户装修工好几次，他们才下来搬运材料。业主一走，装修工头就跟护卫员商量，要等第二天再搬。由于装修材料不允许放在大堂，护卫员拒绝了他们。装修工人只好连夜搬运，材料搬运完之后，他们没有清扫垃圾就想离开。当班护卫员灵机一动，称要检查他们的装修出入证，拿到装修出入证后，护卫员提出先把垃圾打扫干净，才能把证件还给他们（这样就有了制约对方的办法）。装修工头恼羞成怒，抓住了护卫员的衣服就要动手打人，护卫员冷静地对他们说："你们要打我，想到后果了吗？我看你们还是先给业主打个电话，问他我这样处理对不对。"（业主较之装修人员了解和支持物业管理，请他们的东家出来说话，比我们说话更有分量）。装修工头想了想，有道理，把手松开后，就走到一边打电话。

或许了解该物业管理规则的业主说了好话，打完电话，装修工头老实了许多，不仅同意打扫地面，还向护卫员进行了道歉。护卫员看他们忙了一阵，干得差不多了，就把出入证给了他们，并说："天也不早了，你们明天还得干活，剩下的我就帮你们打扫吧！"装修工头一听，立即拿出50元钱说："那谢谢您，说实在的，工人们今天也太累了，50元钱虽然不多，就当作给您的劳务费吧！"当然，护卫员没有收他们的钱。

☆经典评析☆

纠正违反物业管理规定的行为，不能"一味来软"的，也不能"一味动硬"的。在对方迫不得已纠正错误时，尤其应当注意适可而止，见好就收，这样不至于结怨，便于以后的工作。

【经典案例二】

☆案情简介☆

一天中午，护卫班班长匆忙来到某小区物业管理公司办公室，告诉主管人员："1-2-301的业主不想按指定位置安装空调，要将北侧空调孔打在窗户上方。"主管正在处理一项事务，便安排护卫班班长马上返回，先让空调公司的工作人员停止打孔。主管人员随后赶到，一进门还没说话，业主就开始不停地说着自己的理由。他认为物业公司规定的位置太不合理，强烈要求将"空调孔"打在窗户上方，并且明确表示："我今天就要在这里打孔，看你们能把我怎样。"此时，空调公司的人员还不停地在一旁说着风凉话，更助长了业主的不满情绪。尽管主管满肚子是火，但还是耐心解释（物业管理工作者处理问题千万不能意气用事，即使理由再充分，也必须注意调整好自己的心态和情绪）。护卫班班长说："物业公司要求在指定位置安装空调、管线不能外露，是为了保证小区的外观统一美观"，并强调"如果我们也像有些小区那样各行其是安空调，那咱们的小区的外立面就会杂乱不堪入目"，提醒"这里毕竟是您的家园，您肯定也不希望举目就看到这样的景象。"听完护卫班班长这番入情入理的话，虽说业主还是没有决定按规定去做，但不再硬性坚持。护卫班班长见时机基本成熟，便悄悄将空调公司的工作人员叫到一边，告诫说："你们应当知道物业的管理规定，如果执意违规行事，可要考虑考虑今后如何在我们的辖区做生意。"（该行使管理权的时候就要大胆行使，就要行使到位，这不叫威逼利诱。）这一说，空调公司人员马上声明要按照物业公司规定打孔，并表示一定配合物业公司说服业主。最终，业主同意将"空调孔"打在规定位置。

　　☆经典评析☆

　　物业管理牵涉到方方面面，许多微不足道的小事有可能变得复杂化。但正因为如此，又使我们能够借助方方面面的力量来促成复杂化问题的解决。这就给物业管理人员出了一个题目：如何巧妙地借人之力、成我之事。

【思考题】

1. 简述物业承接查验的概念。
2. 物业承接查验的作用是什么？
3. 物业承接查验的主要内容是什么？
4. 物业竣工验收和接管验收的区别是什么？
5. 简述物业入住的概念。
6. 简述物业入住的程序。
7. 办理业主入住手续应注意哪些问题？
8. 什么是房屋的装修管理？
9. 物业装修管理服务包括哪些内容？
10. 装修管理期间物业服务企业主要负责哪些工作？

第六章 房屋维修管理

【学习目标】

通过本章的学习，掌握房屋维修管理的概念，认识房屋维修的特点、意义，了解房屋日常维修的内容、原则，熟悉房屋修缮工程的小修、中修、大修、翻修和综合维修。重点掌握房屋损坏等级的分类和评定方法。

【导读】

房屋是物业的有机组成部分，作为物业管理最重要的环节之一，房屋维修管理是一项基础性的工作。随着社会生产力的发展和进步，人们对物质生活和精神生活的要求也越来越高，对作为满足人类居住、生产需要的房屋更是提出了更高的要求。为了保证房屋正常地发挥其使用功能，延长其使用寿命，必须经常对房屋进行维修养护管理，以防止或减缓房屋的损耗。可见，在整个物业管理中，物业维修管理始终占有极其重要的地位，对物业服务企业自身的发展也有着积极的意义。

第一节 房屋维修管理的概述

一、房屋建筑基础知识

（一）房屋建筑分类

用来供人们生活居住、从事生产及其他活动的各种房屋，称为房屋建筑。

1. 按主要结构的材料分类

（1）砖木结构房屋

房屋主要承重结构的基本构件用砖和木料制作，一般墙体和柱用砖砌筑，楼板和屋架用木料制作。

（2）混合结构房屋

房屋主要承重结构的基本构件用不同的材料做成。一般系采用砖墙、砖柱、钢筋混凝土现浇或预制梁、板建造而成。这是目前相当普遍的一种类型。

（3）钢筋混凝土结构

房屋主要承重结构的基本构件皆由钢筋混凝土制作。根据施工方式不同，分为现浇钢筋混凝土结构和预制装配式钢筋混凝土结构两种形式。

（4）钢结构房屋

房屋主要承重结构的基本构件皆由钢材制作。钢材（钢板和型钢）用焊接、铆接或螺栓等连接。

（5）钢—钢筋混凝土组合结构房屋

房屋的主要承重结构构件柱、梁、板一般采用钢和钢筋淛部分或全部组合制作，而墙体可采用钢筋混凝土也可用砌体或其他材料。

2. 按房屋结构类型分类

结构类型是以承重构件的选用材料与制作方式、传力方式的不同而划分：

（1）砌体结构

砌体结构的竖向承重构件主要是由砖、石、砌块等材料用灰浆砌筑而成的墙体、柱、拱等，水平承重构件为钢筋混凝土楼板及屋面板。这种结构一般用于多层建筑中。

（2）框架结构

框架结构的承重部分是由钢筋混凝土或钢材制作的梁、板、柱形成的骨架，以梁、柱组成框架，墙体只起分隔作用。这种结构可以用于多层和高层建筑中。框架分为钢框架和混凝土（钢筋混凝土和预应力混凝土）框架两种。

（3）钢筋混凝土内框架结构

外墙用砖墙承重，内部采用钢筋混凝土梁柱组成框架承重的建筑。

（4）剪力墙结构

剪力墙结构指利用建筑物墙体（内墙和外墙）来抵抗由于风、地震等引起的水平力，因其墙体除承受垂直荷载外，主要承受水平荷载产生的剪力，故称之为剪力墙结构。其剪力墙一般采用钢筋混凝土制作，厚度不小于40毫米。

（5）框架—剪力墙结构

在框架的某些柱间布置剪力墙，与框架共同构成框架—剪力墙结构，简称框—剪结构。框架主要承受竖向荷载，而剪力墙主要承受水平荷载，框架和剪力墙与楼盖联系在一起，并依靠楼盖的水平刚度使两者有共同的变形。

（6）框支剪力墙结构

底层采用框架结构，上部采用剪力墙结构的建筑称为框支剪力墙结构。

（7）筒式结构

筒式结构指由一个或几个筒形成竖向承重结构的高层建筑结构体系。它主要靠筒体承受水平荷载，具有很好的空间刚度和抗震能力。筒式结构按其布置方式和构造可分为单筒结构、筒中筒结构及成束筒结构三种形式。

此外，还有装配式大板结构、大模外砌体结构、升板结构、框架轻板结构、拱式结构、网架结构、悬索结构、薄壳结构等结构形式。

3. 按房屋建筑层数分类

（1）低层建筑：一般指1~3层建筑。

（2）多层建筑：一般指4~9层建筑，在住宅建筑中把7~9层的房屋称为中高层住宅。

（3）高层建筑：一般指10层以上的建筑。

（4）超高层建筑：建筑总高在高度大于100米以上的建筑。

还可以按建筑规模及数量分为大量性建筑和大型性建筑，大量性建筑的主要特点是应用范围广，建筑数量多。而大型性建筑是指某些体型比较宏伟、使用质量要求较高、内容复杂的建筑物等。

(二) 房屋建筑等级

1. 耐久等级

耐久等级一般分为五级，混凝土结构的环境类别见表6-1。

表6-1   混凝土结构的环境类别

环境类别		条件
一		室内正常环境
二	a	室内潮湿环境；非严寒和非寒冷地区的露天环境、与无侵蚀的水或土壤直接接触的环境
	b	严寒和寒冷地区的露天环境、与无侵蚀的水或土壤直接接触的环境
三		使用除冰盐的环境；严寒和寒冷地区冬季水位变动的环境；滨海室外环境
四		海水环境
五		受人为或自然的侵蚀性物质影响的环境

在《民用建筑设计通则》（GB50352—2005）中对建筑物的耐久年限作了规定：

一级：耐久年限为100年以上，适用于重要的建筑和高层建筑。

二级：耐久年限为50～100年，适用于一般性建筑。

三级：耐久年限为25～50年，适用于次要的建筑。

四级：耐久年限为15年以下，适用于临时性建筑。

大量建造的建筑，如住宅，属于次要建筑，其耐久等级为三级。

《建筑结构可靠度设计统一标准》（GB50068—2001）1.0.5条规定结构的使用年限应按如下采用：

一类：5年，适用于临时性建筑。

二类：25年，适用于易于替换的结构构件。

三类：50年，适用于普通房屋和构筑物。

四类：100年，适用于纪念性和特别重要的建筑结构。

2. 耐火等级

耐火等级取决于房屋的主要构件的耐火极限和燃烧性能，它的单位为小时。耐火极限是指从受到火的作用起，到失掉支持能力或发生穿透性裂缝或背火一面温度升高到220摄氏度时所延续的时间。多层建筑的耐火等级分为四级。

一个建筑物的耐火等级属于几级，取决于该建筑物的层数、长度和面积。大量建造的职工住宅，采用砖混结构建造，其层数为六层，建筑长度为64米，每层建筑面积为600平方米，查阅规定后得出其耐火等级至少为二级。若采用预应力圆孔板作楼板及屋顶板时，应为三级。

高层民用建筑的耐火等级分为两级。

高层民用建筑分为两类，主要依据建筑高度、建筑层数、建筑面积和建筑物的重要程度来划分。《高层民用建筑设计防火规范》（GB50045－95）中作了详细规定。

一类高层的耐火等级应为一级，二类高层应不低于二级，裙房应不低于二级，地下室应为一级。（注：裙房指与高层建筑相连，高度不超过 24 米的建筑）

（三）房屋建筑的基本构成

房屋建筑可划分成建筑主体、设备两大部分。其中，房屋的结构部分主要包括基础、墙（柱）、楼地面、楼梯、门窗和屋顶六大部分。各个部分在建筑中所处的位置不同，发挥着各自的功能，共同构成有机的整体。

1. 基础

基础位于建筑物的底部，是房屋的地下部分。它的作用是将房屋自重及房屋所承担的各种荷载传给直接支承着基础底面的土层（即地基），是房屋埋设在地面以下房屋的承重构件。

2. 墙（柱）

承重墙、柱是房屋的主要承重构件之一。它们与梁、板、屋架及基础构成了房屋的骨架，共同承受、传递着房屋的自重和各种荷载，故要求其结构合理，具有足够的安全性、适用性和耐久性。同时，墙体还起着挡风遮雨、隔热御寒、隔声防噪的围护作用及分隔空间的作用。

3. 楼地面

房屋的楼地面由两个部分组成，即上面为面层（地面），下面为承重结构构件（如楼板）。它是房屋的主要水平承重构件，将所承担的荷载及自重传递给梁或承重墙体，同时对承重墙体起着水平支撑作用，增加房屋的刚度和稳定性。此外，楼地面又是房屋中划分空间的水平分隔构件，将建筑物分隔成若干层与竖向分隔构件（内墙）共同组成各个独立的房间。故除须在承受荷载下具有足够的安全性、适用性和耐久性外，也应具有良好的隔热、隔声、防火、耐磨等功能。

4. 楼梯

楼梯是各个楼层之间进行垂直联系的交通设施，其数量必须保证有足够的通行能力和防火疏散能力。

5. 屋顶

屋顶是房屋顶部的围护结构，一般由屋面、支承结构层、隔热层以及顶棚部分组成，起防止雨雪、风沙侵袭、保温隔热和稳定墙身的作用。按屋顶形式的不同有平屋顶、斜屋顶（如单坡、双坡、四坡、多坡、歇山等）、单曲面屋顶、双曲面屋顶等。无论何种类型屋顶均要求其层牢固、通风隔热、面层不渗漏、排水通畅。

6. 门窗

门窗与墙体紧密相连，是两个多功能构件。它们既具有墙体的围护作用，又具有出、入、采光、通风和眺望等特殊功能。

二、房屋维修的概述

（一）房屋维修的概念

房屋维修是指房屋自建成到报废为止的整个使用过程中为了修复由于自然因素和

人为因素对房屋造成的损坏，维护和改善房屋的使用功能，延长房屋的使用年限而采取的各种养护维修活动。狭义的房屋维修仅指物业服务企业对房屋的维修和养护；广义的房屋维修还包括对房屋的改建。

一般情况下，房屋维修主要是为了恢复保持和提高房屋的安全与耐久性。有时候是为了改善或改变房屋的居住条件，甚至是为了改善或提高房屋的艺术性要求，需要进行特殊的房屋维修。

（二）房屋维修的特点

房屋维修与新建的对象都是房屋建筑，在设计和施工理论上是相通的，因此它们有共性的一面，但是，由于房屋维修与新建房屋所应用的理论不同，所以房屋维修又有其特点。

1. 房屋维修是在已有房屋的基础上进行，是对房屋的构建、部分项目进行养护维修，局部或全部的更新、修复。因此，工作上受到原有条件的限制，设计和施工都只能在一定的范围内进行。

2. 房屋的维修是大量性的、经常性的、不确定的，有时还可能是突发性的工作。

3. 房屋维修项目多、涉及面广、零星分散，各类房屋装修材料的品种、规格，备用材料的规格和种类也可能很多。

4. 房屋维修一般要保持原有的建筑风格和设计意图，并与周围环境相协调，因此技术要求较高。由于房屋维修的这种特殊性，决定了它有独特的设计、施工技术和操作技能的要求，而且对不同建筑结构、不同等级标准的房屋，采用的装修标准也不同。

5. 房屋维修具有生产和服务双重性。生产性是指房屋维修过程中必然结合增添设备、改进装饰装潢、改善结构等项工作，通过维修可使房屋增值。服务性是指房屋维修的基本目的是为住户提供服务，对于物业服务企业来讲，是提供有偿服务。

（三）房屋损坏的主要原因

房屋建成交付使用后，由于多种原因会造成房屋的损坏。导致房屋损坏的原因是多种多样的，但概括起来可分为自然损坏和人为损坏。

1. 自然损坏

自然损坏是指非人为的自然因素对房屋造成的损害，主要包括：

（1）气候因素

房屋因经受自然界风、霜、雨、雪和冰冻的侵袭，空气中有害物质的侵蚀与氧化作用以及空气湿度和温度的变化影响，其外部构件会因此逐渐老化或被腐蚀。例如，木材的腐烂、砖的风化、钢筋的锈蚀、混凝土的胀裂、塑料的老化等，尤其是构件的外露部分更易损坏。

（2）生物因素

生物因素主要是指虫害（如白蚁等）、菌类（如霉菌）的作用使建筑物构件的截面积减小、强度降低。

（3）地理因素

地理因素主要是指地基承载力的差异引起房屋的不均匀沉降以及地下水的作用引起的房屋损坏。

（4）灾害因素

灾害因素主要是指突发性的不可抗拒的天灾人祸，如洪水、火灾、地震、滑坡、龙卷风等所造成的损坏。

2. 人为损坏

人为损坏是相对于自然损坏而言的，它是指人们在设计、施工及竣工使用期间，由于人为操作不当而造成房屋的损坏。人为损坏主要有以下几种情况：

（1）使用不当

房屋是人们最主要的活动空间，人们在里面生产、生活，因此人们的活动以及生产设备、生活日用品荷载的大小，摩擦、撞击的频率，使用的合理程度等都会影响房屋的寿命，如不合理地改装、搭建；不合理地改变房屋用途，使房屋的某些结构遭到破坏。此外，周围设施的影响也会造成房屋的损坏。例如新建房屋、市政管道、安装电缆等，因缺乏相应技术措施而导致塌方或地基沉降造成房屋墙体的移动、开裂及其他变形等。

（2）设计和施工质量低劣

房屋在建造或维修时，由于设计不合理、施工质量差，或者使用的建筑材料不符合质量要求等，影响了房屋的正常使用，加速了房屋的损坏。例如，阳台因混凝土振捣质量差、钢筋的位置摆错造成断裂；房屋的屋面坡度不符合要求，下雨时排水慢而造成漏水；砖墙砌筑质量低劣，影响墙体承重能力而损坏、变形；木结构的木材质量差，或制作不合格，安装使用后不久就变形、断裂、腐烂等。

（3）日常预防保养较差

不采取预防保养措施或者维修不够及时，也会造成房屋和设备的损坏或提前损坏，甚至发生房屋破损、倒塌事故，如墙体勒脚剥落、钢筋混凝土露筋、门窗铰链松动等，所有这些若不及时保养，都可能酿成大患。房屋破坏的过程是一个较长期的过程，不是某一种因素造成的，往往是许多因素相互交叉作用的结果。

（四）房屋维修的注意事项

1. 与抗震设防相结合

在抗震设防地区，凡房屋进行翻修、大修时，应尽可能按抗震设计规范和抗震鉴定加固标准进行设计、施工。中修工程也要尽可能采取抗震加固构造措施。

2. 与白蚁防治相结合

在白蚁危害地区，各类维修工程均应贯彻"以防为主，修治结合"的原则，做到看迹象、查蚁情、先防治、后修换。

3. 与预防火灾相结合

在大、中修时，对砖木结构以下的房屋应尽可能提高其关键部位的防火性能；在住房密集的院落，要尽可能留出适当通道或间距。

4. 与抗洪防风相结合

对经常受水淹的房屋，要采取根治措施；对经常发生山洪的地区，要采取防患措施；在易受暴、台风袭击的地区，要提高房屋的抗风能力。

5. 与防范雷击相结合

在易受雷击地区的房屋，要有避雷装置，并定期检查修复。

6. 逐步改善居住条件

确保居住安全及财力物力可能的条件下，应逐步改善居住条件：

（1）室内无窗或通风采光面积不足的，如条件允许，可新开或扩大原窗；住人楼檐高度太低的，可适当提高；住人阁楼，如条件允许，可新做气楼或新开窗子。

（2）无厨房的旧式住宅，如条件允许，大修时可重新合理安排其布局，分设厨房；其他用途的房屋改作住房时，可按居住用房的标准加以改造。

（3）三代同堂或子女与父母同室居住的，可增设隔断；在隔断后，如影响采光通风的可在适当部位增开窗子或天窗。

（4）对于无水、电的房屋，应有计划地逐步新装；对原水、电表容易不足的，可分户或增容；要条件允许时，可逐步做到供水到户。

（5）底层窗子或户室门的玻璃窗，可增设铁栅；原庭院无下水道的，如条件允许的，可予增设。

三、房屋维修管理的概述

（一）房屋维修管理的概念

房屋维修管理是指物业服务企业根据国家对房屋维修的技术标准，按照一定的科学管理程序，针对企业经营管理房屋的日常维护、维修、保养而进行的技术管理，是物业管理中的一项基础性工作。

（二）房屋维修的特点

1. 经营和服务的双重性

物业管理是集经营、管理和服务于一体的管理行为，而物业维修管理是物业管理的一个重要经营活动，它对投入使用的物业进行功能地恢复和改善，这与使用者的安全和切身利益有关，而且其所提供的维修服务也是有偿的。因此，物业维修管理同时具有经营性和服务性。

2. 技术性

物业维修管理的技术性是指物业维修管理活动本身具有特殊的技术规定性，必须以建筑工程专业及相关的专业技术知识为基础，制定相应的技术管理规定和质量评定指标，并配备高素质的专业技术人员和技术工人才能较好地完成。物业维修活动的特殊性又决定了它具有独特的设计、施工技术和操作技能，其技术水平的高低直接关系到维修工程质量的优劣。

3. 普遍性和分散性

由于受各种因素的影响，物业在使用过程中难免要遭受损坏。根据不同的损坏程度，物业的结构、部件和装修等都要经常进行大、中、小修，这对所有物业来说都是普遍存在的。从另一角度来说，由于损坏而要维修的往往只是物业中的一部分，工作量较少，并且也比较分散。

4. 复杂性

物业管理的复杂性是由物业的多样性、个体性和物业维修的广泛性和分散性决定的。由于每一幢物业几乎都有独特的形式和结构，有单独的设计图纸。因此，物业维修必须根据不同结构、不同的设计、不同情况的物业，分别制订不同的维修方案，组织不同的维修施工，这就给物业维修管理带来了复杂性。

5. 计划性

物业维修过程本身就存在着各阶段、各步骤、各项工作之间的不可违反的工作程序。因此，物业维修管理必须严格按照维修施工程序进行，这就决定了物业维修管理也必须按程序有计划地组织实施。

（三）房屋维修管理的原则

1. 为业主服务的原则

坚持为业主服务是房屋维修管理的一项基本原则。房屋维修的目的是为业主或使用人创造优良的生活环境与工作环境以及提高物业的综合效益。因此，在物业维修管理上，必须维护用户的合法使用权，切实做到为用户服务；建立健全科学合理的物业维修服务制度；物业维修管理人员要真正树立为用户服务的思想，改善服务状态，提高服务质量，认真解决用户亟须解决的维修问题。

2. 坚持经济、合理、安全、实用的原则

经济，就是要节约使用人力、财力和物力，尽可能少花钱、多修房，实现维修资金投资效果最大化；合理，就是要制订科学、合理的维修计划与方案，按国家的规定与标准以及用户的合理要求修房，不任意扩大维修范围和内容；安全，就是要坚持质量第一和房屋完好标准的要求，通过维修使房屋达到主体结构牢固，功能运转正常，用户使用安全；实用，就是要从实际出发，因地制宜、因房制宜地进行维修，以满足用户在房屋质量与使用功能方面的需要。

3. 区别对待原则

房屋维修管理的对象大体可分为新建房与旧房两类。在房屋的维修与改造过程中必须因房制宜，针对不同的情况采取不同的维修方案。对于新建房，重点是搞好房屋的日常养护，使房屋保持完好状态，并力求保持原貌。对于城市中占较大比例的旧房，要做好分类工作。对于有保存价值的房屋，要加强维修，合理使用。对尚可利用的旧房，要通过有计划的维修与适当的改建，尽可能改善其居住条件，保证安全与正常使用。对于结构简陋、破旧老朽的旧房、危房，鉴于其已失去再维修的价值，要全部或大部分进行有计划的拆建，即进行旧房的更新与再开发。

4. 明确责任原则

实践证明，物业的维修责任不明确，往往导致物业长久失修，出现严重的安全隐患，甚至可能发生安全事故，造成财产损失，因此，通过有关法律法规明确物业维修的法律责任是十分必要的。

5. 维修资金投资效果最大化的原则

物业维修资金的管理原则就是获得最大投资效果，少花钱，多修房，修好房，各类工程维修费用的多少，必须确定一个合理的标准，不得随意浪费。

（四）房屋维修管理的意义

1. 搞好房屋维修管理有利于物业的保值增值

物业就其自然属性来看，是由使用功能、物质性能和建筑形象三个基本要素构成，这三个要素的综合作用效果能给人们带来生产、生活的舒适安全和美的享受，从而使其具有传真和使用价值。然而，在物业的整个使用期间，随着时间的推移，由于自然侵蚀、使用不当、生物影响、灾害损坏等原因，使这三个要素的性能不断下降，造成物业损毁甚至倒塌，导致其价值和使用价值不断下降。因此，房屋如不及时养护、维修和改建，就会过早损毁，以致使用寿命缩短，甚至发生严重损毁倒塌事故，危及业主的生命和财产安全。

2. 搞好房屋维修管理有利于房产经营的顺利开展

房屋和其他商品一样，具有价值和使用价值，但也有其特殊性，主要表现在物业具有固定性、使用周期长和价值大等特征。这些特点决定了房屋的价值实现过程比较长，必须及时进行维修，以保证房屋的使用价值。房屋建造完成后，其价值的实现在一般通过出售和出租实现。被出售的房屋虽然得到一次性价值补偿，但由于其使用周期长而可能发生多次价值转移，必须设法保持或改善房屋的使用功能，否则多次价值转移就不可能实现。同样，被出租的房屋，其价值是通过租期内的租金收入来实现的，一旦房屋的使用功能退化，租赁活动必定受影响，甚至可能终止，物业价值的实现就随之被迫终止或提前完结。因此，及时地对房屋进行养护、维修和改建，可以使房屋的使用功能和外形不至于因失修而退化、破损，继续保持良好的功能和外观，从而保证房产经营活动顺利开展。

3. 搞好房屋维修管理有利于物业服务企业的发展

只有搞好房屋维修管理，才能使物业服务企业在广大业主和住户中树立良好的信誉和企业形象，从而为争取更多客户、扩大市场份额、实现规模经营创造条件，也为开展多种经营打下良好的基础。随着社会主义市场经济体制的日益完善，市场竞争越来越激烈，良好的信誉和高质量的服务已经成为企业生存的最重要的资本，物业服务企业重视维修管理服务技术，就是在积累竞争资本。同时，做好房屋维修管理还可以在提高维修质量的前提下节约维修成本，从而降低企业管理成本，实现自我发展。

4. 搞好房屋维修管理有利于改善和提高居民生活水平

通过房屋维修管理工作，可以保证住用安全和房屋设备的有效使用，也可以保持城市房屋的完美形象，起到美化城市环境、美化生活，加快城市建设的作用。总之，搞好房屋维修管理有利于搞好城市建设，不断满足业主或使用人工作、学习、生活的需要，改善和提高居民生活水平。

四、房屋维修管理的内容

(一) 房屋维修计划管理

1. 房屋维修计划的编制

房屋维修计划分为年度计划、季度计划和月度计划，根据需要有时也有旬、周、日计划，对特殊的房屋维修，可按单位工程编制维修计划。在确定具体计划时，要注意与其他计划的相互联系，保持计划内容、形式、数量、质量指标相互适应，相互协调及相互统一。同时，还必须根据维修工作的特点，不断调整、完善维修计划的内容、指标。

（1）年度维修计划

年度维修计划的编制与工程量、工期、成本、安全、质量、服务、施工管理等有密切关系。例如：编制年度维修竣工面积计划的依据：工程项目和地点；房屋损坏等级；根据往年统计资料拟定每工完成多少平方米；根据职工出勤率、工时利用率和不可预见因素等，计算出所需实际工作日，再乘以每工完成的平方米数，即得出全年可以完成的竣工面积，也是全年竣工面积的年度计划。全年竣工面积计划编制后，再编制工作量年度计划。工作量的计算方法同上，先按往年统计资料拟定每工产值和计算出的所需实际施工人数，乘以全年实际工作日，再乘以每工产值，就可得出全年可以完成的工作量，也就是工作量的年度计划。

（2）季度维修计划

季度维修计划是在年度维修计划的基础上，按照均衡生产的原则，并结合季节特点而编制的季度维修计划。

在建阶段，应参照施工设计中总进度的调整计划表编制；新开工阶段，在未编制进度的情况下，首先要摸清在建的剩余工程量和耗工数，在此基础上，初步排定出施工进度。对工种要进行平衡分析，考虑工程衔接，做好按计划施工。编制季度计划还应考虑季节、气候等条件，如维修屋面工程应尽量安排在雨季之前进行。

（3）月度维修计划

在充分保证完成季度维修计划的前提下，根据季度维修计划中各项工程的准备情况及房屋完损情况，按轻重缓急的原则编制月度维修计划。月度维修计划的编制方法与季度维修计划基本相同。维修项目因是月计划，编制的依据是施工分段作用计划，如情况有变化，在月度维修计划中要进行调整。月度维修计划应保证季度维修计划的完成。

2. 房屋维修计划的执行和控制

维修计划应按内部组织机构层层分解，落实到基层，实行责任制。在计划的贯彻执行过程中，要按相关规定和标准加强监督检查和考核。房屋维修计划执行情况的检查内容如下：

（1）计划指标分解及措施落实情况。

（2）计划指标的完成情况。

（3）原计划的正确程度。

（4）执行计划过程中出现的问题及解决办法和经验教训等。

（5）房屋维护计划控制的主要内容包括维修项目的进度控制、质量控制、成本控制等。

（二）房屋维修技术管理

房屋维修技术管理是指物业服务企业对房屋的查勘、鉴定、维修、使用等各个环节的技术活动过程和技术工作的各种要素，按照一定的技术标准和技术经济指标进行的科学管理活动，以保证房屋维修施工工程符合技术规定。

1. 房屋维修技术管理的作用

房屋维修技术管理的结果将直接影响到物业的经营效益。房屋维修技术管理的作用主要体现在以下几个方面：

（1）监督和保证房屋维修在施工过程中符合技术规程的要求。

（2）监督和保证房屋维修工程的施工质量与安全操作。

（3）运用技术经济分析的手段，对房屋维修的不同方案，进行经济效益和环境效益的对比，提出最佳方案。

（4）掌握和落实对不同结构的各类房屋的维修保养措施。

2．房屋维修技术管理的内容

房屋维修技术管理内容有维修方案设计、工程质量管理、技术档案管理以及技术责任制的建立等。

（1）对各类房屋维修工程的范围、项目、工程的设计、工程预决算、施工方案进行设计和审查。

（2）检查维修施工的技术装备条件与设计要求是否达到标准，在施工过程中，如果需要修改或变更设计，必须办理相应的手续。

（3）对维修工程按照有关质量标准，检查施工组织设计、施工方案、施工说明是否完整明确，是否符合有关技术规范或规定，检查产品质量是否合格。

（4）健全有关房屋结构、房屋竣工、房屋状况、房屋维修等方面的原始资料，建立房屋技术档案，并进行科学管理。

（5）提出维修工程应达到的质量标准和提高工程质量、保证安全的技术措施。

（6）提出拆除原有房屋时为减轻对毗邻房屋的影响而应采取的安全技术措施。

（7）提出利用旧料和提高旧料利用质量的技术措施。

（8）提出冬、雨季及夜间施工技术措施，指出维修工程中可能的质量通病并提出应采取的预防性技术措施。

（9）对维修设计提出合理化建议或修改设计。

（三）房屋维修施工管理

房屋维修施工管理是指按照一定的施工程序、施工质量标准和技术经济要求，运用科学方法对房屋维修施工过程中的各项工作进行有效、科学的管理。

房屋的维修可由物业服务企业自己做，也可以委托给专业的施工队做，两种方式的管理是不同的。对专业维修施工单位的管理主要是要做好维修工程的招标、维修工程的设计和技术交底、签订承包合同、施工质量监管、工程竣工验收及价款的结算和维修技术资料的管理、建档等管理工作。自行组织的房屋维修工程管理比专业承包维修复杂得多。下面就以自行组织形式简要说明房屋维修施工管理的基本内容、方法和具体做法。

1．维修施工管理的主要任务

（1）编制房屋维修施工工程计划，合理安排人、财、物。

（2）大、中修和更新改造工程要编制施工组织计划。

（3）做好维修工程开工前的准备工作。

（4）执行施工程序，对施工过程进行严格质量控制和全面协调。

（5）采用新技术、新工艺和新材料，提高维修质量。

（6）加强维修材料消耗定额管理，降低成本，增加盈利。

2．维修施工管理的一般程序和方法

（1）制订房屋维修设计方案

以房屋查勘鉴定结论为依据，充分吸取业主、使用人的意见，使维修方案尽可能地合理可行。对小的维修工程，物业服务企业可自行组织设计，较大的维修工程必须由具有设计资质证书的单位承担。

（2）落实房屋维修施工任务

根据年、季、月度维修计划，逐一落实施工任务。

（3）施工组织与准备

根据工程量大小和工程难易等具体情况，认真进行施工组织与准备，分别编制施工组织设计（大型工程）、施工方案（一般工程）或施工说明（小型工程）等。维修施工组织准备工作的主要内容有：

① 对维修工程应摸清施工现场情况，包括电缆、电机以及燃气、供暖、给排水等地下管网及其走向，并平整好现场。

② 维修工程设计图样齐全。

③ 编制施工组织设计或施工方案，并获得批准。

④ 材料、成品和半成品等构件能陆续进入现场，确保连续施工。

⑤ 领取建筑施工执照。

⑥ 安置好需要搬迁的住户，切断或接通水、电源。

⑦ 落实资金和劳动力计划等。

一般工程施工方案内容主要有工程概况，主要施工方法及保证工程质量、安全、节约、冬雨季施工方面的技术措施，单位工程进度计划和施工现场平面图等。小型工程施工说明包括工程概况、维修的性质和内容、安全质量技术措施、旧料利用和料具配置以及维修预算等。

（4）图样会审、技术交底和材料、构件的检验

① 在施工准备阶段，物业服务企业维修施工部门应首先熟悉维修设计或方案，在此基础上，参与技术交底和图样会审。

维修设计施工图会审的主要内容有设计、方案和说明是否符合有关技术规范或规定；维修设计及其说明是否完整清楚，图样的尺寸、标高、坐标轴交叉点是否明确，土建与设备是否配套；新旧建筑与毗邻建筑、地下建筑与地下构筑物有无矛盾；维修施工技术装备条件能否达到设计要求，以及采用预制构件与施工场地间有、无矛盾；对维修设计提出合理化建议或修改设计等。

② 在施工和有关人中学习维修设计与图样会审的基础上，由施工负责人向负责该工程的技术人员进行施工技术交底。一般大、中、翻修工程的技术交底包括维修方案及维修范围、内容与要求；毗连房屋的使用和产权情况及房屋内部产权情况，避免错修；根据维修方案，提出维修工程达到的质量标准及房屋修好后的完好等级；按维修方案要求，提高维修质量、确保安全生产的技术措施；提出原有房屋结构部、构件拆除的方法与要求，以及拆除的安全技术措施；保证住户人身财产安全措施与防护措施；旧料利用的施工要求及技术要点；施工办法、施工秩序和工序穿插、衔接；所用主要

材料的品种、规格、质量及混凝土工程、砌筑砂浆的配合比、标号、骨料要求等。

③ 对材料、成品、半成品的检验工作，包括凡有出厂证明或检查报告单的，原则上不需要检验，但对性能容易变化或由于运输影响、储藏过期可能变质的，仍需经过检验，在确定合格后才能使用；凡现浇混凝土结构、预制构件的混凝土及砌筑砂浆必须按规定做试块检验；对成品、半成品要检验其出厂合格证明、品种与规格，凡不合格的，严禁使用；对新材料、代用材料等，应有权威部门的技术鉴定书方能使用；对所有的旧料，须经过技术部门鉴定或经抽样试验合格后才能使用等。

(5) 维修施工调度与现场管理

① 维修施工调度就是以工程施工进行计划为依据，在整个维修施工过程中不断求得劳动力、材料、机械与施工任务和进度等要求之间的平衡，并解决好工种与专业之间衔接的综合性协调工作。

施工调度主要是经常检查督促施工计划和工程合同的执行情况，进行人力、物力的平衡调度，促进施工生产活动的进行，以及组织好材料运输，确保施工的连续性，监督检查工程质量、安全生产、劳动保护等情况，发现问题，找出原因，提出措施，限期改正等。

② 施工现场管理是指以施工组织设计、一般工程施工方案或小型工程施工说明为依据，在施工现场进行的各种管理活动。施工现场管理的重要任务是修建或利用各项临时设施，安排好施工衔接及料具进退场，节约施工用地；把场内建筑垃圾、多余土方、余料和废料及时清运出场，创建文明施工现场；确保住户人身和财产安全，做好施工防护工作，处理好与毗邻建筑物的关系，以及做好施工现场的材料和机具设备管理等。

(6) 维修工程竣工交验

维修工程竣工交验必须符合房屋交验的条件和质量评定标准，才能通知有关部门进行验收，验收合格签证后才能交付使用。维修工程交验的具体条件符合维修设计或方案的全部要求，并全部完成合同中规定的各项工程内容，做到水通、电通、路通和建筑物周围场地平整，供暖通风恢复正常运转并有使用竣工图和施工技术资料准备齐全等。

物业服务企业应根据各地城市建设的档案管理的有关规定，对施工技术资料进行分类整理，装订成册后存档。凡按图施工的工程可用原有施工图作竣工图，工程变更不大的可利用原有施工图修正即可，对于变更较大的工程，必须重新绘制竣工图。竣工图必须加盖竣工图签，经复核无误，施工负责人签字后方能归档。

维修工程质量交验的标准主要包括：

①维修工程的分项、分部工程必须达到原建设部颁发的《房屋维修工程质量检验评定标准》中规定的合格标准和合同规定的质量要求。

②维修工程中主要项目涉及的材料必须符合《物业维修工程质量检验评定标准》中规定的全部要求。

③观感质量评分合格率不低于95%。

维修工程交验的有关资料有项目批准文件；工程合同；维修设计图样或维修方案说明；工程变更通知书；技术交底记录或纪要；隐蔽工程验签记录；材料、构件检验及设备调试等资料。

物业服务企业在接到施工单位的验收通知后，应及时组织方案设计人员、甲方代表、房屋管理技术负责人及施工单位进行交工验收。验收或复验合格后办理验收签证，并评定质量等级。在工程验收时，还应签订回访保修协议，大中工程保修期限一般为半年，翻修工程为一年。

（四）房屋质量管理

房屋质量管理就是指定期和不定期地对房屋的完损情况进行检查，评定房屋完损等级，随时掌握所管理房屋的质量情况和分布等。它为编制房屋维修计划、进行房屋维修工程设计、编制房屋维修工程概预算并作出投资计划提供依据。

1. 房屋完损的五个等级标准

房屋完损等级评定标准是由国家建设行政主管部门制定颁布的。它是物业管理企业对房屋质量进行评定时，必须参照的一个标准；同时，它又为物业服务企业对房产管理和维修计划的安排等方面提供了基础资料和依据。各类房屋完损标准是根据房屋的结构、装修、设备三个组成部分的各个项目完好或损坏程度来划分的，依据建设行政主管部门的规定，将房屋完损状况分为五个等级标准：

（1）完好标准。

（2）基本完好标准。

（3）一般损坏标准。

（4）严重损坏标准。

（5）危险房标准。

2. 房屋完损等级的评定

房屋完损等级是指对现有房屋的完好或损坏程度划分等级，即现有房屋的质量等级。房屋完损等级的评定是指按照统一标准、统一项目、统一评定方法，对现有整幢房屋进行综合性完好或损坏的等级评定。房屋完损等级评定是目观检测与定量定性分析相结合的专业技术性很强的工作。

（1）房屋完损等级评定的要求

① 要求对整幢房屋进行综合评定。

② 要求以实际完损程度为依据评定，而不能以建造年代或原始设计标准高低为依据。

③ 要求掌握好评定等级的决定因素，以结构部分的地基基础，承重构件屋面中最低的完损标准来评定。

④ 要求严格掌握完好房标准和危险房标准。

⑤ 要求对重要房屋评定等级严格复核测试。

⑥ 对正在施工的房屋要求搞施工前房屋评定。

（2）房屋完损等级评定的基本做法

房屋完损等级评定的基本做法可分为定期和不定期两类。

① 定期评定

定期评定一般是每隔1~3年（或按各地规定）对所管理房屋进行全面地逐幢完损

等级的评定。这种评定的特点是面广量大，通过评定可以全面详细地掌握房屋完损情况，可以结合物业普查来进行。其基本做法是：首先进行组织准备，包括制订评定工作计划，建立评定组织，培训评定人员等；其次是实施查勘；最后是统计汇总。

② 不定期评定

不定期评定就是不定期地在某个时间内对房屋进行检查评定完损等级。一般以下几种情况下进行不定期检查：

ⅰ 根据气候特征，如雨季、台风、暴风雨、山洪等，着重对危险物业严重损坏房和一般损坏房等进行检查，评定完损等级。

ⅱ 房屋经过中修、大修、翻修和综合维修竣工验收以后，重新评定完损等级。

ⅲ 接管新建物业后，要进行完损等级评定。

（3）房屋完损等级规定

① 完好房

完好房是指正规房屋，其结构构件完好，屋面或板缝不漏水，装修和设备完好、齐全，管理通畅，现状良好，使用正常。或虽有陈旧现象或个别分项有允许值之内的轻微损毁，但不影响居住安全和正常使用，不需要修理或经过一般小修即可恢复。

② 基本完好房

基本完好房是指房屋结构基本完好、牢固，少量构部件有稍超允许值的轻微损坏，但已稳定。装修基本完好，油漆缺乏保养，设备、管道现状基本良好，能正常使用。或屋面、板缝局部渗漏，装修和设备有个别部件零件有影响使用的破损，但通过一般性的维修可恢复使用功能。

③ 一般损坏房

一般损坏房是指房屋局部结构构件有变形、损坏、裂缝、腐蚀或者老化，强度不足，屋面或板缝局部漏雨，装修局部有破损，油漆老化，设备管道不够畅通，水、电、照明、管线等器具具有部分老化、损坏或残缺，不能使用，需要进行中修或修理更换零部件。

④ 严重损坏房

严重损坏房是指严重失修的房屋，部分结构构件有明显的或严重的倾斜、开裂、变形或者强度不足情况，个别构件已处于危险状态，屋面或板缝严重漏雨，装修严重变形，破损，油漆老化见底，设备陈旧不齐全，管道严重堵塞，水、卫、电、照明、管线器具和零件残缺及严重损毁，需要进行大修或翻修、改建的房屋。

⑤ 危险房

危险房是指承重构件已经属于危险构件，主体构件强度严重不足，稳定性很差，丧失承载能力，随时有倒塌可能的房屋；采取局部加固修理仍不能保证安全的房屋；已丧失维修价值的房屋；因结构严重损坏需要拆迁、翻修的房屋。

（4）房屋完损等级评定的操作

房屋完损等级标志着房屋质量的好坏，它是根据房屋各个组成部分的完损程度来综合评定的。具体做法是按照原建设部颁发的《房屋完损等级评定规定》来操作的。

3. 评定房屋完损等级应注意的问题

（1）评定房屋完损等级是在根据评定出房屋的结构、装修、设备等组成部分的分项完损程度的基础上，对整幢房屋完损程度进行的综合评定，因此，一定要以房屋的实际完损程度为依据，严格按照《房屋完损等级评定标准》中规定的方法进行，不能以建筑年代来代替新评定，也不能以房屋原设计标准的高低来评定房屋的完损等级。

（2）评定房屋完损等级时，对结构部分完损程度的评定要认真对待，因为其中的地基基础、承重构件、屋面等项目的完损程度，是决定房屋完损等级的主要内容。对地基基础、承重构件、屋面等项目的完损程度不处于同一个层次上的，应该以最低完损等级标准来评定整个房屋完损等级。

（3）评定房屋完损等级时，若下降分项超过规定允许的范围，整幢房屋完损等级可下降一个等级，但是不能下降到危险房屋的等级。但对评定为严重损坏的房屋，结构、装修、设备等各项的完损程度，不能下降到危险房屋的标准。

（4）对重要房屋评定完损等级时，要对承重构件进行复核或试测才能确定完损程度。对正在大修的房屋要按大修前的房屋状况进行评定。

（五）专项维修资金管理

专项维修资金管理是指维修资金的筹措与使用安排。如何筹集和使用专项维修资金由业主共同决定，并在物业服务合同中约定。

1. 物业保修期内和保修范围的房屋维修资金来源

在物业保修期内，房屋维修责任应由开发商承担，可以由物业服务企业负责维修，然后和开发商结算。建筑安装工程保修范围和保修期限内发生的维修费用，不得从专项维修资金中支取。

2. 超出保修期和保修范围内的房屋维修资金来源

（1）超出保修期的私有部分的房屋维修，可由物业服务企业提供维修服务，但费用应由业主自理。

（2）保修期满后物业共用部位、共用设施设备的维修和更新改造，应由专项维修资金解决。超出保修期的公共设施设备小修和日常运行维修及保养费，应从业主缴纳的物业服务费中列支。

① 商品房由业主缴纳专项维修资金

专项维修资金属于业主所有，专项用于物业保修期满后物业共用部位、共用设施设备的大修、中修和更新改造。不得挪作他用。在商品房销售时，售房单位应当告知购房人有关专项维修资金缴交的事项，并代为收取。购房者一般按照购房款的2%～3%的比例（或各城市自订的标准）向售房单位缴交维修资金。售房单位代收的这部分资金不计入售房收入。

② 售后公有住房的维修资金来源

根据原建设部和财政部1998年11月联合印发的《住宅共用部位公用设施设备维修基金管理办法》的规定，公有住房售后的维修资金来源于两部分：由售房单位按照一定的比例从售房款中提取，原则上多层住宅不低于售房款20%，高层住宅不低于30%。该部分资金属于售房单位所有；购房者按购房款2%的比例向售房单位缴交维修资金，售房单位代为收取的维修资金属于全体业主共同所有，不计入住宅销售收入。

③ 物业共有部位公共设施设备的经营收入

物业服务企业用于房屋维修的资金，其来源除业主缴纳的维修资金，以及公有住房售房单位和业主共同筹集的资金以外，还包括物业共有部位的经营收入。

3．专项维修资金的管理和使用

（1）根据物业管理条例，三类业主应该缴纳维修基金：住宅物业、住宅小区内的非住宅物业或者与单幢住宅楼结构相连的非住宅物业的业主，应当按照国家有关规定缴纳专项维修资金。专项维修资金收取、管理、使用的办法由国务院建设行政主管部门会同国务院财政部门制定。

（2）业主有权监督物业共用部位、共用设施设备专项维修资金的管理和使用。

（3）利用物业共用部位、共用设施设备进行经营的，应当在征得相关业主、业主大会、物业服务企业同意后，按照规定办理有关手续，收益归全体业主共有。业主所得收益应当主要用于补充专项维修资金，也可以按照业主大会的决定使用。

（4）专项维修资金不足一定百分比的，应由业主及时补充缴纳。

（5）物业服务企业违反规定挪用专项维修资金的，由房地产行政主管部门追回挪用的专项维修资金，给予警告，没收违法所得，可以并处罚款；情节严重的，将吊销资质证书；构成犯罪的，将依法追究直接负责的主管人员和其他直接责任人员的刑事责任。

（六）房屋维修行政管理

要搞好物业管理，必须将物业管理的任务进行有效分解。这种对物业维修责任的划分以及落实维修承担人，清理维修障碍的工作，就是物业维修行政管理。物业维修行政管理是物业维修质量管理、技术管理、施工管理等管理工作的基础。只有搞好物业维修行政管理，才能迅速、及时地对物业进行维修，排除险情，防止房屋的继续毁损，保障业主和使用人的生命、财产安全，避免由于维修责任不明或由于某种因素使物业得不到及时维修，致使物业危险情况的发生。

根据国家和地方政府的有关规定，维修物业是物业所有人的责任，不论在何种情况下，物业所有人都必须履行这项责任。因使用不当或人为原因造成物业损坏的，有关责任人必须负责修复或予以赔偿。异产毗邻房屋维修时，牵扯到两位或多位产权人，应根据《城市异产毗邻房屋管理规定》，明确责任承担者。租赁私房需要维修时，要根据租赁双方的合同确定责任的承担者。由于物业结构具有整体性、系统性的特点，对物业某一部位、设施的安全隐患的维修养护往往要影响到相邻居民甚至会出现整个物业管理区域内相关部位、设施的停用、占用等情况，因此需要这些业主的配合。为了保证及时做好存在安全隐患、危及公共利益及他人合法权益的物业的维修养护工作，《物业管理条例》明确规定有关业主应当对维修养护工作给予配合。

此外，考虑到相关责任人无法或者不愿履行维修养护义务的特殊情形，为了确保物业管理区域内全体业主的公共利益及他人合法权益，及时消防安全隐患，《物业管理条例》提出经业主大会同意，可以由物业管理企业维修养护，其费用由责任人共同承担。这种规定既是发挥全体业主的民主决策，鼓励物业管理企业积极采取措施，及时实施维修养护工作的需要，也是充分保障物业管理企业合法权益的需要。

（七）维修档案资料管理

物业服务企业在实施房屋维修时，必须以房屋建筑的档案资料为依据。维修过程中和结束后，也应该将有关资料及时归档。

1. 房屋维修所需要的档案资料

房屋维修所需要的档案资料主要包括房屋新建工程、维修工程竣工验收时的竣工图及有关房屋的原始资料、现有的有关房屋及附属设备的技术资料、房屋维修的技术档案资料等内容。

2. 维修工程应归档的资料

维修工程交验时应归档的有关资料主要有：

（1）项目批准文件。

（2）工程合同。

（3）维修设计图样或维修方案说明。

（4）工程变更通知书。

（5）技术交底记录或纪要。

（6）隐蔽工程验签记录。

（7）材料、构件检验及设备调试资料。

（8）工程质量等级检查评定和事故处理资料。

（9）工程决算资料。

（10）竣工验收签证资料。

（11）维修工程统计报表。

（12）旧房淘汰或改建前的照（底）片等。

第二节　房屋维修工程

一、房屋维修工程的分类

为了加强房屋维修的科学管理，合理地安排维修资金和加强维修工作的计划性，应实行分类指导，通常是按房屋的完损状况和工程性质、结构性质和经营管理性质进行工程分类。

（一）按房屋的完损状况和工程性质划分

根据房屋的完损状况和相应的工程性质，房屋维修工程可分为翻修、大修、中修、小修和综合维修五类。

1. 翻修工程

翻修工程是指原有房屋需全部拆除、另行设计、重新建造或利用少数主体构件进行改造的工程。翻修工程包括原地翻修改建、移地翻修改建和小区复建房等。

翻修工程主要适用于：

（1）主体结构全部或大部分严重损坏不，丧失正常使用功能，有倒塌危险的房屋。

（2）因自然灾害破坏严重，不能再继续使用的房屋。

（3）主体结构、围护结构简陋，无修理价值的房屋。

（4）地处陡峭易滑坡地区的房屋或地势低洼长期积水又无法排出地区的房屋。

（5）国家基本建设规划范围内需要拆迁恢复的房屋。

翻修工程投资大、工期长，应尽量利用低于该建筑物同类结构的新建造价。翻修后的房屋必须达到完好房屋的标准。新建住宅小区基本上不存在翻修工程。

2. 大修工程

大修工程是指需牵动或拆换部分主体和房屋设备，但不需全部拆除，一次费用在该建筑物同类结构新建造价的25%以上的工程。

大修工程主要适用于：

（1）主体结构的大部分严重损坏，有倒塌或有局部倒塌危险的房屋。

（2）整幢房屋的共用生活设备（包括上水、下水、照明、通风和采暖等）必须进行管线更换，需要改善新装的房屋。

（3）因改善居住条件，需局部改建的房屋。

（4）需对主体结构进行专项抗震加固的房屋。

大修工程的主要特点是工程地点集中、项目齐全，具有整体性。大修后的房屋必须符合基本完好或完好标准的要求。在进行大修工程时，可考虑适当增添新的设施，改善居住条件。

3. 中修工程

中修工程是指需牵动或拆换少量主体构件，保持原房的规模和结构，一次费用在该建筑物同类结构新建造价的20%以下的工程。

中修工程主要适用于：

（1）少量结构构件形成危险点的房屋。

（2）一般损坏的房屋，如整幢房屋的门窗整修，楼地面、楼梯维修、抹灰修补、油漆保养、设备管线的维修和零配件的更换等。

（3）整幢房屋的共用生活设备，如上下水管道、通风采暖设备管道、电气照明线路等需局部进行更换改善或改装、新装工程的房屋以及单项目维修的房屋。

中修工程的主要特点是工程比较集中、项目较小、工程量较大，常有周期性。中修后的房屋70%以上必须符合基本完好或完好标准的要求。

4. 小修工程（零星工程）

小修工程有时将其作为养护工程的部分内容，是指物业服务企业为确保房屋的正常使用，保持房屋原来的完损等级而对房屋使用中构件、配件和设备正常的小损小坏进行及时修复的预防性养护工程。这种工程使用人工少、成本低，年综合平均费用占房屋现时总价的1%以下。但它具有很强的服务性，关系到住户的便利使用，要求及时修理，以保证住户正常使用。小修工程的主要特点是项目简单、零星分散、量大面广、时间要求紧迫。经常地进行房屋的养护工程，可以维护房屋的使用功能，既保证用户的正常使用，又能使发生的损坏及时得到修复，不至于加剧，造成较大的损失，如对于一些由于天气突变或隐蔽的物理化学作用而导致的突发性损坏，不必等到大修周期到来就可以及时处理。同时，经常检查房屋完好状况，从日常养护入手，可以防止事故的发生，并为大、中修提供查勘施工的可靠材料。

5. 综合维修工程

综合维修工程是指成片多幢（大楼可分为单幢）大修、中修、小修一次性应修尽修，其费用控制在该片（幢）建筑物同类结构新建造价的20%以上的工程。

这类维修工程应根据各地的情况、条件的不同，考虑到一些特殊要求，如抗震、防灾、防风、防火等，在维修中一并予以解决。

综合维修工程主要适用于：

（1）该片（幢）大部分严重损坏，或一般性损坏需进行有计划维修的房屋。

（2）需改变片（幢）面貌而进行有计划维修的工程。

经过综合维修后的房屋，必须符合基本完好或完好房的标准要求。综合维修工程在统计时计入大修工程项目内，可以不单独列出。

（二）按房屋的结构性质划分

按应修房屋的结构性质，房屋维修工程可分为承重结构的维修和非承重结构的维修两部分。

1. 承重结构的维修

承重结构的维修是指对房屋的基础、梁、柱、承重墙以及楼盖的基层等主要受力部分进行维修，这是房屋维修的重点。房屋维修，安全第一，只有房屋的承重部分维修好了，非承重部分的维修才有意义。

2. 非承重结构部分的维修

非承重结构部分的维修是指对房屋的门窗、墙皮、非承重墙面、地面、顶棚、上下水道和附属部分的维修，也称为维修养护工作。非承重结构部分维修养护得好，对承重结构部分也会起保护作用，同时是对房屋外貌的装饰、美化，维持和改善了住用环境。非承重部分的维修应以保证承重结构部分的完整无损为前提。

（三）按经营管理的性质划分

按经营管理的性质，房屋维修工程可分为恢复性维修、赔偿性维修、改善性维修、救灾性维修和返工性维修五类。

1. 恢复性维修

恢复性维修又称基本维修，不含重建。按性质恢复性维修的费用应在经营性维修费项下列支。

2. 赔偿性维修

赔偿性维修属于人为损坏或由于使用不当造成，按有关法律的规定，赔偿性维修的费用应由引起损坏的一方即当事者负担。

3. 改善性维修

改善性维修是超越原房屋的维修标准或原房屋规模的维修。它不属于简单再生产范畴，其费用应另有专款开支或由用户负责。若经过改善性维修后能调增租金的，也可进行。

4. 救灾性维修

救灾性维修属于自然灾害或意外灾害造成，其费用应由专款解决或在保险费中开支。

5. 返工性维修

返工性维修是由房屋设计或施工方法不当造成，其费用应由设计或施工部门负责，或拨专款解决。

在房屋维修工程中还要考虑各地的不同情况，把抗震，防治白蚁，预防水、火灾，抗洪，防台风和防范雷击等一些特殊要求一并予以解决。

二、房屋的维修标准

维修标准是按不同的结构、装修、设备条件，将房屋分为"一等"、"二等以下"两类分别制定的。

符合下列条件的为一等房屋：钢筋混凝土结构、砖混结构、砖木（含高级纯木）结构中，承重墙柱不得使用空心砖、半砖、乱砖和乱石砌筑；楼地面不得有普通水泥或三合土面层；使用纱门窗或双层窗的正规门窗；墙面有中级或中级以上粉饰；独立厨房，有水、电、卫设备、采暖地区有暖气。低于上述条件的为二等以下房屋。划分两类房屋的目的在于对原结构、装修、设备较好的一等房屋加强维修养护，使其保持较高的使用价值；对二等以下的房屋，主要是通过维修，保证住用安全，适当改善住用条件。

维修标准按主体工程，木门窗及装修工程，楼地面工程，屋面工程，抹灰工程，油漆粉饰工程，水、电、卫、暖等设备工程，金属构件及其他九个分项工程进行确定。

（一）主体工程

主体工程主要指屋架、梁、柱、墙、楼面、屋面和基础等主要承重构件的维修。当主体结构损坏严重时，不论维修哪一类房屋，均应要求牢固、安全，不留隐患。

（二）木门窗及装修工程

木门窗应开关灵活，不松动、不透风；木装修应牢固、平整、美观，接缝严密。一等房屋的木装修应尽量做到原样修复。

（三）楼地面工程

楼地面工程的维修应牢固、安全、平整、不起砂，拼缝严密不闪动，不空鼓开裂，地坪无倒泛水现象。如房间长期处于潮湿环境，可增设防潮层，木基层或加砂楼面损坏严重时，应改做钢筋混凝土楼面。

（四）屋面工程

屋面必须确保安全，不渗漏，排水畅通。

（五）抹灰工程

抹灰应接缝平整，不开裂、不起壳、不起泡、不松动、不剥落。

（六）油漆粉饰工程

油漆粉饰要求不起壳、不剥落、色泽均匀，尽可能保持与原色一致。对木构件和各类铁构件应进行周期性油漆保养。各种油漆和内外墙涂料，以及地面涂料，均属保养性质，应指定养护周期达到延长房屋使用年限的目的。

（七）水、电、卫、暖等设备工程

房屋的附属设备均应保持完好，保证运行安全、正常使用。电气线路、电梯、安全保险装置及锅炉等应定期检查，严格按照有关安全规程定期保养。对内部电气线路破损老化严重、绝缘性能降低的，应及时更换线路。对供水、供暖管线应做保温处理，并定期进行检查维修。水箱应定期清洗。

（八）金属构件

金属构件应保持牢固、安全，不锈蚀，损坏严重的应更换，无保留价值的应拆除。

（九）其他的工作

对属物业管理区域的庭院原有院墙、院墙大门、院落内道路、沟渠下水道、阴井损坏或堵塞的，应修复或疏通。

三、房屋维修工程的考核指标

房屋维修工程的考核指标是考核房屋维修工程量和工程质量及房屋维修管理服务质量的重要指标。这些指标主要包括以下几种：

（一）房屋完好率

房屋完好率是完好房屋的建筑面积与基本完好房屋的建筑面积之和占总的房屋建筑面积的百分比。

（二）人均年房屋维修工程量

房屋维修工程量是指全年完成综合维修和大、中修工程数量（以建筑面积表示）之和与全年维修人员平均数之比。

（三）大、中修工程质量合格（优良）品率

大、中修工程质量合格（优良）品率是指报告期经评定达到合格（或优良）品标准的大、中修单位工程数量（以建筑面积表示）之和，与报告期验收鉴定的单位工程数量之和的百分比。

（四）小修工程的考核指标

小修工程的考核指标主要有定额指标、服务指标、安全指标和经费指标。

1. 定额指标

小修工程定额指标是完成房屋小修工程的工作量，是搞好房屋管理的重要考核指标，也是考核小修工程管理人员和小修养护人员工作实绩的指标。它包括人工定额和材料定额。

（1）人工定额是指每个小修养护人员应完成的小修养护工程量。人工定额是考核小修养护人员劳动生产率的指标。

（2）材料定额是指完成一定的合格小修养护工程所需耗用的材料量，是考核小修工程材料成本降低率的一个指标，也是考核小修养护工程旧料利用情况的一个重要指标。

2. 服务指标

小修工程的服务指标包括走访查房率、小修养护计划完成率和小修养护及时率。

（1）走访查房率是指物业服务企业每月走访查房户数与所辖区内住（用）户总户数之百分比，可分为月度走访查房率和季度走访查房率。

（2）小修养护计划完成率是指物业服务企业当月完成的属小修养护计划内项目的户次数和当月养护计划安排的户次数之比。

（3）小修养护及时率是当月完成的小修户次数与当月全部报修中的应修户次数之比。

3. 安全指标与经费指标

安全指标是考核小修养护工程是否确保住（用）和小修安全的指标，包括事故率、违章率。经费指标是考核小修养护工程是否节约使用小修工程经费的指标。一般是指实际使用小修养护费用与计划或预算小修养护费之比。

四、危房的维修管理

（一）危房鉴定

危险房屋简称危房，由于它随时有倒塌的可能性，不能确保其使用安全。因此，在物业管理中，危房的鉴定使用与管理就占有特殊的位置，物业服务企业对此要给予特别的重视。为此，原建设部先后颁布了《危险房屋鉴定标准》（GJ13－86）和《城市危险房屋管理规定》。

1. 危房的鉴定机构

房屋的安全鉴定是项专业性、技术性要求很强的工作，危房的鉴定更慎之又慎。按《城市危险房屋管理规定》，房屋的鉴定由房地产行政主管部门设立的房屋安全鉴定机构负责，经鉴定属危险房屋的，鉴定机构必须及时发出危险房屋通知书。属于非危险房屋的，应在鉴定文书上注明在正常使用条件下的有效时期，一般不超过 1 年。

2. 危房鉴定

（1）危房分类

危房分整幢危房和局部危房。整幢危房是指随时有整幢倒塌可能的房屋。局部危房是指随时有局部倒塌可能的房屋。

（2）鉴定单位

危房以幢为鉴定单位，以建筑面积（平方米）为计量单位。

① 整幢危房以整幢房屋的建筑面积（平方米）计数。

② 局部危房以危及倒塌部分房屋的建筑面积（平方米）计数。

（3）鉴定原则

① 危房鉴定应以地基为基础、结构构件的危险鉴定为基础，结合历史状态和发展趋势全面分析、综合判断。

② 在地基基础或结构构件发生危险的判断上，应考虑构件的危险是孤立的还是关联的。

ⅰ 若构件的危险是孤立的，则不构成结构的危险。

ⅱ 若构件的危险是相关的，则应联系结构判定危险范围。

③ 在历史状态和发展趋势上，应考虑下列因素对地基基础、结构构件构成危险的

影响。

ⅰ 结构老化的程度。

ⅱ 周围环境的影响。

ⅲ 设计安全度的取值。

ⅳ 有损结构的人为因素。

ⅴ 危险的发展趋势。

（4）危险范围的判定

① 整幢危房

ⅰ 因地基基础产生的危险，可能危及主体结构，导致整幢房屋倒塌的。

ⅱ 因墙、柱、梁、混凝土板或框架产生的危险，可能构成结构破坏，导致整幢房屋倒塌的。

ⅲ 因屋架、檩条产生的危险，可能导致整个房屋倒塌并危及整幢房屋的。

ⅳ 因筒拱、扁客、波形筒拱产生的危险，可能导致整个拱体倒塌并危及整幢房屋的。

② 局部危房

ⅰ 因地基基础产生的危险，可能危及部分房屋，导致局部倒塌的。

ⅱ 因墙、柱、梁、混凝土板或框架产生的危险，可能构成部分结构破坏，导致局部房屋倒塌的。

ⅲ 因屋架、檩条产生的危险，可能导致部分房屋倒塌，或整个房屋倒塌但不危及整幢房屋的。

ⅳ 因隔栅产生的危险，可能导致整间楼盖倒塌的。

ⅴ 因悬挑构件产生的危险，可能导致梁、板倒塌的。

ⅵ 因筒拱、扁客、波形筒拱产生的危险，可能导致部分拱体倒塌但不危及整幢房屋的。

③ 危险点

危险点是指单个承重构件、围护构件或房屋设备处于危险状态的。

（二）危房的管理

对被鉴定为危房的，应按危险程度、影响范围，根据具体条件，分别轻、重、缓、急，安排修建计划。对危险点，应结合正常维修，及时排除险情。对危房和危险点，在查清、确认后，均应采取有效措施，确保使用安全。对危房的使用管理一般分为以下四类情况处理：

1. 观察使用

观察使用适用于采取适当安全技术措施后，尚能短期使用，但需继续观察的房屋。

2. 处理使用

处理使用适用于采取适当技术措施后，可解除危险的房屋。

3. 停止使用

停止使用适用于已无维修价值，暂时不便排除，又不危及相邻建筑和影响他人安全的房屋。

4. 整体拆除

整体拆除适用于整幢危险且已无维修价值，需立即拆除的房屋。

对前两类情况，物业服务企业应在管理中加强安全检查，能解危的，要及时解危；解危暂时有困难的应采取安全措施，并做好排险解危的准备，切实保证住用人的安全。

第三节 房屋的日常养护

房屋的日常养护可以维护房屋和设备的功能，使发生的损失及时得到修复；对一些由于天气的突变或隐蔽的物理、化学损失导致的突发性损失，不必等大修周期到来就可以及时处理。同时，经常检查房屋完好状况，从养护入手，可以防止事故的发生，最大限度地延长房屋的使用年限。

一、房屋日常养护的概念

房屋日常养护是指物业服务企业为确保房屋的正常使用所进行的经常性、持续性的经常性小修养护和零星修理工作。它是物业服务企业对房屋业主、使用人最直接、最经常的服务工作。

二、房屋日常养护的类型

房屋日常养护分为零星养护、计划养护和季节性养护三种类型。

（一）零星养护

零星养护是指结合实际情况确定或因突然损坏引起的小修，包括：

1. 屋面堵漏（补漏）、修补层面、修补泛水和屋脊等。
2. 钢、木门窗的整修，拆换五金、配玻璃，换窗纱、油漆等。
3. 修补楼地面面层，抽换个别楞木等。
4. 修补内外墙、抹灰、窗台、腰线等。
5. 拆砌挖补局部墙体、个别拱圈，拆换个别过梁等。
6. 抽换个别檩条，接换个别木梁、屋架、木柱和修补木楼等。
7. 水卫、电气、暖气等设备的故障排除及零部件的修换等。
8. 下水管道的疏通，修补明沟、散水、落水管等。
9. 房屋检查发现的危险构件的临时加固、维修等。

日常零星养护项目，主要通过维修管理人员走访住户和业主或住户的随时报修两个渠道来收集。零星养护的特点是修理范围广，项目零星分散，时间紧，要求及时，具有经常性的服务性质。零星养护应力争做到"水电急修不过夜，小修项目不过三（3天），一般项目不过五（5天）"。

（二）计划养护

房屋的各种构件、部件均有合理的使用年限，超过这一年限一般就开始不断出现问题。因此，要管好房子，不能等到问题出现再采取补救措施，而应该制定科学的大、中、小修三级维修制度，以保证房屋的正常使用，延长其整体的使用寿命，这就是房屋的计划养护。

物业服务企业应根据具体楼宇所选用的设备、材料型号的质量来推算其使用年限。计划养护主要属于房屋保养性质，定期对房屋进行检查保养。计划养护任务应安排在报修任务不多的淡季。若报修任务多，应先安排报修任务，再进行计划养护工作。

一般楼宇设施的保养周期和翻新周期如表6-2和表6-3所示。

表6-2　　　　　　　　　　　　　　一般楼宇设备的保养周期

设　备	事　项	周　期
楼宇内墙	走廊及楼梯粉刷	每三年1次
楼宇外墙	修补粉刷外墙	每五六年1次
供水系统	检查及调试各水泵	每半个月1次
	清洗水池	每月1次
电梯	例行抹油及检查	每周1次
	彻底检查及大修	每年1次
消防设备	日常巡视保养	每月1次
	聘用政府认可的消防设备保养公司进行检查及维修并向消防处提交报告	每年1次
沟渠	清理天台雨水筒及渠闸	每周1次
	清理明渠及沙井之沉积物	每两周1次
机器栏杆	检查锈蚀的窗框、栏杆、楼梯扶手	每月1次
	涂漆	每年1次

表6-3　　　　　　　　　　　　　　一般楼宇设备的翻新周期

种　类	项　目	翻新周期（年）
楼宇附加装置	屋顶盖层	20
	窗	20
	门	30
	五金器具	20
修饰	墙壁	15
	地板	10
	天花板	20
供水及卫生设备	水管	30
	洁具	20
电力	电线	30
	电力装置	15
通风	空调	15
其他	电梯及自动扶梯	20

（三）季节性养护

房屋的季节性养护是指由于季节性气候的原因，对房屋进行的预防保养工作。其内容包括防汛、防冻、防台风、防梅雨、防治白蚁等。季节和气候的变化会给房屋的使用带来影响，房屋的季节性养护关系到业主或使用人的居住和使用安全，以及房屋设备的完好程度，所以这种养护也是房屋养护的一个重要方面。房屋养护应注意与房屋建筑的结构种类及其外界条件相适应，砖石结构防潮，木结构的防腐、防潮、防蚁，钢结构的防锈、混凝土结构的钢筋保护层等养护，各有各的要求，各有各的方法，必须结合具体情况来进行。

三、房屋日常养护的内容

（一）地基基础的养护

地基基础属于隐蔽工程，发现、处理问题都比较困难，应做好以下工作：

1. 杜绝不合理的荷载产生

从内外两个方面加强对日常使用情况的监督，防止上部结构使用荷载的设计或施工不合理，制止基础附近的地表堆放而形成较大的堆积荷载。

2. 防止地基浸水

加强地基基础附近的上下水管道、暖气管道等用水设备，以及房屋排水设施的管理和维修，避免地基处于不利的工作状态，防止地基浸水。

3. 保证勒脚完好

完好的勒脚可以扩散上部荷载，并且均匀地传给基础，同时还可以发挥基础防水、美观的作用。

4. 防止地基冻坏

尤其是季节性的冻土地区，基础保温是地基基础正常发挥效用的关键，特别是对于持续供热要求设计的房屋、与地基基础接近处为采暖地下室。

（二）楼地面工程的养护

应针对楼地面材料的特性，做好相应的养护工作。通常要注意以下几点：

1. 保证经常用水房间的有效防水

对厨房、卫生间等经常用水的房间，一方面要注意保护楼地面的防水性能，更须加强对上下水设施的检查与保养，防止管道漏水、堵塞，造成室内长时间积水而渗入楼板，导致侵蚀损害。一旦发现问题应及时处理或暂停使用，切不可将就使用，以免形成隐患。

2. 避免室内受潮与虫害

室内受潮不仅影响使用者的身体健康，也会因大部分材料在潮湿环境中容易发生不利的化学反应而变性失效，如腐蚀、膨胀、强度减弱等，造成重大经济损失。所以，必须针对材料的各项性能指标做好防汛工作，如保持室内有良好的通风等。

建筑虫害包括直接蛀蚀与分泌腐蚀两种，由于长期出现在较难发现的隐蔽性部位，所以更须做好预防工作。尤其是分泌物的腐蚀作用，如常见的建筑白蚁病会造成房屋结构的根本性破坏，导致无法弥补的损失，使得许多高楼大厦无法使用而被迫重建。

3. 加强对二次装修的科学管理

由于个别业主在使用过程中出现功能变化与装修档次要求的提高，对所拥有的物业进行二次装修与改造已成为一种常见的现象。但由于业主或业主所雇佣的施工人员的专业知识有限，不懂建筑知识，进行改变房屋结构、拆改设备或明显加大荷载的破坏性装饰，影响了房屋的安全性能或采用不科学的施工方法，经常产生对房屋极不利的后果。所以，必须加强对房屋二次装修与改造的科学管理，保证业主在满足自身需求时，不致损害整个房屋的正常使用。

4. 控制与消除装饰材料的副作用

装饰材料的副作用主要是针对有机物而言的，如塑料、化纤织物、油漆涂料、化学黏合剂等常在适宜的条件下产生大量的有害物质，危害人的身心健康，以及正常工作与消防安全。所以，在选用有机装饰材料时必须对它所能产生的副作用采取相应的控制与消除措施。

（三）墙台面及吊顶的养护

墙台面及吊顶的种类繁多，施工复杂，通常由下列装饰工程中的一种或几种组成：抹灰工程、油漆工程、刷（喷）浆工程、裱糊工程、块料饰面工程、装饰面板及龙骨安装工程等。一般要注意以下环节：

1. 定期检查，及时处理

一般每年不少于一次，对于踢脚、护壁、细木制品等使用磨损频率较高的部位，还应缩短检查周期。

2. 加强保护，并与其他工程相衔接

在水管穿墙与其他工程交叉处，要注意采用防水、防腐、防裂、防胀等保护措施以及科学的施工手段。

3. 注意清洁

根据不同的材料性能，经常采取适当的清洁方法，保证材料处于良好的状态。

4. 注意日常防护工作

进行各种操作时，应注意防止擦、划、刮伤。遇到有可能损坏台面时，要采取预防措施。

5. 注意材料的工作环境

材料要尽量避免潮湿、油烟、高温、低温等不利的生活环境。如无法避免时，应采取有效的预防措施或在保证可以复原的条件下更换材料。

6. 定期更换部件，保证整体的协调性

鉴于各个工种，毕竟使用年限不同，应根据实际工作情况，及时进行更换，以保证整体的使用效益。

（四）门窗工程的养护

门窗是保证房屋使用正常、通风良好的重要部位，应在管理及使用中，根据不同类型的门窗的特点，加以养护。

1. 严格遵守使用常识与操作规程

门窗是房屋使用频率较高的部分，在开启、风雨天气的情况下，更要注意保护。

2. 经常清洁检查

检查发现问题应及时处理，发现并处理门窗变形、构件短缺或失效，防止造成更大的损失。

3. 定期更换易损部件，保证整体良好

对于门窗的轴心或摩擦部位需要采取经常润滑措施，对于残垢，要及时处理。

4. 寒冷地区应加强冬季的外门窗使用管理

在温度较低、风力较大、沙尘多的条件下，外门窗更容易受到侵害，应采取有效措施加以保护。

5. 加强窗台与暖气的使用管理

禁止放置有害物品，并注意控制房间的温度与湿度。

（五）屋面工程的养护

屋面具有维护、防水、保温、隔热，以及采光、绿化、活动等功能。而且，其施工工艺复杂，容易受到各种主客观因素的影响，必须建立科学完整的管理制度，做到以养为主、维修及时。

1. 定期清扫，保证各种设施处于有效状态

一般的非上人的屋面每季度打扫一次，遇到积水、大雪时，应及时清扫。上人屋面要经常清扫，并注意保护好有关的设施与部位。

2. 定期检查、记录，并对发现的各种问题及时处理

对于非正常使用的损坏，要查清原因，防止产生隐患。

3. 建立大修、中修、小修制度

在定期检查、养护的同时，实施全面的大修、中修、小修管理制度，以发挥房屋的最大综合效能。

4. 加强屋面使用管理

防治污染、腐蚀，禁止产生不合理荷载，以及施工维修中的破坏性操作。

（六）通风道的养护管理

由于通风道在房屋的建设和使用过程中都是容易被忽略而又容易出现问题的部位，因此对通风道的养护管理应作为一个专项格外加以重视。在房屋承接查验时，一定要将通风道作为一个单项进行认真细致的验收，确保风道畅通、安装牢固，不留隐患。在房屋使用过程中，应注意：

1. 业主在安装抽油烟机和卫生间通风器时，必须小心细致地操作，不要乱打乱凿，对通风道造成损害。

2. 不要往风道里扔砖头、石块或在通风道上挂东西，挡住风口，堵塞通道。

3. 物业服务企业每年应逐户对通风道的使用情况及有无裂缝破损、堵塞等情况进行检查。发现不正确的使用行为要及时制止，发现损坏要认真记录，及时修复。

4. 检查时可在楼顶通风道出屋面处测通风道的通风状况，并用铅丝悬挂大锤放入通风道检查其是否畅通。

5. 通风道发现小裂缝应及时用水泥砂浆填补，严重损坏的在房屋大修时应彻底更换。

（七）垃圾道的养护管理

一般住宅楼、办公楼等通用房屋都设置有垃圾道，作为楼上用户倾倒垃圾的通道。垃圾道由通道、垃圾斗、底层垃圾间及出垃圾门等部分组成。在房屋承接查验时，保洁人员就要认真检查垃圾道的各个部位，看有无垃圾斗、出垃圾门开启是否灵便、是否缺少零件、是否刷油漆等。如果垃圾道内有积存大量的施工垃圾或伸出钢筋头、残破模板等在房屋交付使用后造成垃圾道堵塞隐患的现象，必须要求施工单位及时返修清除。平时保养应注意的是：

1. 指定专人负责垃圾清运，保持垃圾道畅通。
2. 搬运重物时要注意保护好垃圾道，避免碰撞，平时不要用重物敲击垃圾道。
3. 不要往垃圾道中倾倒体积较大或长度较长的垃圾。
4. 垃圾道出现堵塞时应尽快组织人员疏通，否则越堵越严，疏通起来更加费时费力。
5. 垃圾斗、出垃圾门每两年应重新油漆一遍，防止锈蚀，延长寿命，降低维修费用。
6. 垃圾道出现小的破损要及时用水泥砂浆或混凝土修补，防止破损扩大。

四、房屋日常养护的程序

（一）项目搜集

管理人员定期对辖区内的住户进行走访，并在走访中察看房屋，主动搜集住户对房屋维修的具体要求，发现住户尚未提到或忽略的房屋险情及公用部位的损坏部位。为了加强管理，提高服务质量，应建立走访查房手册。

物业服务企业接受住户报修的途径主要有以下几种：

1. 组织咨询活动

一般利用节、假日时间，物业服务企业在辖区内主要通道处、公共场所或房屋集中地点摆摊设点，征求住户和用户提出的意见并搜集报修内容。

2. 设置报修箱

在辖区内的繁华地段、房屋集中地方和主要通道处设置信箱，供住户和用户随时投放有关的报修单和预约上门维修的信函。物业服务企业要及时开启信箱整理报修信息。

3. 建立接待值班制度

物业服务企业要配备一名专（兼）职报修接待员，负责全天接待来访、记录电话和收受信函工作。接待员应填写报修单，处理由上下两联组成的接待登记表。

（二）编制小修工程计划

通过走访查房和接待报修等方式搜集到小修工程服务项目后，应根据轻重缓急和劳动力情况，做出维修安排。对室内照明、给水排污等部位发生的故障及物业险情等影响正常使用的维修，应及时安排组织人力抢修。暂不影响正常使用的小修项目，均由管理人员统一搜集，编制养护计划表，尽早逐一落实。

在小修工程搜集过程中，若发现超出小修养护范围的项目，管理员应及时填报中修及以上工程申报表。

（三）落实小修工程任务

管理人员根据急修项目和小修养护计划，开列小修养护单。物业小修养护工凭单领取材料，并根据小修养护单上的工程地点、项目内容进行小修工程施工。对施工中另外发现的物业险情可先行处理，然后再由开列小修养护单的管理人员变更或追加工程项目手续。

（四）监督检查小修养护工程

在小修养护工程施工中，管理员应每天到小修工程现场解决工程中出现的问题，监督检查当天小修工程的完成情况。

五、房屋日常维修养护的考核指标

房屋日常养护工作质量和水平主要由日常养护工作中发生的各类定额、经费、服务和安全等方面的指标衡量和考核。

（一）定额指标

小修养护工人的劳动效率要百分之百达到或超过人工定额；材料消耗要不超过或低于材料消耗定额。工程定额指标的完成情况，作为考核小修养护人员的业绩，进行相关考核奖惩的依据之一。

（二）经费指标

小修养护经费主要通过收取物业服务费筹集，不足的部分从物业服务企业开展多种经营的收入中弥补，也可以通过其他方式进行筹集。

（三）服务指标

1. 走访查房率

一般要求管理人员每月对辖区的住户要房屋勘查鉴定50%以上；每季对辖区内住户要逐户房屋查勘鉴定一遍。其计算公式为：

月走访查房率 = 当月走访查房户数/管理区域内总户数×100%

季走访查房率 = 当季走访查房户数/管理区域内总户数×100%

其中，房屋走访查房户数计算时，月（季）走访如果同一户超过一次的均按一次计算。

2. 养护计划完成率

小修养护应按管理员每月编制的小修养护计划表依次组织施工。考虑到小修中对急修项目需及时处理，因此在一般情况下，养护计划率要求达到80%以上。遇特殊情况或特殊季节，可统一调整养护计划率，其计算公式如下：

月养护计划完成率 = 当月完成计划内项目户次数/当月全部报修应修的户次数×100%

3. 养护及时率

小修养护应随报随修。

养护及时率＝当月完成的小修养护户次数/当月全部报修应修的户次数×100%

（四）安全指标

安全指标具体要求：

1. 严格遵守操作规程，不违章上岗和操作。

2. 注意工具、用具的安全检查，及时修复或更换带有不安全因素的工具、用具。

3. 按施工规定选用结构部件的材料，如利用旧料时，要特别注意安全性能的检查，增强施工期间和完工后交付使用的安全因素排查。

【基本概念】

房屋维修　　房屋维修管理　　房屋维修工程

【经典案例】

☆案情简介☆

李某是某住宅小区 602 室业主，一天，外面下着暴雨，他发现雨水滴滴答答从楼上渗到了他家，地板、墙面、被褥、电器都不同程度被水浸湿。李某沿着渗漏水一路查下去，发现在该号楼顶平台落水管进口处未按要求安置防护网，鸟钻进管道筑窝，导致管道堵塞，雨水不能从管道排出，沿着墙面缝隙从上而下流入了他家。李某找到物业服务企业要求赔偿，试分析物业服务企业是否应承担赔偿责任？

☆经典评析☆

楼顶排水管是房屋的共用部位，作为物业服务企业应对管区内的住宅共用部位、共用设施定期维修、养护，保持其良好的状态，但由于疏于管理，致使楼顶落水管堵塞，造成暴雨时排水不畅，给业主带来了损失，对此，物业服务企业应承担赔偿责任。

【思考题】

1. 简述房屋建筑的基本构成。

2. 什么是房屋维修？什么是房屋维修管理？

3. 房屋损坏的原因是什么？

4. 房屋维修管理的原则是什么？

5. 房屋维修施工管理的主要任务是什么？

6. 房屋完损等级的标准是什么？

7. 简述房屋维修工程的分类。

8. 简述房屋维修工程的考核指标。

9. 什么是房屋的日常养护？

10. 简述房屋日常养护的程序。

第七章　物业设备设施管理

【学习目标】

通过本章的学习，了解物业设备设施管理的基本概念，熟悉物业设备设施的构成与分类，掌握物业设备设施管理的意义、室内给排水系统的方式和组成，供暖系统的管理与维护、空调系统维修管理、供配电系统管理等。

【导读】

随着社会经济的发展和科学技术的不断进步，工业现代化、机械化、自动化程度日益提高，物业设备设施已向自动化、成套化、智能化的方向发展。在物业管理活动中，设备管理是极其重要的组成部分，占据着核心地位。由于设备科技含量高，经济价值大，成本投入多，它关系到居住者的生活质量和生命财产安全，所以从事物业管理的人员必须充分认识设备在物业管理中的作用。搞好物业设备设施维修管理对房地产经营的顺利开展和居民居住水平的提高，以及城市建设的发展都具有重要作用。

第一节　物业设备设施管理概述

一、物业设备设施的含义

物业设备设施是指物业建筑内附属的和相关市政、公用各类设备设施的总称，它是构成物业建筑实体、发挥物业既定使用功能的有机组成部分。没有附属设施、设备和配套的建筑，物业也就丧失了其必要的功能与价值。附属设施、设备不配套或配套的设施、设备相对落后，或经常处于损坏待修状态，也会降低建筑物的效用与价值。现代的物业建筑，其配套设备与设施的完善程度、合理程度及先进程度往往是决定其未来效用与商业价值的一个极为重要的因素和先决条件。物业设备设施的不断推陈出新，不但使人们对物业建筑设备的功能与装修要求逐步提高，也对物业设备设施的维修与管理提出了更高的要求。从管理的角度来看，物业设备设施配套的完备性、合理性与先进性为人们改善物业建筑、住用环境提供了一种物质基础和条件，但关键在于运行过程中的管理与服务，确保相关设备时刻保持良好的状态，使物业设备设施发挥最大的效用。

二、物业设备设施管理的意义

设备设施不能正常运行，经常损坏或处于瘫痪状态，这表明物业未能充分发挥其使用功能。这样的物业其存在的意义就受到了影响，同时也表明企业所进行的物业管理是没有成效或成效较差的。因此，优质的物业设备运行和维修管理是物业功能正常发挥的有力保证，也是物业管理工作的重要内容。

（一）物业设备设施管理是人们生产、生活、学习正常进行的有力保障

设备设施管理在整个物业管理工作中，处于最重要的地位。因为物业设备设施不仅是人们生活、学习、生产正常进行所必需的物质基础，也是工业、商业发展和人们生活水平提高的制约因素。

房屋有没有设备设施、物业设备设施的运行状况如何、物业设备设施维修和保养得怎么样，在非常大的程度上决定着房屋的利用状况，影响着人们的生产、生活和学习，良好的物业设备设施管已经成为人们生产、生活和学习正常进行的有力保障。

（二）物业设备设施管理是提高设备设施乃至整个基本建设投资效益，保障设备设施安全运行的条件

利用好设备设施就是利用好整个物业的关键环节，要利用设备设施，就要进行设备设施管理，有了设备设施管理，才能有楼宇其他方面的管理。只有保证物业设备设施管理的状况较好，才能保证设备设施在使用过程中的安全性，保证设备设施技术性能的正常发挥，提高设备设施的利用效率，并在此基础上延长设备设施的使用寿命。

（三）物业设备设施管理是城市经济与社会管理的需要

不同的物业具有不同的使用性质，但总体上说，现代化的城市要求物业建筑能达到经济、适用、卫生的基本要求，达到经济发展与环境生态保护的协调统一，避免环境污染，而这一切都要求较高的物业管理水平。物业管理离不开附设在物业建筑物内的设备设施管理，对这些不同种类、不同功能的物业设备设施的运行和维修进行管理，不仅是城市经济与社会管理的需要，也体现着城市文明的水平。因此，搞好物业设备设施管理对提高城市建设和管理水平，提高城市文明程度是非常必要的。

（四）物业设备设施管理能提高物业管理企业的服务质量，促进物业管理行业的发展

由于物业设备设施管理是关系到人们生活的大事，是物业管理工作的重要组成部分，所以要求较高，其管理的效果与质量直接显示着物业服务企业服务质量的好坏和技术水平的高低，从而反映出物业服务企业的社会形象。因此，要搞好物业设备设施管理，树立良好的社会形象，就必须搞好企业内部制度建设，不断提高管理服务质量和技术水平，从而促进物业管理行业的发展。

三、物业设备设施管理的目标

物业设备设施在整个物业内处于非常重要的地位，它是物业运作的物质基础和技术基础。用好、管好、维护检修好、改造好现在设备设施，提高设备设施的利用率及完好率是物业设备设施管理的根本目标。衡量物业设备设施管理质量的两个指标是设备设施有效利用率和设备设施的完好率。

物业设备设施是否完好的标准是：

1. 零部件完整齐全。

2. 设备设施运转正常。

3. 设备设施技术资料及运转记录齐全。

4. 设备设施整洁，无跑、冒、滴、漏现象。

5. 防冻、保温、防腐等措施完整有效。

四、物业设备设施管理的基本内容

物业设备设施管理的基本内容主要包括物业设备设施基础资料管理、运行管理、维修管理、更新改造管理、物业设备设施的购置及评价等内容。

（一）物业设备设施基础资料管理

物业设备设施的基础资料管理是指为了实现物业设备设施管理目标及职能职务，提供有关资料信息依据、共同管理准则和基本管理手段的必不可少的管理工作。

1. 资料档案管理

物业设备设施的基础资料管理主要包括设备原始资料档案管理和设备设施维修资料档案管理两大类。

（1）设备设施原始资料档案管理

设备设施在接管后均应建立原始资料档案，建立设备片卡，记录有关设备设施的各项明细资料等。（参见表7－1和表7－2）

表7－1　　　　　　　　　　　设备登记表
年　　　月　　　日

设备分类	设备编号	设备名称	规格型号	主要参数	设备原值	安装位置	备注

表7－2　　　　　　　　　　　设备维修记录
年　　　月　　　日

设备编号		设备名称		规格型号	
维修开始时间		维修结束时间		维修人	
设备故障原因					
设备维修过程					
				维修人：（签字）	
设备维修结果鉴定					
				鉴定人：（签字）	
备注					

（2）设备设施维修资料档案管理

设备设施维修资料档案管理包括报修单，每次维修填写的报修单由设备设施管理部门汇总存查。

物业设备设施的基础资料工作，一是做好设备设施技术档案的保管，二是为设备设施运行、维护、管理等提供资料信息依据。

2．标准管理

标准管理也是物业设备设施基础管理中不可或缺的一环，它包括以下两个方面：

（1）技术标准，如各类设备设施的验收标准、完好标准和维修等级标准等。

（2）管理标准，如报修程度、信息处理标准、服务规程及标准、考核与奖惩标准等。

设备设施的标准管理工作，一是为设备设施管理职能的实施提供共同行为准则和标准，二是为设备设施的技术经济活动提供基本依据与手段。

（二）物业设备设施运行管理

物业设备设施的运行管理是设备设施在日常运行与使用过程中的各项组织管理，它具有日常性、规范性、安全性和广泛性的要求和特点。设备设施的运行管理主要包括以下几方面内容。

1．设备设施运行的组织安排

组织安排的具体任务：一是要在合理分工与协作的基础上合理配置人力；二是根据设备设施操作的技术要求与岗位设置的要求，采取合理的劳动组织形式以提高劳动效率（见图7-1）。

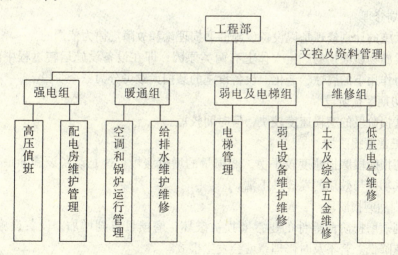

图7-1　员工人力资源分配

2．设备设施运行的管理制度

运行管理制度是全体员工的工作依据与准则，主要包括设备设施的安全操作规程，设备设施的巡视工作制度，岗位责任制度，值班与交接班制度，记录与报表制度，以及报告制度和服务规范等。

（三）物业设备设施维修管理

物业设备设施的维修管理是指对设备设施维修活动所从事的计划、组织与控制，其内容包括日常保养、定期检修和计划修理等。

1. 日常保养

设备的日常保养是一种养护性质的工作，其目的在于及时处理物业设备设施在运转使用过程中由于技术状态的发展变化而引起的大量常见的问题，随时改善设备设施的使用条件与状况，保证设备设施的正常运行，延长设备设施的使用寿命。设备设施日常维护保养的主要内容是设备设施的清洁、润滑、紧固、调整、防腐和安全等工作。同时对于不同类型的物业设备设施，应视其技术特点、使用条件等的不同，分类、分片采取不同的、有重点的保养措施，如对供暖设备必须加强冬季之前的检查、维护工作；对水箱之类的设备设施一般要在规定期限内清洗，以防出现水质腐臭、阻塞等现象。

2. 运行检查

设备设施检查是对设备设施的运行情况、工作进度、磨损程度进行检查和校验，是设备设施维修管理中的一个重要环节。通过检查，及时查明和消除设备设施的隐患，针对发现的问题，拟订改进的工作措施，有目的地做好修理前的准备工作，以提高维修质量和缩短维修时间。按照时间间隔，设备设施的检查也可分为日常检查和定期检查。日常检查即每日检查和交接班检查，并同设备设施的维护保养相结合，主要由操作人员实施；定期检查是同设备设施修理相结合，按计划日程表由专业检修人员实施的检查。

3. 计划修理

设备设施的计划修理是以设备设施的磨损理论和故障规律为依据的。

设备设施物质磨损的产生大体上有两类原因，即在设备设施运转过程中的使用损耗和自然力作用下的腐蚀、老化。设备设施的磨损大致可分为三个阶段。

（1）初期磨损阶段

初期磨损阶段的磨损速度较快，但时间较短。

（2）正常磨损阶段

正常磨损阶段磨损速度较平稳，磨损量的增值缓慢。这是设备设施的最佳技术状态时期，其功能与效用的发挥最正常。

（3）剧烈磨损阶段

进入剧烈磨损阶段零件的正常磨损被破坏，磨损量急剧增加，设备设施的性能、精确度迅速降低。若不及时修理，就会发生事故。

设备设施的磨损是客观必然的，而针对不同的阶段的磨损分别采取有效措施，就有可能延长其使用寿命，保证其经常处于良好的技术状态。一般来讲，在设备设施的正常磨损阶段必须注意设备设施的合理使用、安全操作，以及做好设备设施的维修保养，尽可能延长设备设施的最佳技术状态的延续时间，加强对设备设施的日常检查，掌握设备设施磨损的发展状况，在进入剧烈磨损之前，及时进行修理，防止出现停机故障和严重事故；了解各类零件的磨损规律，准确掌握其使用期限，进行预防性的计划修理，由此保证整个设备设施的正常运行。

设备设施故障的发生也有一定的规律性，称之为"澡盆理论"。

（1）初始故障期

初始故障期故障发生的原因多数是由于设备设施的设计制造缺陷，搬运、安装时马虎和操作者不适应等。

（2）偶发故障期

偶发故障期处于设备设施正常运转阶段，故障率最低。运作的重点是加强安全操作管理，做好日常的维修保养。

（3）磨损故障期

磨损故障期故障率高，主要是由于磨损、腐蚀老化所引起。

认真研究和把握设备设施的磨损形成规律和故障发生规律是搞好设备设施的预防性计划维修工作的重要理论依据。

（四）物业设备设施更新改造管理

任何设备设施使用到一年定限后，其故障率增高、效率降低、耗能加大、维护费用高，并且可能发生严重的事故，为了使设备设施性能在运行中得到有效的改善和提高，降低年度维护成本，就需要对相关设备设施进行更新改造。

1. 设备设施更新

设备设施更新是指以新型的设备设施来代替原有的老设备设施。任何设备设施都有使用期限，如果设备设施达到了它的技术寿命或经济寿命，则必须进行更新。

2. 设备设施改造

设备设施改造是指应用现代科学的先进技术，对原有的设备设施进行技术改进，以提高设备设施的技术性能及经济特性。

3. 设备设施改造的主要方法

（1）对设备设施的结构作局部改进。

（2）增加新的零部件和各种装置。

（3）对设备设施的参数、容量、功率、转速、形状和外形尺寸作调整。

设备设施改造费用一般比设备设施更新要少得多，因此，通过技术改造能达到技术要求的，可以不对原设备设施进行更新。

4. 编制设备设施改造方案

对设备设施进行技术改造，首先要对原设备设施进行分析论证，编制改造方案，具体内容包括：

（1）原设备设施在技术、经济、管理上存在的主要问题，设备设施发生故障的情况及原因。

（2）需要改造的部位和内容。

（3）在改造中应用的新技术及其合理性、可行性。

（4）改造后能达到的技术性能、安全性能、效果预测。

（5）预计改造后的经济效益。

（6）改造的费用预算以及资金来源计划。

（7）改造的时间及设备设施停用带来的影响。

（8）改造后的竣工验收和投入使用的组织工作。

（五）物业设备设施的购置及评价

物业设备设施的购置既是物业设备设施管理中的一项技术性工作，又是一种物业投资的经济性活动。因此，购置物业设备设施必须充分注意的是要对购置目的进行反复研究，避免盲目采购，以便充分发挥设备设施投资的效益，特别是对于大型设备设施系统的购置要进行技术经济论证，保证设备设施选型能达到技术上先进、经济上合理、功效上适用等目的，还要同业主与物业使用人进行充分的协商与沟通，征得他们的支持，保证设备设施投资所需资金的筹集等。

物业设备设施的购置目的主要有全新房屋建筑的装修型购置、替换陈旧落后设备设施的更新型购置，以及为完善和改进环境与条件的添装型购置等类型。不同的购置目的对设备设施选择时考虑的因素及资金的来源影响也不同，但无论何种目的都必须对设备设施选择进行技术经济的论证分析，全面权衡利弊，做出合理的选择。一般地讲，设备设施的选择应考虑的因素主要有以下几方面：

1. 技术性的要求

从技术角度考虑，必须考虑设备设施的功能、可靠性、安全性、耐用性、节能性以及环保性和可操作性等因素。

2. 适用性的要求

从使用角度考虑，设备设施的适用性具体体现在设备设施的用途和功能要同物业的总体功能要求以及建筑物的装修等级、使用环境等方面的要求协调一致。设备设施的用途与功能要能满足业主与物业使用人的需求。

3. 经济性的要求

从经济角度考虑，要讲求设备设施的寿命周期的总费用最低，即在设备设施选择时，要测算设备设施的寿命周期费用，包括初期投资费（购价、设置费等）和使用过程中的维修费。同时，要做多方案的比较与经济性评价，由此作出合理的选择。

第二节　给排水系统及其管理

建筑给排水系统的管理既是给排水设备设施安全运行、延长使用寿命的保障，也是物业管理中非常重要的一个环节，它直接影响到用户（业主）的切身利益和物业管理企业的自身形象。

一、给排水系统的组成

（一）给水系统的组成及分类

1. 基本组成

建筑给水系统通常由以下几个部分组成（如图 7-2 所示）。

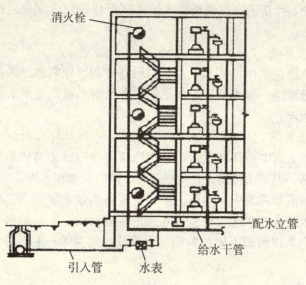

消火栓

配水立管

给水干管

引入管   水表

图 7 - 2 室内给水系统的组成

（1）引入管

引入管是指将室外给水管网的水引入室内的管段，也称进户管。

（2）水表节点

在引入管和每户支管上均应设置计量用水量的仪表——水表。水表节点是引入管上水表及其前后设置的阀门和泄水装置的总称，一般设置在水表井中。

（3）给水管道

给水管道包括给水干管、立管和支管。干管是指引入管送来的水输送到各立管中去的水平管道；立管是将干管送来的水送到各楼层去的竖直管道；支管由立管分出，供给每一楼层配水装置的用水。

（4）给水附件

给水附件是指给水管网上的闸阀、止回阀等控制附件及淋浴器、配水龙头、冲洗阀等配水附件和仪表等。

（5）升压和储水设备

升压设备是指用于增大管内水压，使管内水流能达到相应位置，并保证有足够的流出水量、水压的设备，如水泵、气压给水设备等。贮水设备是指用于储存水的设备，有时也有储存压力的作用，如水池、水箱和水塔等。

（6）消防设备

室内消防设备是按照《建筑设计防火规范》和《高层民用建筑设计防火规范》的要求，在建筑物内设置的各种消防设备。在设置消防给水时，一般应设消火栓消防设备、自动喷淋消防设备等。

2. 分类

建筑给水系统按照供水对象的不同可分为以下三类：

（1）生活给水系统

提供人们日常生活中所需用的水，如饮用、烹调、洗涤和淋浴等用水的管道设施，称为生活给水系统。生活给水系统要求水质必须严格符合国家规定的生活饮用水水质标准。

（2）生产给水系统

提供人们在生产工艺中的用水，如机器设备冷却、原料和产品的洗涤，锅炉及生产过程用水的管道设施，称为生产给水系统。生产给水系统对水质的要求应根据生产性质和工艺要求而定。

（3）消防给水系统

提供建筑物扑灭火灾所需要的水，其消防管道设施称为消防给水系统。消防用水对水质的要求不高，但必须按防火规范保证有足够的水量和水压。

在一幢建筑物或建筑群中，实际上不一定需要单独设置以上三种给水系统，通常根据建筑物内用水设备对水质、水量和水压的要求，结合室外给水管网情况，并考虑经济、技术和安全条件组成不同的共用给水系统，如生活—生产给水系统、生活—消防给水系统等。

（二）排水系统的组成及分类

1．基本组成

（1）建筑内部排水系统的组成

①卫生器具

卫生器具是建筑内部排水系统的起点，用以满足人们日常生活或生产过程中各种卫生要求，是收集和排出污废水的设备。

②排水管道

排水管道包括器具排水管（含存水管）、横支管、立管、埋地横干管和排出管等。

③通气管道

设置通气管系统的目的是使建筑排水管道与大气相通，尽可能使管内压力接近于大气压力，防止管道内压力波动过大，以保护水封不受破坏。同时，通气管系统可以使管道中废水散发出的有害气体排放到大气中去，使管道内常有新鲜空气流通，减缓管道腐蚀，延长使用寿命。

④清通设备

为了有效疏通建筑内部排水管道，需设清通设备，主要有检查口、清扫口、带清扫门的 90 度弯头或三通以及埋地横干管上的检查井等。

⑤ 抽升设备

工业与民用建筑的地下室、人防建筑物、高层建筑地下技术层等地下建筑物的污废水不能自流排至室外时，常需设置污水泵等抽升设备。

⑥污水局部处理构筑物

当建筑内部污水未经处理不能排入市政排水管网或水体时，需设污水局部处理构筑物，如化粪池、沉淀池以及中和池等。

（2）屋面雨水排水系统的组成

屋面雨水排水系统用以排除屋面的雨水和冰雪融化水，以免屋面积水造成渗漏。按照雨水管道是否在室内通过，屋面雨水排水系统可分为外排水系统和内排水系统。

① 外排水系统

外排水系统分为檐沟外排水系统和天沟外排水系统。檐沟外排水系统又称为普通外排水系统或水落管外排水系统。

ⅰ 檐沟外排水系统

檐沟外排水系统由檐沟和水落管组成，屋面雨水沿着具有一定坡度的屋面集流到檐沟中，然后由水落管引到地面、明沟或经雨水口流入雨水管道。

ⅱ 天沟外排水系统

天沟外排水系统由天沟、雨水斗和雨水立管组成。

② 内排水系统

内排水系统的雨水管道设置在室内，屋面雨水沿着具有坡度的屋面汇集到雨水斗，经雨水斗流入室内雨水管道，最终排至室外雨水管道。

2．分类

建筑排水系统按照所排除污废水的性质，可分为三类：

（1）生活污水排水系统

生活污水排水系统排除人们日常生活中的生活废水和粪便污水。

（2）工业废水排水系统

工业废水排水系统排除生产过程中生产的生产污水和工业废水。

（3）雨水排水系统

雨水排水系统接纳和排除屋面的雨水和融化的雪水。

二、给排水系统的管理

（一）严格执行验收接管制度

给排水管道和设备设施的验收执行《给水排水管道工程施工及验收规范》（GB5026 - 97）。验收时要注意以下几方面：

1．管道应安装牢固，控制部件灵活、无滴漏，水压试验及保温、防腐措施必须符合要求。应按户安装水表或预留表位。

2．高位水箱进水管与水箱检查口的设置应便于检修。

3．卫生间、厨房间内的排污管应分设，出户管长不宜超过 8 米，不应用陶瓷管或塑料管，地漏、排污管接口、检查口不得渗滴，管道排水必须流畅。

4．卫生洁具质量好，接口不得渗漏，安装应平整牢固、部件齐全、启闭灵活。

5．水表安装应平稳，运行时无较大振动。

6．消防设施必须符合 GBJ16、GBJ45 的要求，并且有消防部门的检测合格证。

（二）给排水管理的基本内容

1．建立正常的给水、供水、排水管理制度，用图表形式记录保养、检修的情况，严格执行操作流程。

2．对供水管道、水泵、水箱、阀门和水表等进行经常性维护和定期检查。

3．经常对水池、水箱和管道进行清洗、保洁和消毒，防止供水水质的二次污染。

4．注意节约用水，防止跑、冒、滴、漏及大面积跑水、积水事故的发生，发现阀门滴水、水龙头关不严等现象应及时维修。

5. 制订突发事故的处理方案，当发生跑水、断水等故障时能及时处理，防止事故范围扩大。

（三）水泵房管理规定

1. 水泵房以下地下水池、消防系统的全部机电设备设施应定期进行保养、维修、清洁，发现故障苗头和消防隐患应及时处理，并认真做好记录，解决不了的问题书面报告主管领导，争取尽快解决。

2. 水泵房内的机电设备设施操作由专业人员负责，无关人员不得进入水泵房。

3. 生活水泵、消防水泵和污水泵等水泵在正常情况下，选择开启位置与自动位置，操作标志都应简单明确。

4. 生活水泵应在规定时间内轮换使用，连接处定期检查擦洗，保证其正常运转。

5. 消防水泵每月运转一次，以保证其正常运转，每半年进行一次"自动"或"手动"操作检查，每年进行一次全面检查。

6. 水泵房卫生每周打扫一次，水泵及管道每半月清洁一次。

7. 操作人员在高度 2 米以上检修设备，必须戴好安全帽，扶梯要有防滑措施，要有人扶挡。

三、给排水设备设施异常情况处理

给排水设备设施在运行过程中会出现一些突发的异常情况，必须有相应的紧急处理措施。

（一）主供水管爆裂

如果发生此种情况，首先应立即关闭相连的主供水管上的闸阀，若仍控制不住大量泄水，应关停相应的水泵房，通知工程部管理组及总值班室。由总值班室负责联系相应责任部门及时通知用水单位和用户关于停水的情况。工程部负责安排维修组进行抢修，维修完毕后由水泵房管理员开水试压，看有无漏水和松动现象，如果试压正常，回填土方，恢复原貌。

（二）水泵房发生火灾

任何员工发现火警，应立即就近取用灭火器灭火，并呼叫邻近人员和消防管理中心主管前来扑救，切断一切电源。消防管理中心根据预先制订的灭火方案组织灭火和对现场进行控制，向"119"台报警，并派队员到必经之路引导。通知工程部断开相关电源，开启自动灭火系统、排烟系统、消防水泵，保证消防供水。火扑灭后，工程部对消防设备设施进行一次检查和清点，对已损坏的设备设施进行修复或提出补充申请，并填写有关记录、报告单。

（三）水泵房发生浸水

少量漏水，水泵房管理员采取堵漏措施，若浸水严重，应关掉机房内运行的设备并拉下电源开关，通知工程部管理组，同时尽力阻滞进水，协助维修人员堵住漏水源，然后立即排水。排干水后，对浸水设备进行除湿处理，如用干布擦拭、热风吹干、自然通风、更换相关管线等，确定湿水已消除后，试开机运行，如无异常情况即可投入运行。

（四）市电停电

出现这种情况后，水泵房管理员应立即启动柴油发电机。从市电停电到正常供水规定时间不超过 15 分钟，在使用柴油发电机过程中，应严格按照柴油发电机操作标准作业规程和柴油发电机运行管理标准作业规程执行。启动前检查机油油位、冷却液电池液是否在规定位置，确保总空气开关在"off"状态。然后启动发电机，要先预热不少于 7 秒，然后转到启动位置，在启动位置不能超过 5~7 秒，如果没有启动再立即回到"0"位，间隔 30 秒再进行启动，启动后，油压达到正常范围，将柴油发电机空气开关合上，开始供电。在运行过程中，按照规定进行正常巡视，发现问题及时处理，发生异常重大情况，应及时通知主管采取措施，在市电来电时，应在 20 分钟内关停柴油发电机。

第三节　供暖设备设施的管理

一、供暖设备设施管理概述

供暖设备设施是寒冷地区建筑物不可缺少的部分。供暖系统有很多种不同的分类方法，按照热媒的不同可以分为热水供暖系统、蒸汽供暖系统、热风采暖系统；按照热源的不同又可分为热电厂供暖、区域锅炉房供暖、集中供暖。

目前我国两种主要的采暖方式是集中供暖和分户采暖。分户采暖较多在低密度住宅区使用，而多层或高层住宅小区中较多采用集中供热分户计量的方式。近年来，尽管分户采暖的应用增长很快，但是集中供暖仍然是绝大多数小区使用的采暖方式。

（一）供暖系统设备的构成

供暖系统所涉及的设备设施很多，其中主要包括：

1. 锅炉房

锅炉房是供暖系统的热源部分，它主要由锅炉本体、热力系统、烟风系统、运煤除灰系统等组成。

2. 室外供热管网

室外供热管网的敷设方式主要有架空敷设和埋地敷设，埋地敷设比较常见。

3. 室内供暖系统

室内供暖系统主要是指室内的供回水管道、管道上的排气阀、伸缩器阀件、散热设备及室内地沟等。

（二）供暖设备设施管理

供暖设备设施管理就是对供暖系统生产和再生产过程实施操作、运行、维护管理活动的总称。在实施管理时，应分清物业服务企业同城市供暖公司职责。

1. 采用锅炉房供暖，无论是区域性锅炉房，还是集中供暖锅炉房，其供热设备设施及供热管线均由物业服务企业负责维护管理，或委托专业供暖公司维护管理。

2. 采用热电厂供热的，其供热的城市管网及供热设备设施均由供热部门负责维护管理，供热部门可以将物业服务企业管辖区内的热交换站及二次供热管线、用户室内散热设备设施等委托物业服务企业维修、管理。

集中供暖系统由热源（供热锅炉房）、热网（供暖管网）、散热设备（热用户）三部分组成。供暖管理对象是供暖系统的生产和再生产过程。具体管理内容为热源管理、热网管理和热用户管理。

（三）供暖管理的特点与要求

供暖设备设施除具有房屋设备设施的一般特点外，还具有如下特点：

1. 管理的系统性

如不能只管热源而忽视管理用户。

2. 明显的季节性

系统在供暖期间满负荷运行，工作紧张，运营期过后设备设施闲置。这就对工作人员的管理及设备设施的管理提出了特殊要求。

3. 经营性更突出

供暖过程既是生产过程又是消费过程，费用投入大，具有很强的经营性。物业服务企业必须增强经营意识，加强对供暖管理的经济可行性分析，制订合理的收支方案与标准。

4. 对环保要求高

燃料的燃烧会排放烟尘和有害气体，燃料的存放与运送，燃烧废料的回收与处置要占用场地和通道，这就会给环卫管理带来一定困难。

（四）供暖的物业管理模式

目前，供暖管理模式主要有两种，即自营管理和交给专门的供热管理公司进行管理。

1. 自营管理

自营管理就是由物业服务企业组建专门机构对供暖系统全面负责，管理其运行和维护。自营管理包括热源管理、热网管理和热用户管理。在这种管理模式下，要求物业服务企业对供暖系统的设备设施管理要配备专职的专业技术人员，技术人员要熟悉本岗位及供暖系统情况，掌握供暖系统的一些管理指标，主要包括用户室温合格率、运行事故率、用户报修处理及时率、失水率、水质达标率、锅炉负荷率、负伤事故率、投诉率（来人、来电、来信）、烟尘及烟气排放达标率等。

2. 交给专门的供热公司管理

交给专门的供热公司管理就是由物业服务企业（以下简称甲方）与供热管理公司（以下简称乙方）签订管理合同，由乙方负责供热系统的运行和管理，即进行热源和热网管理，甲方提供必要的费用和监督，即进行热用户管理，在这种方式下，甲方在选择乙方时，一定要选择具有有关管理部门签发的资质证书、人员素质高、管理组织严密、企业信誉好的企业，以保证管理效果。

二、供暖设备设施的维修

（一）锅炉的检查

1. 定期检查

定期检查锅炉是一项预防锅炉发生事故的重要措施。在运行过程中，由于受到烟、煤、汽、水的侵蚀，以及温度变化的影响，对锅炉会产生某些损害。为保证锅炉安全运行，对使用的锅炉进行定期检查是十分必要的。

定期检查主要检查锅炉的腐蚀程度，受压部件有无过热变形或渗漏情况，附件是否灵活（如安全阀）、准确（如压力表）、严密（如各个阀门）等。检查出毛病后，应及时地解决和处理。对于终年运行的锅炉，每3个月进行一次清洗检查，每年要进行一次炉内外和附件的彻底检查。对于仅供取暖用的锅炉，一般在停火后进行清洗检查，每年生火前再做一次检查。

2. 超水压试验

锅炉遇有下列情况时，需进行超水压试验：锅炉已连续使用6年；锅炉已停运1年以上，再次使用时；锅炉经过移装或改装，锅炉的受压部件进行了更新或挖补，或经过较大的电焊修理；水管锅炉的水冷壁管和沸水管的更换总数超过了一半以上。

（二）锅炉的保养

锅炉的保养分为湿式和干式两种。无论采用哪一种保养方法，均需在锅炉的水垢和烟灰清理干净后进行。常见的打碱除水垢方法有手工打碱、机械打碱、药剂清碱法和烤胶除垢法。

三、供暖管道的维护与修理

（一）运行期间的维护

1. 装有供暖设备设施的房间和管道的地方应注意保温，减少热能损失和管道上冻。

2. 水暖系统的循环水必须使用经处理合格的水，以减少腐蚀和堵塞现象。

3. 供暖系统运行期间，需经常注意检查各种仪表（压力表、温度表和流量表等）的工作状况，发现问题应及时排除，以确保系统安全、正常运行。

4. 供暖系统运行期间，需经常检查各种装置（除污器、排气装置等）的工作状态是否正常；对除污器、水封管等处的排污阀，要定期排放。

5. 向用户讲明使用供暖设备设施必须注意的事项，如用户不得任意调节关闭节门，不得振打、蹬踏管道和散热器，不得打开封门放水等。

（二）停运后的维护

1. 需要对系统中所有控制件（包括管线）进行维护和检修，保证控制件于来年供暖时灵活有效。

2. 应将系统中的水全部放掉，再用净水冲洗系统和清洗除污器。用经处理合理的水充满系统，保持到系统再次运行。

（三）供热管道漏水、滑气的修理

供暖管道有小修和大修。小修的工作量小，一般指供暖系统运行期间的日常维修工作。大修的工作量大，一般需在供暖系统停运季节进行。当发现管道有漏水现象，应根据情况考虑和确定修理方法，既要保证修理工作顺利进行，又不致影响整个系统对用户的供暖。

（四）散热器漏水及漏气的修理

对于对箍式与拉条式散热器漏水或漏气有两种情况：一种属暖气片的砂眼漏；另一种是暖气片的接口漏。不管哪一种，都应以拆卸开散热器重新组对的方法为彻底的修理方法，通常是采取拆换散热器或糊砂眼，包括散热器拆卸、组对、安装及进行打压试验等。

四、供暖用户管理

供暖用户管理是供暖过程的重要管理环节，主要包括：

（一）订立供暖条款

在合约中要订立供暖条款，如合约中规定："乙方（物业服务企业）负责小区集中供暖服务和管理工作，甲方（业主）接受乙方供暖服务和管理工作，愿意以国家制定的标准或双方商定的标准按期缴纳取暖费。"这有利于管理供暖用户，防止不按规定取暖，到期不交或拖延缴纳取暖费等不良行为。

（二）制定供暖管理办法

制定供暖管理办法，并在用户手册中阐明以增加管理的透明度，如设立 24 小时值班人员，公布接待电话，处理用户报修。在用户手册中还应说明供暖费的收费标准与缴纳方式。

（三）教育用户最经济地取暖

1. 教育用户自觉控制热水（汽）流通量，保持室内适当温度（18 摄氏度），不宜造成过热、过冷或忽热忽冷的状况。

2. 用户家中暂时无人或长期无人居住时，自觉关闭散热器热水（汽）入口阀门，减少热量的无效耗散。

3. 检查房间的密封性能，加强保温措施。

4. 用户家庭装修需变动散热器位置、型号时，要取得管理人员的现场认可，否则视为违约行为，用户承担由此造成的一切后果。更不能无故损坏散热设备设施，遇有问题不能解决时，请管理人员解决。

（四）供暖费用的收取

1. 供暖收费的计算方式有：

（1）按建筑面积或使用面积计。

（2）按热水或蒸汽的实际流通量计。

（3）按户计，即不论面积大小每户承担同样标准的取暖费。

最常用的方法是第一种，最合理的办法是第二种，第三种方法适用于特殊场合。

2. 用户供暖管理费用的缴纳和监督

按期缴纳供暖管理费用是用户的责任。供暖管理费应在供暖期前缴纳，对未能按期缴纳的，管理人员要调查用户情况，弄清不交的原因，如出差时间长、经济困难或无人居住等，只要经济条件允许，都应监督上交，对久拖不交的可诉诸法律。对于个别用户（已交费）室内采暖温度长期达不到标准（16 摄氏度以上）的，或在某一个时效内（如 24 小时）用户报修而没有及时维修等情况，影响正常采暖的，可制定合理的补偿标准。

第四节　通风、空调设备设施的管理

一、通风的作用、系统组成及管理

（一）通风的含义

通风就是把室内被污染的空气直接或经净化处理后排到室外，把新鲜空气补充进来，从而保持室内的空气环境符合卫生标准和满足生产工艺的需要。通风包括从室内排除污浊空气和向室内补充新鲜空气两个方面，前者称为排风，后者称为送风。为实现排风和送风所采用的一系列设备、设施的总体称为通风系统。通风系统按作用动力可分为自然通风和机械通风；按通风范围的不同，机械通风又可分为全面通风和局部通风。

（二）通风系统的组成

通风系统一般由风机、风道、风阀、风口和除尘设备设施等组成。

（三）通风系统的管理

通风系统的管理除了依靠具有高技术和高度责任心的操作运行人员进行运转管理以外，还依赖于科学的管理制度。

1. 建立和执行各项规章制度

（1）岗位责任制度

岗位责任制度规定配备人员的职责范围和要求。

（2）巡回检查制度

巡回检查制度明确定时检查的内容、路线和应记录项目。

（3）交接班制度

交接班制度明确交接班要求、内容及手续。

（4）设备设施维护保养制度

设备设施维护保养制度规定设备设施各部件、仪表的检查、保养、检修、定检周期、内容和要求。

（5）清洁卫生制度

略。

（6）安全、保卫、防火制度

同时还应有执行制度时的各种记录，如运行记录、交接班记录、水质化验记录、设备设施维护保养记录、事故记录等。

2．制订操作规程

根据风机及其辅助设备设施的使用说明书，与制造厂商一起制订通风系统的操作规程。

3．通风系统的运行管理

（1）开车前的检查

开车前要做好运行准备，必须对设备设施进行检查。主要检查项目有风机等转动设备有无异常，打开应该开启的阀门，向测湿仪表加水等。

（2）测定室内外空气的温度、湿度

运行方案是根据当天的室内外气象条件确定的，因此需要测定室内外空气的温度、湿度。

（3）开车

开车是指启动风机等其他各种设备，使系统运转，向通风房间送风。开车时要注意安全。启动设备时，要在一台转速稳定后再启动另一台，以防供电线路启动电流太大而跳闸。风机启动要先开送风机，后开回风机，以防室内出现负压。风机启动完毕，再开电加热器等设备设施，设备设施启动完毕，再巡视一次，观察各种设备设施运转是否正常。

（4）运行

开车后要认真按规定时间做好运行记录，读数要准确，填写要清晰。值班人员要随时巡视机房，掌握设备设施运转情况，监督各种自动控制仪表保证其运作正常，发现问题应及时处理，重大问题应立即报告，认真观测和分析实际运行与所确定方案是否相符。

（5）停车

停车是指关闭通风系统各种设备设施，此时要先关闭加热器，再停回风机，最后停送风机。停车后巡视检查，看设备是否都已停止运行，该关的阀门是否关好，有无不安全因素，检查完毕方可离开值班室。

二、中央空调设备设施管理的概述

空调系统是通过采用一定的技术手段，在某一特定空间内，对空气环境的温度、湿度、洁净度及气流速度进行调节和控制，从而把室内空气的环境及室内噪声控制在一定的范围内，以保证工艺生产、产品质量和人们生活舒服的要求。

（一）空调系统的基本组成

空调系统主要由以下几部分组成：

1．工作区（或居住区）

工作区（或居住区）通常是指空气调节系统所控制范围的工作区域或生活区域，在此空间内，应保持所要求的室内空气参数。

2. 空气的运输和分配部分

空气的输送和分配部分主要是指输送和分配空气的送风机、回风机、送风管和送回风口等设备设施组成。

3. 空气的处理部分

空气的处理部分是指按照对空气各种参数的要求，对空气进行过滤净化、加热、冷却、加湿、减湿等处理的设备设施。

4. 空气处理所需的辅助设备

空气处理所需的辅助设备设施是指为空调系统提供冷量和热量的设备设施，如锅炉房、冷冻站和冷水机组等。

（二）空调系统的分类

按空气处理设备设施的设置情况进行分类：

1. 集中式空调系统

集中式空调系统把所有的空气处理设备设施都设置在一个集中的空调机房，空气经过集中处理后，再送往各个空调房间。

2. 半集中式空调系统

半集中式空调系统除了设有集中空调机房外，还设有分散在各个空调房间里的二次空气处理设备设施，常见的有风机盘管新风系统，这是最常见的空调系统形式。

3. 分散式系统

分散式系统是把冷热源和空气处理，输送设备集中在一个箱体内，这是通常所说的窗式、柜式空调器。

（三）中央空调系统的主要设备设施

1. 冷水机组

冷水机组是中央空调系统的冷源，主要是指产生冷冻水的冷机。制冷机有活塞式、吸收式、离心式和地温式等，冷水机组按冷凝器的冷却方式又分为风冷式和水冷式两种。

2. 组合式空调机组

组合式空调机组是在送回风系统中，用来对空气进行处理的设备设施，它由不同功能的空气处理段组合而成，有过滤段、换热段、挡水段和风机段等。

3. 风机盘管

风机盘管是安装在空调层间内对室内空气进行循环处理的设备设施，主要由表面冷却器、风机和集水盘组成，风机盘管有明装、暗装、立式和柜式等多种形式。

4. 冷却塔

水冷式冷水机组需要大量的冷却水对设备设施进行冷却，使升温后的冷却水与室外空气进行强制热、湿交换，使之降温，从而可以循环使用。

5. 水泵

空调系统中的冷却和冷冻水在循环运行时为克服设备设施和管道阻力，需在系统中安设水泵。

6. 控制装置

为了确保机械设备设施的安全运行和空调装置优化工作，在系统中需要安装许多控制仪表，如温度计、压力计、低压保护和水流断水保护等。有的设备设施还设有自动控制器，如室温自动控制、制冷机冷量自动调节等。

7. 管道系统

空调系统中回风道、风阀、防火阀、冷冻水供回水管道、凝结水管道及附件、阀门等也是空调系统一个重要组成部分。风道的截面形状有圆形和矩形两种，所使用的材料有玻璃钢、镀锌铁皮和不锈钢等。水管道常用的是焊接钢管、无缝钢管和铝型管等。

三、空调系统的管理与维修

（一）空调系统工作规定

1. 空调工对当班空调系统的运行负有全部责任，领班必须组织好空调工按照巡回检查制度，定时对外界及各空调区域的温度、相对湿度进行监视，根据外界天气变化及时进行调节，努力使空调区域的温度、相对湿度符合要求的数值范围之内。

2. 严格执行各种设备设施的安全操作规程和巡回检查制度。

3. 坚守工作岗位，任何时间都不得无人值班或擅自离岗，值班时间不做与本岗位无关的事。

4. 负责空调设备设施的日常保养和一般故障的检修工作。

5. 值班人员必须掌握设备设施运行的技术状况，发现问题立即报告，并及时处理，且在工作日记上做好详细记录。

6. 值班人员违反制度或失职造成设备设施损坏的，应追究其责任。

7. 认真学习专业知识，熟悉设备设施结构、性能及系统情况，做到故障判断准确，处理迅速及时。

（二）空调冷水机组操作规程

1. 准备工作

（1）检查冷水机组的蒸发器进、出水阀是否全部开启。

（2）检查冷水泵、冷却泵的进出水阀是否全部开启。

（3）检查分水管上的阀，根据楼层的空调需要，决定是否开启或关闭。

（4）检查回水总管两端的阀是否开启。

（5）检查系统里的水压，以在规定范围内为准。

（6）检查加热器，并检查油位是否到液位，电源电压、阀门位置是否正常。

（7）启动手动油泵，运行时间不得少于一分钟，并密切注意蒸发器压力和油泵压力。

2. 机组启动

（1）观看控制屏，确认显示：机组准备启动。

（2）启用冷却塔、冷冻水泵，并要保持进出冷冻机的冷却水的压差，进出冷冻机的冷冻压差。

（3）若没有问题，按键启动机组（注意电流变化状态），此时控制中心即置机组于运行状态，注意显示器显示的信息，观看机组是否有故障显示。

3．机组运行

（1）机组运行时，应检查油泵指示灯是否亮着。

（2）检查油泵显示情况。

（3）注意机组运转电流是否正常，风叶是否打开，把风叶开到自动控制档。

（4）做好机组运行记录（每小时将冷水机组状态记录下来）。

4．关机程序

（1）停冷冻机组。

（2）停冷冻水泵、冷却水泵。

（3）切断总电源。

第五节　供电设备设施的管理

目前，供电方式主要有两种：一种供电部门把电力直接送到用户单位，另一种是供电部门把高压电送到小区或高层楼宇，通过该地区变电站再送到用户单位。

一、供电设备管理的概念

供电设备的管理是按照国家法规和物业服务企业的管理规范，对已验收并投入使用的供电设备，运用现代化的管理方式和先进的维修养护技术，进行管理和服务，以保证物业小区或楼宇的供电系统正常、安全运行。

通过对供电设备的管理，使供电系统达到以下基本要求：

1．安全。在电能使用中不发生设备和人身伤亡事故。

2．可靠。满足用户对电能可靠性的要求，不随意断电。

3．优质。满足用户对电压和频率的要求。

4．经济。使用费用要低。

二、供配电系统的管理

（一）配备专业管理人员

管理部门应根据管理供配电设备的种类和数量分别配备专业技术人员进行管理。

（二）建立供电设备档案

设备档案建立是设备管理的重要一环。一般住宅区或高层楼宇以每幢楼为单位建立档案。其内容主要有电气平面图、设备原理图、接线图等图纸，使用电压、频率、功率、实测电流等有关数据，运行记录、维修记录、巡视记录及大修后的试验报告等各项记录。这些资料由公司工程部供电设备管理员负责保管；运行记录、巡视记录由值班电工每周上报供电设备管理员一次；维修记录及大修后的试验报告则在设备修理、试验完成后由值班电工及时上报供电设备管理员。

（三）供电系统的管理

1. 负责供电运行和维修的人员必须持证上岗，并配备专业电气工程技术人员。

2. 建立严格的配送电运行制度和电气维修制度，加强日常维护检修。

3. 建立 24 小时值班制度，发现故障要及时排除。

4. 保证公共使用的照明灯、指示灯和景观灯的良好状态；电气线路符合设计、施工技术要求，线路负荷要满足业主需要，确保发配电设备安全运行。

5. 停电、限电要提前通知业主（用户），以免造成经济损失和意外事故。

6. 对临时施工的工程及住户装修要有严格的用电管理措施。

7. 对电表安装、抄表、用电计量及公共用电进行合理分配。

8. 发生特殊情况（如火灾、地震、水灾等），要及时切断电源。

9. 严禁乱拉、乱接供电线路和超载用电，如确需要，必须取得主管人员的书面同意。

10. 建立各类供电设备档案。

（四）发电机房管理

1. 未经工程部主管同意，非工程部人员不得随意进入机房。

2. 柴油机组平时应置于良好的状态，蓄电池置于浮充电状态，冷却水应满足运行要求，油箱内应储备 8 小时满负荷用油量，室内应配备应急照明灯。

3. 柴油机组的开关及按钮，非值班人员和维修人员不得操作。值班操作人员必须熟悉设备并且严格按照操作规程进行操作。

4. 机房内严禁抽烟、点火，室内应配备手持式气体灭火器。

5. 机房内不能堆放任何杂物，更不能存放易燃物品。

6. 每两个星期启动柴油机空载试机一次，时间为 15～20 分钟，发现问题及时处理，并做好记录。

7. 机房及机组的清洁卫生要有专人负责，达到设备无积尘、墙、地面卫生整洁。

（五）配电房管理

1. 配电房的全部机电设备，由机电班负责管理和值班，停送电由值班电工操作，非值班电工禁止操作，无关人员禁止进入配电室，非工作人员须办理书面许可才能进入。

2. 保持良好的室内照明和通风，室内温度控制在 35 摄氏度以下。

3. 建立运行记录，每班至少巡查一次，每月组织检查一次，半年大检修一次，查出问题及时修理，不能解决的问题及时报告管理处和工程部。

每班巡检内容：记录电压、电流、温度、电度表运行参数，检查屏上指示灯，电器运行声音，房内是否有异味，以及补偿柜的运行情况等，发现异常要及时处理并上报。

4. 供配电线路操作开关应设明显标志，停电拉闸和停电检修应悬挂标志牌。

5. 严格执行岗位责任制和各种设备的安全操作规程，节约电能消耗，降低成本。

6. 配电房内设备及线路改变，需经主管人员同意，重大改变要上报公司经理批准。

7. 严格遵守交接班制度和安全、防火、清洁卫生制度。

8. 严禁违章操作，检修时必须遵守操作规程，使用绝缘鞋、绝缘手套等。

9. 在恶劣的气候环境下，要加强对设备的特巡，当发生事故时，应保持冷静，按照操作规程及时排除故障，并按时做好记录。

（六）配电室交接班管理

1. 接班人员应提前 10 分钟到达工作岗位，做好接班准备，了解设备运行情况，办好接班手续。

2. 接班人员生病、有酒意或精神不振者不得接班，值班人员缺勤应向主管领导报告。

3. 交接班双方事先做好准备，必须按照下列内容进行交接：

（1）运行记录、事故记录、设施记录、工作票、操作票、主管部门的通知、运行图纸等应正确齐全。

（2）工具、设备用具、仪器、消防设备、钥匙等应齐全完整，室内外应清洁。

（3）在交接班时发生事故或执行重大操作时，应由交班人员处理完毕后方可交接，接班人员要协助处理。

（4）以上手续办好之后，双方应在记录本上签字。

（5）双方签字之后，表示交接班手续已办妥，正式生效，未履行交接班手续的值班人员不可离开工作岗位。

三、供电设备保养与维修管理

供电设备设施的维修有两方面的含义，一是供电设备的维护，使设备设施在最佳运行状态下工作，二是当供电设备设施出现故障时，及时修复尽快恢复供电。供电设备设施维修管理，由工程部供电设备管理员结合辖区内的供电设备设施情况，制订出物业服务企业的《机电设备管理工作条例》、《设备设施维修计划》，组织人员施工和施工后的验收等。

（一）建立严密科学的组织保证体系

1. 严格遵守国家、地方政府及电力部门制定的有关供电、配电、用电及保养、维修管理等方面的各项法规及行政规章，严禁违章供配电。

2. 设定专门的职能部门或配备专门人员负责整个物业的供配电的管理、保养与维修。

3. 负责供配电运作和保养维修的人员必须持证上岗，并做好相应的上岗前培训，以熟悉物业供配电系统的各种情况和加强工作责任感。

4. 建立各项规章制度，并严格执行，如值班制度、交接班制度、安全操作规程、防火制度及清洁卫生制度等。

（二）供电设备设施的养护管理

供电设备设施的养护由值班电工负责实施，按照《机电设备管理工作条例》中的规定，定时对设备设施进行养护。

（三）供电设备设施的维修管理

供电设备设施的修理是指对供电设备中出现的故障进行的修复。较大的维修项目，如变压器的内部故障和试验、高压断路器的调整和试验等，一般采用外委维修的方式。供电设备管理员，根据维修保养计划，委托供电公司对辖区内的变压器和高压断路器进行检修和试验。此项工作的程序是：供电设备管理员填写《外委维修申请表》，经物业服务企业同意后与供电公司签署维修协议。维修时由配室值班电工负责监督，并将结果记录在《变压器维修记录》和《配电设施维修记录》内。大修后的试验结果由供电公司填写试验报告，交供电设备管理员并进行财务结算。若在供电设备运行中，由于雷击或其他原因出现严重的故障时，首先由值班电工填写《事故报告》，经过主管部门审批后再按上述程序处理。

较小的维修项目如路灯照明线路、楼宇内的配电箱及电力计量箱等公共设施故障时，用户直接找配电室的值班电工修理解决即可。若照明灯、电度表是户内个人的物品，用户找配电室的值班电工修理并办理交费手续。值班电工修理后填写维修登记表，并由用户签字。值班电工应及时向财务部门结账、报账。

四、避雷设施的管理

房屋设施遭雷击时，上百万伏的高压和巨大的能量会造成房屋设施的损坏。尤其是对弱电系统危害极大，还可能造成人身伤亡事故。物业服务企业的防雷管理主要包括两个方面内容：一是根据国家的防雷标准安装好防雷器具；二是管好防雷器具，保证雷雨季节防雷器具的正常工作。

（一）建（构）筑物防雷等级的划分

1. 一类建（构）筑物，是指存放爆炸物品或经常产生瓦斯、蒸汽、粉尘与空气的混合物，因电火花能发生爆炸，致使建（构）筑物损坏或人员伤亡的建筑物。

2. 二类建（构）筑物，凡储存大量易燃物品的房屋（构筑物），或具有重要政治意义的民用建筑物。

3. 三类建筑物，凡不属于前两类的范围，但需要做防雷保护的建筑物。

（二）避雷装置的一般要求

物业管理区域内变配电所属于一级防雷建筑物，按照规定变配电所应安装避雷针，遭雷击时，避雷针可将雷电流迅速引入地下，避免其他设备受损。避雷针由三部分组成：伸向高空的金属物称为接闪器，埋入大地的金属物体称为接地体，连接接闪器和接地体的是引下线，这三部分要严格按照有关规范的具体要求安装。

（三）避雷设施的维修与检测

维修与检测主要包括接闪器应保持镀锌、涂漆完好；引下线应保持镀锌、涂漆完好，在易受机械损伤的地方，应加保护设施；接地线、防雷接地、电气设备的保护接地和工作接地，都是合在一起的，组成混合接地系统。为防止雷击时产生的跨步电压，故接地装置与道路及建筑物的主要入口距离一般不得小于 3 米。

避雷装置的检查包括外观巡查和测量两个方面。外观检查主要包括对接闪器、引下线等各部分的连接是否可靠，有没有受机械损伤、腐蚀、锈蚀等情况，支撑是否牢固。外观检查每年应进行一次。雷雨后也应注意对防雷保护装置进行巡视，发现问题，及时处理。

每年 4 月份雷雨季节前由变配电室的值班电工，进行一次避雷针、避雷器和接地体装置的试验、测量和维修，保证避雷器具良好运行。接地电阻的检测每三年进行一次。

【基本概念】

给排水系统　　供暖设备设施　　空调设备设施　　供电设备设施　　电梯设备设施

【经典案例】

☆案情简介☆

某大厦 26 楼的电梯机房突然发生跳闸，造成电梯及其他设备停止运行。事故发生后，该大厦管理处设备部员工迅速投入抢险工作。由电梯公司派驻大厦的工作人员留守电梯机房，并关闭电梯电源，以免突然恢复供电对电梯及其他设备造成冲击，在必要时使用手动闸装置，使电梯轿厢移动。设备部员工进入楼面，使用三角钥匙首先开启了其余 25 层电梯各外门，又通过对轿厢和对承重位置判断电梯轿厢所在层面，并及时到达该层，以手动方式开启内外门，营救被困乘客。同时，对乘客及业主进行解释及安抚，全过程耗时仅十分钟。由于客梯电源暂时不能恢复，大部分业主使用消防梯下楼，造成消防梯严重堵塞。管理处安排大厦保安在 1 层消防梯口维持秩序，消防梯驾驶员及时到场使用手动方式运行。45 分钟后，电梯故障排除，经通电试验无误后，客梯恢复正常运行。

☆经典评析☆

事件发生后，物业公司在整个过程处理迅速，人员安排得当，且保证在安全操作规范下进行，处理故障的员工头脑冷静，经验丰富，能及时作出正确判断及行动，并能准确分析事故原因，为及时排除故障争取了时间。

【思考题】

1. 简述物业设备设施管理的意义。
2. 物业设备设施管理的基本内容是什么？
3. 给排水系统的组成是怎样的？
4. 给排水设备设施如果遇到异常情况，该如何处理？
5. 供暖管理的特点和要求是什么？
6. 通风系统的组成是什么？
7. 中央空调系统的主要设备设施是什么？
8. 什么是供电设备设施管理？
9. 如何进行建（构）筑物防雷等级的划分？
10. 简述电梯设备的组成。

第八章　物业的安全与环境管理

【学习目标】

　　通过本章的学习，掌握物业治安管理、消防管理、保洁绿化管理的概念，了解保洁管理、绿化管理的作用和职责，了解保安管理的内容、消防管理的内容和车辆管理的内容及停车场的管理制度。

【导读】

　　安全与环境管理是物业服务企业的常规性公共服务内容中的一部分。保安、消防和车辆管理工作是物业管理工作的重点内容，是保证物业安全使用、维护社会安定的重要措施。物业服务企业要贯彻"预防为主，防治结合"的方针，对所管辖物业区域的保安、消防和车辆管理工作进行全面管理，保障该地区居民的工作和生活安全。物业环境管理即物业服务企业对所管物业区域内环境的管理，它是城市环境管理的重要内容之一，物业环境管理水平是城市居民工作和生活质量的重要标志。

第一节　物业治安管理

一、物业安全服务管理

（一）物业安全服务管理的含义

　　物业安全服务管理是指物业服务企业按照物业服务合同的约定，依靠各种设备、工具和专业人员，为防止和终止危及或影响物业管理辖区内的业主或使用人的生命财产与身心健康的行为与因素，确保住户或使用人人身安全，财产不受损失，工作生活秩序正常进行的管理服务，是物业服务的重要内容。

　　物业项目是整个城市的组成部分，物业区域内的安全管理也是整个社会安全的一个组成部分。物业服务企业的安全管理部门应该与社会的安全管理机构——公安机关保持密切联系，了解情况，掌握动向，配合公安部门（如辖区派出所），搞好物业区域及其周边的治安工作。

　　物业安全服务管理包括治安、消防和车辆管理。如防盗、防滋扰、防破坏等是治安范围中的内容；防火、防自然灾害等是消防范围中的内容；维护交通秩序、防交通事故、防车辆失窃是车辆管理范围中的内容。这三方面同时又都存在两个层次，即日常安全防卫服务和突发事件处理。日常安全防卫服务就是防止偷盗、抢劫、破坏，防滋扰，防止爆炸、火灾或其他自然灾害的发生，防止小区内交通、打架斗殴等事故的发生；突发事件处理，包括对突发案件、火灾、爆炸、疾病等处理。

（二）物业安全服务管理的特点

物业安全服务管理具有两大特点：

1. 物业安全服务管理是物业管理的基本内容之一，同时，它也是其他管理工作的前提。

2. 安全管理是介于公安机关职责和社会自我防范之间的一项服务。与公安机关与企业事业单位的治安联防相比，具有补充国家警力不足及工作职责范围的针对性之优点。

（三）物业安全服务管理的方式

对于物业服务企业而言，为业主提供物业安全管理服务可采取两种方式：

1. 通过市场将这一业务发包给其他专门的安全机构来管理。

2. 自己组建安全部门（科、股、组等）来提供服务。

如果选择了第一种管理方式，物业服务企业要做的工作如下：一是选择发包对象；二是签订一份周密的发包合同，通过合同将业主的意愿传达给发包对象，同时也通过合同来准确、合理地规范本企业与发包对象责、权、利的关系。

二、治安管理的概述

（一）治安管理的含义

治安管理就是指物业服务企业为防盗、防破坏、防流氓活动、防意外及人为突发事故而对所管理的物业进行的一系列管理活动。

治安管理的目的是为了保障物业服务企业所管理的物业管理区域内的财物不受损失、人身不受伤害，维持正常的工作秩序和生活秩序。治安管理在整个物业管理中占有举足轻重的地位，它是业主或物业使用人安居乐业的保证，也是整个社区及社会安定的基础。同时良好的治安管理能提高物业服务企业的声誉。

（二）治安管理的特点

1. 治安工作难度大

很多物业管理区域人口众多，人员流量大，进出人员复杂，业主对人身和财产安全的要求高，治安工作的难度较大。

2. 服务性强

物业管理的任务就是为用户提供优质服务和高效管理，创造安全、文明、整洁、舒适的工作环境和生活环境。物业治安管理属于物业管理整体工作的一部分，因而，从本质上讲，治安管理是为用户提供安全保卫服务的。物业服务企业的保安人员要强化服务意识，努力提高治安服务水平，认真做好治安防洪工作。

（三）治安管理方式与原则

1. 治安管理的方式

在物业管理中，治安管理可分为封闭式管理、开放式管理与结合式管理三种情况。

（1）封闭式管理

适用于政府机关、部队等要害部门或业主有特殊要求的物业管理。其特点是构建整个物业的封闭体系，物业入口每天24小时有门卫值守，内部人员有专用通行证件，外来人员须征得内部人员的同意方可入内，而且要办理出入登记手续。尤其是出入的车辆及大件物品必须登记成册。

（2）开放式管理

适用于住宅区与商业楼宇，用户不需办理证件，外来人员只需着装整洁就可自由出入，对车辆及一般物件的进出也不必检查。

（3）结合式管理

结合式管理综合了开放式管理与封装式管理两种方式的长处。比如有些商用楼、写字楼，在营业时间希望更多的顾客进入，此时是开放式管理，但商业楼宇的商品安全也是十分重要的，所以下班时间，没有顾客进入时，就转而采用封闭式管理。

2. 治安管理的原则

（1）物业内的治安管理与社会治安工作相结合原则。

（2）"服务第一、用户至上"服务宗旨。

（3）"预防为主、防治结合"原则。

（4）治安工作硬件与软件一起抓原则。

要做好物业管理中的治安工作，一方面，要抓好保安队伍建设，认真完善各项治安防范制度，落实治安防范措施；另一方面，要搞好物业治安防范的硬件设施建设，建立并完善电视监控系统、消防报警系统等。

三、治安管理的机构设置与主要内容

（一）治安管理的机构设置

通常情况下，治安管理的任务是由专门设置的秩序维护部门来完成的。但是，不同类型、不同规模的物业服务企业秩序维护部门的机构设置不同。

一般来说，秩序维护部门可以设置办公室、门卫班、巡逻班、电视监控班、消防班、车场保安班等（如图8-1所示）。这种分班方式的特点是每个班次任务专一，便于班内的管理，便于治安设备的管理。但这种分班方式的缺点是每个专业班成员（如门卫保安员）不能同时上班，要分成早班、中班、晚班及轮休等，因而不利于治安工作的统一管理。

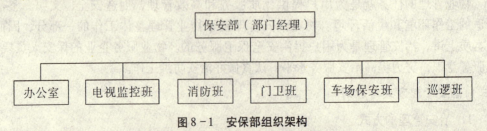

图8-1 安保部组织架构

秩序维护部门也可以按不同的工作时间来分班，这种分班方式就是将不同工作性质的保安人员按照每一班次的工作需要分成四个班组，每天有三个班分别上早班、中

班、夜班，一个班轮休，每个班都有消防、巡逻、门卫、电视监控、车场、内巡等保安员。这种分班方便于治安工作的统一管理，但要求班长应具有较全面丰富的秩序维护工作经验。

（二）治安管理的主要内容

1. 门卫治安管理

门卫治安管理的主要职责如下：

（1）疏通车辆和人员进出，维护门口交通秩序，保证车辆及行人安全，使门前畅通无阻。

（2）严格制止闲杂人员、小商贩、推销人员进入辖区。

（3）提高警惕，发现要可疑人员和事情后应及时处理并迅速报告领导。

（4）认真履行值班登记制度，详细记录值班中所发生、处理的各种情况。

（5）坚持执行用户大宗及贵重物品凭证出入制度，确保用户财产安全。

（6）认真做好非办公（经营）时间的用户出入登记工作。

（7）积极配合其他保安员，做好各项安全防范工作，把好管区的大门关。

（8）为用户及客人提供必要的、可行的服务，如引导服务、咨询服务等。

2. 巡逻治安管理

巡逻治安管理的主要职责如下：

（1）巡视检查辖区内是否有不安全的因素，发现情况及时报告，并采取有效措施。

（2）认真记录巡逻过程中发现的情况，做好巡逻的交接班工作。

（3）对形迹可疑人员进行必要的询查，劝阻小商贩尽快离开。

（4）制止辖区内打架斗殴事件的发生。

（5）制止在辖区内的不文明行为。

（6）检查消防设施是否完好，及时消除火灾隐患。

（7）协助解决用户遇到的其他困难。

（8）配合物业服务企业其他部门的工作。

3. 电视监控管理

电视监控系统在治安管理中占有极为重要的地位，是物业治安管理的重要组成部分。该系统由电子摄像头、电视屏幕和录像机三部分组成。监控室是辖区治安工作的指挥中心，也是设备自动控制中心。很多商住区将电梯、消防、供水、供电等系统设备控制与电视监控放置在一起，使监控室成为物业管理工作的总调度室和指挥中心。其主要职责是对整个物业区域进行安全监控，对现场工作人员发布命令。

四、制定秩序维护服务管理制度的程序

（一）收集资料

1. 收集内部资料，如物业服务企业内部的管理规定，所服务管理区域物业内容、情况、特点、要求等。

2. 收集外部资料，如全国、省、市物业管理行业考核及标准，与治安管理相关的法律、法规文件等。

（二）研讨秩序维护部门各岗位的职责和权限

1. 确定秩序维护部门服务管理的工作范围。
2. 确定秩序维护部门经理的岗位责任和权限。
3. 确定内保主管、警卫主管的岗位责任和权限。
4. 确定内勤保安员、巡逻岗保安员、固定岗保安员的岗位责任和权限。

（三）确定秩序维护服务管理工作与其他相关专业的接口配合性工作内容

1. 与消防管理、车辆管理相关的配合性工作的内容。
2. 与工程、保洁、客服等专业部门相关的配合性工作内容。
3. 与相关行政主管部门衔接的工作内容。

（四）列出秩序维护服务管理运作程序清单，包括岗位描述、程序规范、服务标准、工作指导等内容

略。

（五）制订编写秩序维护服务管理运作程序计划

略。

（六）起草秩序维护服务管理运作程序

略。

（七）对秩序维护服务管理运作程序初稿进行讨论和修改

1. 组织有关人员，结合各相关专业知识，对秩序维护服务管理运作程序文件进行讨论。
2. 请秩序维护专业人士检查，根据专业经验提出意见。
3. 对初稿进行修改定稿。

（八）对秩序维护服务管理运作程序进行审核、批准、实施

略。

五、秩序维护服务常识

（一）违反治安管理行为与犯罪行为的区别

1. 危害社会的程度不同

违反治安管理行为情况较轻，对社会的危害较小；而犯罪行为情节较重，对社会的危害较大。

2. 适用的法律不同

违反治安管理行为是触犯治安管理处罚条例的行为，适用《中华人民共和国治安管理处罚条例》，而犯罪行为则是触犯刑法的行为，适用《中华人民共和国刑法》。

3. 应当受到的处罚不同

对违反治安管理的行为人，通常采取警告、罚款和拘留等行政处罚措施；而对犯罪行为人，则采取管制、拘役、有期徒刑、无期徒刑和死刑等刑法处罚措施。

（二）违反治安管理行为分类

违反治安管理行为分为以下几类：

1. 扰乱公共秩序的行为。
2. 妨害公共安全的行为。
3. 侵犯他人人身权利的行为。
4. 侵犯公司财物的行为。
5. 妨害社会管理秩序的行为。
6. 违反消防管理的行为。
7. 违反交通管理的行为。
8. 违反户口或居民身份证管理的行为。

（三）紧急避险常识

所谓紧急避险，是指在危险情况下，为了使社会公共利益、自身或他人合法权益免受更大的损害，在迫不得已情况下采取的致他人或本人损害的行为。

《中华人民共和国民法通则》第一百二十九条规定："因紧急避险造成损害的，由引起险情发生的人承担民事责任。如果危险是由自然原则引起的，紧急避险人不承担民事责任或者承担适当的民事责任。因紧急避险采取措施不当或者超过必要的限度，造成不应有的损害的，紧急避险人应承担适当的民事责任。"

实施紧急避险的条件包括以下几个方面：

1. 必须是合法利益受到紧急危险的威胁。
2. 危险必须是正在发生的，而不是危险尚未到来或者已经过去。
3. 避险行为必须是为了使合法利益免遭损害而实施，否则不成立。
4. 避险行为必须是在没有其他方法能够排除危险，在迫不得已的情况下实施的。
5. 紧急避险必须是实际存在的，不能假设或推断。
6. 避险行为不能超过必要的限度。

（四）犯罪嫌疑人看管常识

保安人员当场抓获或群众扭送秩序维护部门的犯罪嫌疑人应及时移送到公安机关处理。在公安人员到达现场之前，秩序维护部门负责对犯罪嫌疑人进行看管，确保犯罪嫌疑人的人身安全。

1. 在公安人员未到达现场之前，必须由两名以上保安人员负责看管。遇到两名以上犯罪嫌疑人时应分开看管，不能让其交流、沟通等。

2. 犯罪嫌疑人如果是群众扭送来的，应留下扭送群众的详细资料、联系方式、姓名、住址等。

3. 保安人员看管犯罪嫌疑人时，应注意以下几个方面：

（1）防止犯罪嫌疑人逃跑、自伤、自杀、行凶、毁灭证据等。

（2）不得捆绑、拷问、殴打犯罪嫌疑人，可令其解下腰带，脱去鞋子，以防犯罪嫌疑人逃跑，同时要清理犯罪嫌疑人身上的物品，防止藏匿、销毁证据或暗藏凶器。

（3）看管犯罪嫌疑人地点应选择有单一出入口的单独房间，房间须经过清理，不得有任何可以伤人或自伤的物品。如房屋有两个或两个以上出入口，要将出入口封住或有保安人员值守。

（4）看管保安人员不得私自满足犯罪嫌疑人的各类要求，不得与之交谈，要保持与上级领导的联系，遇有特殊情况使用通信工具要及时报告。

（5）在换岗保安人员未到达之前，看管保安人员不得擅自离开，在换岗时要将犯罪嫌疑人的动作、表现交接清楚。

（6）在押解犯罪嫌疑人的过程中，应保证其前后至少有一名警员，前者要与犯罪嫌疑人保持一定的距离，注意其动向，防止背后受袭；后者应抓紧其手臂，遇有犯罪嫌疑人有可疑动向，及时通知前面保安人员。

六、保安人员的工作纪律与交接班制度

（一）保安人员的工作纪律

1. 严格遵守国家的法规、政策及公司内部的各项规章制度。
2. 坚守岗位，认真负责，忠于职守，严格执行岗位责任制。
3. 爱护管辖区内的财产，爱护各种警械器具装备，不丢失、损坏、转借或随意携带外出。
4. 服从管理，听从指挥，廉洁奉公，敢于同违法犯罪行为作斗争。
5. 严格执行请、销假制度，有事外出必须请假，并安排好替班者。
6. 上岗坚决做到"五不准"，即不准喝酒、不准聊天，不准容留外来人员，不准擅离工作岗位，不准迟到早退。

（二）保安人员的交接班制度

保安人员交接班非常重要，因为在这段间隙如果管理松懈，就容易给犯罪分子留下作案的机会。为了加强安全管理，提高物业管理的质量，必须建立交接班制度。

1. 接班保安人员要做好更换制服工作，按规定提前 10 分钟上岗接班，在登记簿上记录接班时间。上岗领班要召开班前会议，布置当日工作。上、下岗员工交接时，应互相问候、握手，以示敬意。
2. 交接班时，上、下岗领班先交接。交班的保安人员要把需要在值班中继续注意或处理的问题以及警械器具等装备器材、记事本向接班员交代、移交清楚。
3. 接班保安人员验收时发现的问题，应由交班保安人员承担责任。验收完毕，交班保安人员离开岗位后所发生的问题由当班保安人员承担责任。
4. 由领班带员工至每一岗位、逐一交接。交接时，先查明下岗人员的手持对讲机是否损坏，如果损坏及时上报。然后进行岗位遗留问题的交接处理及记事本移交。
5. 所有事项交代清楚后，交班保安人员在离开工作岗位前在登记簿上记录下班时间并签名。
6. 接班人未到，交班人员不得下班，如果接班人员未到，交班人员下班，这期间发生的问题，两人共同负责；即使没有发生问题，也要分别扣发两人的工资并通报批评。

第二节　消防安全及其管理

火灾是物业区域内常见的灾害事故，一旦发生火灾会给业主和使用人的生命财产造成严重的危害。因此，物业服务企业必须重视消防管理工作。

一、消防管理的概述

（一）消防管理的含义

消防管理是指物业服务企业采取措施，预防物业火灾的发生，最大限度地减少火灾损失，为业主和住户的工作、生活提供一个安全的环境。因此，可以说搞好消防管理是物业安全使用和社会安定的重要保证，在指导思想上一定要把预防火灾放在首位。消防管理要严格执行《中华人民共和国消防条例》和《高层建筑消防管理规则》，立足于火灾的预防上，搞好防火工作的监督、检查和指导工作，确保物业的安全使用。

（二）消防管理的目的与方针

1. 消防管理的目的

消防管理的基本目的是预防物业火灾的发生，最大限度地减少火灾损失，为业主和使用人的生产和生活提供安全环境，增加城市居民的安全感，保证其生命和财产的安全。

2. 消防管理的方针

中国消防管理的方针是"预防为主，防消结合"。要求消防工作在指导思想上要把预防火灾放在首位。要采取一切行政的、技术的和组织的措施，防止火灾发生。所以物业的消防管理也应立足于火灾的预防上，从人力、物力、技术等多方面充分做好灭火准备，以便在发生火灾时，能够迅速而有效地将火扑灭。

3. 防火管理的原则

"谁主管，谁负责"。基本原则就是层层落实防火责任制，人人负责，横向到边、纵向到底，纵横结合，形成一个整体性、全方位的防火网络。

（三）义务消防队伍建设

义务消防队伍是日常消防检查、消防知识宣传及初起火灾抢救扑灭的中坚力量，为了做好小区的消防安全工作，各物业服务企业应建立完善的义务消防队伍，并经常进行消防知识与实操技能的训练，加强实战能力。

1. 义务消防队员的构成

物业服务企业的义务消防队由企业的全体员工组成，分为指挥组、通信组、警戒组、设备组、灭火组和救援组等。其中灭火组及救援组的人员应年轻力壮、身体素质较好、反应灵敏和责任心强的人员担任，设备组由具备消防设备操作及维护知识的维修人员担任。

2. 义务消防队员的工作

（1）负责消防知识的普及、宣传和教育。

（2）负责消防设施设备及日常消防工作的检查。

（3）负责消防监控报警中心的值班监控。

（4）发生火灾时应配合消防部门实施灭火补救。

3. 义务消防队伍的训练

义务消防队伍建立后应定期对义务消防人员进行消防实操训练及消防常识的培训，每年还应进行一次到两次的消防实战演习。

二、消防管理的主要内容

（一）消防宣传教育

火灾发生的原因固然很多，但都与人的消防意识、对消防工作的重视程度和社会责任感有关。消防安全不仅与专门的管理人员相关，而且与物业区域内的每一个人有关。所以，不仅应该让每一个人都知道消防的重要性，而且还必须让每一个人都懂得防火的具体办法。因此物业服务企业不仅要对企业内的消防人员进行专业技能的培训，还要对物业区域内的业主、租户等相关人员进行消防知识的普及宣传。

1. 对员工的培训教育

对员工的培训教育即成立物业区域义务消防队伍，在前面已讲述过。

2. 对用户开展消防宣传教育

消防工作仅靠物业服务企业的义务消防队伍的努力是不够的，还有赖于物业全部用户的积极配合。物业服务企业必须加强对用户的消防宣传教育工作，促使用户学习消防知识，增加防火意识，提高自救能力。对用户来说必须了解情况并掌握如下三方面的知识：

（1）大楼防火工作的各项规定。

（2）手提式灭火器的使用方法。

（3）消防应急通道位置及出现紧急情况时的疏散方法。

（二）建设高素质的消防队伍

为加强物业的消防管理，物业服务企业全体员工都必须熟悉《中华人民共和国消防条例》和公安部发布的《高层建筑消防管理规则》。物业服务企业还要成立一个专职的消防班来负责此项工作。同时要做好义务消防队的建立和培训工作。多数物业服务企业的消防管理从属于企业安保部门，但从业务管理上来看，它又是专业和专职的。

物业服务企业和辖区内的酒楼、歌舞厅、企业所聘用的电工、电焊工、油漆工，从事操作和保管化学物品的人员均为特种行业的工作人员。从工作性质上看，他们的工作与消防工作有着密切的关系，可以视为间接的消防力量。这部分工作人员必须有国家劳动部门颁发的许可证才允许上岗工作。同时，每两年一次的技术考核和年审必须参加并达到合格才能继续聘用。物业服务企业或物业辖区内各单位电工有权对消防设施和各公共通道、各房屋进行消防检查。电焊工明火作业要向物业服务企业报告，经批准并采取防范措施后方可施工，严禁无操作许可证的人员进行电焊作业。

（三）制定较完善的消防制度

1. 消防中心值班制度

消防中心值班室是火警预报、信息通信中心，消防值班员必须树立高度的责任感，严肃认真地做好消防中心的值班监视工作。不能迟到早退、擅自离岗、上班时不能闲聊、睡觉、吵闹、喝酒、必须严格遵守交接班制度，发现火灾隐患及时报告，发生火灾时要严格按照火灾处理程序处理。

2. 防火档案制度

消防部门要建立防火档案，对火险隐患、消防设备状况（位置、功能、状态等）、重点消防部门、前期消防工作概况等要记录在案，以备随时查阅。还要根据档案记载的前期消防工作概况，定期进行研究，不断提高防火、灭火的水平和效率。

3. 消防岗位责任制度

要建立各级领导负责的逐级防火岗位责任制，上至企业领导，下至消防员，都对消防负有一定责任，从而建立健全防火制度和安全操作制度。每年年初由物业服务企业召集物业辖区内的单位和住户签订《防火责任书》，确定消防联络员名单，并明确职责，层层明确责任，建立全方位的监督体系。

4. 消防安全检查制度

要确保消防栓玻璃、阀门、水枪、水带齐全完好。报警系统要准备无误，达到应急要求。配电房、值班室、服务企业应按规定配齐各种灭火器。备用发动机、消防水泵、消防电梯应能应急使用。定期组织大检查，每月物业服务企业进行普查，每周科室进行自查，平时设置专人重点抽查，发现隐患立即消除。

5. 定期消防训练和演习制度

必须配备专职消防员，建立义务消防队，并制订应急疏散和灭火方案，每年组织工作人员开展消防训练和演习，提高消防意识和扑救能力。

6. 其他有关消防的规定

如严禁使用交流电门铃；严禁在物业内堆放易燃易爆物品；严禁在楼上燃放烟花爆竹；未经批准，不得擅自进行管、线路（电表）改装、增容；严禁堵塞防火通道；正确使用石油气，做到人走火灭。

（四）消防设备的管理

1. 消防设施、器材的配备

消防设备、器材是灭火工作的物质基础，常用消防设施、设备和器材包括：

（1）灭火器

灭火器是一种可由人力移动的轻便灭火器具。种类较多，按其移动方式主要有手提式和推车式灭火器。手提式灭火器按其内装灭火剂种类可分为化学泡沫、干粉、二氧化碳等。

（2）火灾自动报警系统装置

火灾自动报警系统的作用是尽早探测到火灾的发生并发出警报，以便采取措施，预防和减少火灾造成的损失。火灾自动报警系统主要由火灾探测器和火灾报警控制器等组成。火灾探测器能够尽快将发生火灾的信号（如高温、烟雾、气体、辐射光）等转变成电信号输入火灾报警控制器而发生报警，并指示火灾发生的部位和时间。按检测的火灾特性不同，火灾探测器常分为烟感火灾探测器、温感火灾探测器、气体火灾探测器和光感火灾探测器。

（3）自动喷淋灭火系统

自动喷淋灭火系统是按适当间距和高度装置一定数量喷淋头的供水灭火系统，主要由喷头、阀门、报警控制装置和管道等组成。若发生火灾，当喷淋头所在位置温度达到临界点（60~90摄氏度）时，喷淋头上焊锡点熔化，水即自动喷出进行灭火，消防水泵会将水不断地输送过来，同时还发出火灾警报。

（4）消火栓系统

消火栓系统主要由供水泵、管网、消火栓、水龙带、水龙头、喷水栓、报警按钮及报警电话等组成。当发生火灾时，通过击碎玻璃报警，消防中心接到报警后会自动起动消防水泵，消防人员接上喷水栓，打开水龙头开关即可灭火。

（5）防排烟装置

现代化的高层楼宇里可燃材料多，发生火灾时会产生大量浓烟。

（6）加压送风系统

当发生火灾时，为防止烟雾、毒气进入疏散通道及消防电梯，除安装防火门外，还应在每一层的疏散楼梯及消防电梯前安装百叶式加压送风系统，以供应充足的新鲜空气，确保人员疏散和消防电梯能正常运行。

（7）安全通道与消防电梯

消防电梯是供消防灭火、抢救伤员、运输消防器材的专用电梯。当发生火灾时，人员可通过安全通道（即防火楼梯）、消防电梯进行紧急疏散直达室外或其他安全处（如避难层、平台等）。

2. 对消防设施、器材的管理

消防设施、器材最大的特点是平时不使用，只有在发生火险时才使用，必须确保其随时处于完好状态，随时可以启用。为此，政府部门和物业服务企业都必须强化对消防设施、器材的管理。

对新建小区，必须经过检查消防设备符合法规和安全规定才能验收合格。消防设备的管理主要是对消防设备的保养与维护。消防设备的维修需要专门的技术，特别是一些关键设备，一般应聘请经政府认可、持有合格消防牌照的专业公司来维修。物业服务企业主要负责消防设施、器材的日常管理、保养和维修。通过专人定期的巡视、检查、保养和对所发现的问题及时解决，确保各类消防设施、器材随时处于完好状态。一般应注意以下方面：

（1）熟悉消防法规，了解各种消防设备的使用方法，制定本小区的消防制度及有关图册，并使管理人员及住户熟悉。

（2）禁止擅自更改消防设备，特别是住户进行二次装修时，必须严格审查。

（3）定期检查消防设备的完好、规范情况，对使用不当等应及时更改。

（4）公共消防通道必须保证畅通，绝对不放置其他物品。

（5）加强消防值班巡逻，及时发现火警隐患并予以处理。

（五）物业的特殊消防管理

1. 住宅（大厦）装修时的消防管理

（1）装修者必须事先写出装修申请，列出装修计划，会同装修图纸上报管理处审批，在确保消防设施和电气管网不受损坏的前提下方可施工。

（2）装修面积在 50 平方米以下的，由物业服务企业负责审批，超过 50 平方米的，应报消防机关审批，经批准后方可施工。

（3）装修应采用不燃或难燃材料。使用易燃或可燃材料的，必须经消防机关批准，按规定进行防火处理。

（4）施工过程中严禁动用明火，如果不得不动用明火，必须事先向主管部门办理审批手续，并采取严密的消防措施，切实保证安全。

（5）施工结束后要经物业服务企业或消防机关验收，不符合标准的要返工，直到合格。

2. 服务场所（酒楼、歌舞厅）的消防管理

管辖内的酒楼、歌舞厅、俱乐部、游乐场等服务设施的消防管理格外值得重视。除了强化消防责任制外，还要定期进行消防检查，尤其对以下几方面必须按消防法规严格执行。

（1）安装、使用电器设备必须符合防火规定，对临时增加的电气设备，必须按有关规定采取相应措施以保证安全使用。

（2）严格控制明火，确实需要使用时，必须采取安全预防措施。严禁燃放鞭炮、焰火。

（3）安全出口处应当设置明显的标志并加装自动开启应急灯，疏散通道必须保持畅通，严禁堆放任何物品。

（4）各服务场所每天的值班经理为当天的消防值班负责人，节假日领导要坚守岗位并轮流值班，加强消防措施，确保安全。

三、消防常识

（一）防火的一般知识

1. 减少可燃性物质

所有建筑都要贯彻国家的建筑设计防火规范和建筑消防管理规则的要求。室内装修应当采用非燃或难燃材料，尽可能减少可燃材料的使用。

2. 预防着火源，严格控制明火使用

维修、施工如果需要动用明火，按有关规定必须经过批准，并在安全员的监督下才能进行。要建立感应防火报警系统，发现问题及时解决。

3. 建立防火分隔区

按防火要求要用防火墙及防火门等，将建筑分隔为若干防火防烟分区，每层楼之间也要有防火防烟分隔设施，一旦发生火灾，以便控制和防止蔓延。

（二）灭火的一般知识

1. 冷却灭火

将燃烧的温度降到燃点以下，使燃烧自动停止。

2. 窒息灭火

采取隔绝空气或减少空气中的含氧量的办法，使燃烧物因得不到足够的氧气而停

止燃烧。

3. 隔离灭火

把正在燃烧的物质，同未燃烧的物质隔开，使燃烧不能蔓延而停止燃烧。

4. 抑制灭火

将具有抑制作用的化学灭火剂喷射到燃烧物上，使其参与燃烧物的反应，与燃烧反应中产生的游离基结合成稳定的不燃烧的分子结构，从而使燃烧停止。

(三) 灭火器的操作

目前国产灭火器以压把式操作的居多，倒置喷射的灭火器有酸碱与化学泡沫两类，而二氧化碳灭火器则有手轮式和压把式两种。规范的做法是在同一场所，选用操作方法相同的灭火器。

(四) 发生火警时的应急措施

1. 立即拨打报警电话"119"，并报告有关部门与上级。

2. 立即组织人员赶赴现场抢救，并注意及时查找起火原因，采取适当的救火措施。

3. 组织群众撤离危险区。

4. 做好安全保卫工作，严防坏人趁火打劫和搞其他破坏活动。

5. 协助有关部门做好善后处理工作。

(五) 几种起火情况的扑救方法

一般发生下述火灾时要按如下方法扑救：

1. 电源接触短路，引起家用电器烧坏起火，此时应马上关掉电源，在没有关闭电源之前切不可用水扑灭火焰。

2. 石油气管道漏气起火，应马上关掉煤气分闸或总闸。

3. 石油气瓶漏气起火，应马上用不燃材料扑灭。

(六) 消防监控中心管理制度

1. 禁止无关人员进入消防监控中心，遇事进出必须办理登记手续。

2. 进入消防监控中心必须换拖鞋，操作台上不得堆放任何物品，严禁吸烟。

3. 工作时间必须保持精力充沛，不打瞌睡，不放过任何疑点，发现异常情况应立即报告领班及有关领导，并采取相应措施。

四、高层建筑的消防管理

消防管理对于高层建筑有更重要的意义，尤其要有特殊的安全措施。

(一) 高层建筑消防的特点

1. 火险因素多

首先，高层建筑一般智能化水平较高，内部电气设备、电源、火源多，线路密集，引起火灾的可能因素也多。其次，高层建筑为减轻自重考虑，使用了大量轻质高分子材料，这些材料部分是耐火极限不高、耐火性能较差的，这就增加了火灾的危险性。

2. 火势蔓延快

高层建筑内有许多通道和竖向井，一旦发生火灾，这些通道和竖向井连同高层建筑自身都会产生烟囱效应，有助于火势蔓延，对消防十分不利。

3. 救火难度大

高层建筑高达几十米，甚至超过一百米，一般的地面消防车和登高消防车的能力，都难以满足扑救高层建筑火灾的供水需要和登高疏散抢险的要求。建筑越高，消防车消防供水和登高疏散抢险的要求就越高。高层建筑救火的难度比一般多层建筑显然大得多。

4. 疏散困难大

高层建筑人员集中，财物集中，层数多，使得疏散距离拉长，发生火灾时普通电梯电源被切断，增加了疏散难度。

（二）高层楼宇的消防系统

配备完整的高层楼宇的消防系统由以下七个部分组成：消防控制中心、火灾报警系统、消防栓系统、喷洒自动灭火系统工程、防排烟系统、安全疏散系统、手提式灭火器。

（三）高层建筑消防管理的主要措施

1. 防火分隔

消防部门要对高层建筑进行内部分区，设置防火和防烟区域；对电梯井、管道等也要进行分隔。

2. 消防设备管理

高层建筑消防工作中，应采用严格的巡视、检查制度，及时保养维修消防设备、设施，保证消防设备处于良好运行状态。

3. 重点防范管理

在配电室、监控室等火灾隐患重要部位以及人员集中部位增设灭火设备、火灾事故照明灯和灯光显示的疏散标识系统等设备。

4. 疏散畅通

要经常检查高层建筑内公共通道，严禁摆放杂物，确保火灾疏散通道畅通；严禁在消防栓、灭火器等消防设备前摆放杂物，以免影响取用。同时还需设置火灾事故照明设备和疏散标志。在高层建筑的楼梯间、走道、人员集中场所和发生火灾时必须坚持工作的地方（如配电房、消防控制室等）有事故照明设备，在人员疏散的走道、楼梯等处设有灯光显示的疏散标志。疏散标志的电源应用蓄电池，其他事故照明也可使用城市电网供电。

5. 消防管理制度

建立严格的高层建筑中二次装修管理、动用明火管理、重点部位防火管理等消防制度。

6. 消防培训教育

加强对物业服务企业员工和客户的消防设备使用方法、性能和其他消防知识的培训，熟悉高层建筑内区域在火灾发生时的逃生线路，掌握火灾自救方法。

总之，高层建筑的火灾危险性大，对消防安全要求高。消防部门应充分认识这一点，在思想上要高度重视，在实际工作中要认真总结，探索新的高层建筑消防措施。

五、火灾火警应急处置程序

火灾火警应急处置程序包括火灾报警；确认发生火情火灾现场；向相关上级、部门报告；指挥灭火小组进行现场灭火；疏散火灾现场人员；维护警戒火灾现场；配合消防机关进行灭火，服从消防机关统一领导；配合消防机关调查、分析着火原因，清理火灾现场。

1. 当自动报警系统显示火警信号或接到火情报告后，消防监控室值班警员应立刻通知相关警员赶到现场观察处置。

2. 相关警员到达现场后，迅速查证报警原因，当确认发生火灾时，立刻报告消防监控室，同时就地用灭火器材灭火，并随时将火情进展情况报告消防监控室。

3. 消防监控室值班警员，在确认火情后，立刻向安保部经理、物业服务企业领导、各部门负责人通报火灾情况，物业服务企业领导等视火灾情况决定迅速向"119"报警。

4. 向消防机关报警时，同时指挥现场、外围配合各灭火小组实施各小组灭火职责。指挥相关灭火小组切断火灾现场电源，关闭空调机组，启动相应消防栓系统、喷淋系统、防排烟系统的设备，打开消防电梯迫降开关，引导配合消防机关的灭火工作等。

5. 向消防机关报警时，同时立即进行火灾现场人员疏散、疏导工作，组织人员通过紧急通道、疏散楼梯等迅速撤离到安全区，要逐室检查、核实人员是否全部撤离火灾现场，视火灾现场情况决定物资撤离方案。

6. 维持公共秩序，做好火灾现场维护警戒，保障灭火通道畅通，同时引导协助消防机关的工作。如火灾造成伤亡，应立即联系医疗机构协助抢救伤员。

7. 在消防机关部门没到现场时，物业服务企业的义务消防队员开始灭火工作。主要是用灭火器、水枪进行灭火，同时启动和关闭相应设备。在消防机关到达现场后，各灭火小组服从消防机关统一领导，按照消防机关统一部署执行。

8. 待火灾扑灭之后，做好相应的善后工作，向公司提交火灾报告，配合消防机关调查，分析着火原因，清理火灾现场，总结分析利用现场实际案例培训教育员工和客户的安全防火知识和意识。

六、消防演习方案实施程序

(一) 消防演习方案实施的程序

1. 消防演习方案申报批准

提前一个月将演习方案计划上报客户或业主委员会，并向负责消防的主管警官汇报备案，征询意见。

2. 消防演习实施通知

提前两周向辖区业主或客户发出消防演习通知。在消防演习前两日，在公共区域张贴公示，进一步提示业主或客户关于消防演习事宜，以免引起演习当日业主的恐慌。

3. 消防演习工作内容分工

明确灭火总指挥、副总指挥、现场抢救组、抢救运输组、外围秩序组、综合协调组、现场灭火组、现场设备组、机电供水通信组的分工。

4. 消防演习前培训、宣传

对物业服务企业员工及客户宣传消防安全知识及消防演习方案。

5. 消防演习前消防设备、消防器材等准备

6. 消防演习准备工作落实情况检查

为避免发生混乱，检查人员配备、责任考核、消防设备器材准备、运输工具及疏散路径等内容。

7. 消防演习实施

8. 消防演习总结

要求各小组对演习工作进行总结，收集客户对演习的意见，改进演习方案。

（二）在消防演习过程中的注意事项

1. 消防演习应选择在白天进行，安排在对客户生活工作影响小的时间段，以使更多的客户参加。

2. 消防演习"火场"应选择在相对安全的位置，尽量减少对客户的影响并保证安全。

3. 消防演习时，要避免长时期断电停电，可以象征性地断电数秒钟。

4. 消防演习过程中，采用各种形式做好参加演习客户情况的记录工作，对不理解的客户做好解释工作，做好消防知识宣传、讲解工作，做好参与演习客户的安全保护工作。

第三节　车辆道路管理

车辆是最主要的运输工具，同时也是人们工作、生活必需的交通工具。进入20世纪90年代以来，随着人们收入水平的提高和生活质量的改善，购买车辆的家庭迅速增多。尤其是近几年，随着中国加入世界贸易组织和汽车消费信贷的广泛开展，私人汽车的拥有率更是飞速提高。但是，过去中国在建设住宅楼和其他物业时很少考虑停车设施的建设，甚至今天这方面的情况仍然没有多大改观。再加上疏于管理，导致物业区域内车辆乱停乱放的现象很普遍，车辆及附件被盗案件频繁出现，车祸也时常发生。这给住户的工作、生活带来了很大的不便，使人们的生命和财产安全处于一定的威胁之下，同时也破坏了良好的物业环境。因此，物业服务企业必须加强对车辆的管理。

一、搞好停车场的建设

根据目前物业区域内车辆管理中存在的问题，物业搞好车辆管理，一是应搞好停车场的建设；二是必须建立健全管理制度，使车辆管理有章可循。

车辆管理的目的是防止车辆乱放和丢失。物业区域如果没有一个指定的场所存放

车辆，其所需要的管理力量就大大增加，管理难度也大大增强。因此，要做好车辆管理工作，首先应搞好停车场的建设。

（一）停车场位置规划

房地产开发商在物业建设之初也要对停车场位置进行规划，但物业服务企业对停车场位置的规划，和房地产开发商对停车场位置的规划是不同的。房地产开发商对停车场位置的规划是在物业周围基本无停车场的前提下进行的，物业服务企业对停车场位置的规划则是在开发商已建好停车场的基础上开始的。因此，物业服务企业在规划辖区停车场时，既要尊重、参考和利用已有的停车场的位置，又要有创新，因地制宜地规划设计出与物业环境相协调的、符合实际需要的停车场。

物业服务企业对停车场位置的规划，需要考虑以下两个方面的内容：

1. 经济成本

物业服务企业投资建设停车场，既是为了满足住户存放车辆的需要，也是一项投资活动，要讲究经济效益，考虑投资回收和利润水平。从这个角度出发，物业服务企业在规划时就必须考虑建设成本问题，考虑建成后的利用状况。如果初步的可行性分析表明，成本太高，或者利用状况不理想，物业服务企业的建设计划一般就要取消；反之，若成本不高，而利用状况又较理想，物业服务企业的建设计划一般就要进行。

2. 与周围环境的协调状况

物业服务企业投资建设停车场，必须因地制宜，与整个物业协调起来，不要让人有两部分游离的感觉。要做到这一点，物业服务企业必须对物业区域的整体环境特别是建筑布局和交通状况等非常熟悉，只有这样才能使停车场的建设与周围环境协调起来，给人一种浑然一体的感觉。

（二）停车场内部要求

停车场的位置不同，会导致空间环境的不同。由于车辆的类型各不相同，而且各种车辆的体型与长短也不一致，因此，停车场就存在一个内部设计问题（如图8-2所示）。

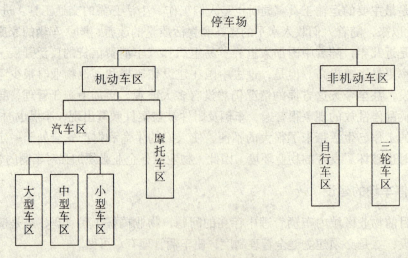

图8-2　停车场区位布置图

1. 关于停车场的光度要求

停车场的光度要求是一个非常重要的问题。无论从方便车主，还是从防盗角度考虑，停车场内的光线都应充足。否则，车主就不能清楚地找到自己的停车位，不能清楚地识别自己的车辆；对管理人员来说，如果有破坏者或撬盗车辆的案犯，光线不充足也不容易发现；从消防管理角度考虑，光线不充足也不容易实施管理等。为达到光线充足，可以利用自然光，也可以利用灯光，或将二者结合起来。

2. 关于停车场的区位布置要求

车辆可分为机动车和非机动车。机动车可分为摩托车、汽车等；非机动车可分为自行车、三轮车、助动车等。各种类型、规格的车辆如果都存放在一起，显然不利于车主的存放，也不利于管理人员进行管理。因此，物业服务企业应把停车场的区位进行划分。要做好这一工作，首先应做好该物业区域各种车辆的摸底调查，弄清所管区域各种车辆的总数以及不同类型车辆的比例，然后根据掌握的材料，考虑可能的情况，把停车场内停车位置作区位划分。通常是将各种汽车车位划成一个停车区域，将摩托车、自行车车位划成一个停车区域。

3. 关于停车场的设施要求

为保持通道畅通无阻，方便车辆存放和管理，停车场应建在比较醒目、容易找到的地方，同时要安置足够的指示信号灯，还要有适当的提示标语。另外，消防设备也是停车场不可缺少的，必须配备齐全。停车场应该安置电话，供发生火情或盗情时报警使用。如有特殊要求，还可在车辆出入路口处设置管制性栏杆，以供使用。

二、建立健全车辆管理制度

车辆管理是一项琐碎的工作，没有严格的管理制度很难管好。健全的管理制度应包括门卫管理制度和车辆保管规定。

（一）门卫管理制度

这里的门卫包括停车场的门卫和物业区域大门的门卫。为了保证物业区域内的宁静和行人的安全及环境的整洁，就必须控制进入物业区域的车辆，不经门卫许可不得入内（特殊情况除外）。大门的门卫要坚持验证制度，对外来车辆要严格检查，验证放入，出去也要验证放行，发现问题及时上报。停车场门卫一般设两人，一人登记收费，一人指挥车辆的出入和停放。

（二）车辆保管规定

依照国际惯例，物业服务企业应与车主签订车辆停放管理合同或协议，明确双方的责任。对物业区域的车辆要统一管理，对外来车辆也应有相应规定。

1. 摩托车、自行车管理规定

（1）业主或使用人需要保管摩托车、自行车，要先到物业服务企业办理登记手续，领取存车牌，交保管员查收，并按时办理缴费手续。

（2）临时存放车辆的收费按有关规定执行。

（3）存放车辆后要立即领取存车牌。

（4）摩托车、自行车必须存放在指定的位置，未按指定位置存放，造成丢失或损坏，责任由所有者自己承担。

（5）服从管理员的管理，并接受检查。

（6）管理员的工作受到各位业主和租户的监督，出现失职情况，可以向物业服务企业反映。

2. 机动车管理规定

（1）所有外来车辆未经管理处许可，不得进入住宅区，进入物业管理区域内的车辆要服从统一管理。

（2）一般禁止 2.5 吨以上的货车或大客车进入住宅区。

（3）禁止车辆在住宅区内乱停乱放，要按指定的地点停放车辆，并缴纳停车费。

（4）长期将车辆停放在住宅区的，向物业服务企业申请，领取"准停证"。临时进入物业管理区域内的车辆必须在临时车位上存放，并缴纳停车费，不能随便存放。

（5）车辆如需停止使用停车位，应及时到物业服务企业办理注销手续，否则停车费继续收取。不允许私自转让停车牌和停车位，否则将取消该车辆的停车牌和停车位。

（6）驶入物业管理区域内的车辆要按规定的路线行驶，不得逆向行驶，不得鸣笛。如损坏路面或其他设施者，应按价赔偿。

（7）为防止出现意外，凡装有易燃、易爆、剧毒品、腐蚀品或污染性物品的车辆不准进入住宅区。在车库内不准随地扔烟头，违者按规定收取违约金。

（8）不得在停车场和小区范围内洗车、修车和清扫车上的杂物于地面，漏油、漏水的车辆不许进入车库。进入车库的一切人员不得随地大小便、吐痰、乱扔果皮、杂物等。

（9）不准在住宅区内学习驾车、试车。

三、车辆管理突发事件的处置

（一）偷盗车辆案件的处置

1. 当保安人员发现有嫌疑人偷盗车辆时，应及时小心地通知安保部或监控室，注意不要让嫌疑人发现。

2. 同时，要观察嫌疑人数量、被盗车牌号码、车型、颜色等特性，记下嫌疑人相貌特征、服饰及是否携带凶器等。

3. 安保部接到通知后，立即安排保安人员控制各出入口，暂时禁止一切车辆通行。同时安保部经理带领保安人员赶到现场，采取有效措施控制现场。同时通知车辆管理人员协助封堵现场，并要注意安全，注意拦截车辆。

4. 安保部经理视案情进展情况，决定是否向公安机关报案，认真对待媒体人员。

5. 如公安人员到达现场，安保部应全力配合公安人员抓捕嫌疑人，一切行动听众公安人员指挥，为公安人员提供一切相关的证词、证物。同时清楚记录下办案警官官级、编号及报案的编号，以供日后查阅、参考。

6. 安保部经理应将案件处置过程和情况以报告形式呈报上级领导。

（二）意外交通事故案件的处置

1. 如发生一般车辆刮、蹭事故，可让车主协商自行解决处理，尽快恢复交通。

2. 如发生较大事故，保安人员或车管人员及时通知安保部，安保部经理及时赶到现场处理，视情况向交管机关报案。同时为避免意外，要提示过往行人和车辆绕行、回避。

3. 现场如有人员受伤，立即联系当地"120"急救中心或附近医院机构。积极协助配合抢救伤员，没有受到专业急救培训，不要自行采取抢救措施。

4. 在交管机关人员赶到现场前，注意保护好现场，如发生汽油、机油泄漏应及时采取措施，并于现场禁止烟火；清楚记录车辆资料、司机情况，待事故处理完毕或接到交管人员命令后方可清理现场。

5. 意外交通事故如造成设备、设施损坏，应作详细记录，并请肇事司机自愿签字认可。如损坏的设备、设施急需处理，须尽快通知工程部或相关部门和人员进行抢修。

6. 安部保经理应将案件处理过程和情况以报告形式呈报上级领导。

四、不同类型物业的车辆管理特点

（一）居住物业的车辆管理特点

居住物业应大力提倡步行空间的建立，为居民提供公共庭院和通行、娱乐的场所。还应发展公共交通，通过小区班车的形式为居民提供上下班、节假日集中出行的服务。对于停车场的管理应注意扰民问题，停车场最好设在物业小区的四个边缘地带，这样既减少出行时间又保证了居住物业的安静、清洁。同时，要注意做好车辆的有序存放和保管工作，防止车辆被盗。

（二）办公物业的车辆管理特点

办公物业的车辆道路管理的重点应放在车辆的调度工作上。物业服务企业应对物业中单位上下班情况进行了解统计，组织人力集中管理、统一调度，如对道路可采取定时单向通行等办法，充分利用上下班时的道路空间。同时，办公时间的车辆出入应采取登记的办法严格控制外来车辆的存放，对于单位车辆应采取定位存放的办法，以便进行合理有效的管理。

（三）商业物业的车辆管理特点

对于一般商业物业，物业服务企业必须配合公交系统的车辆进行定线定站，双休日增加车辆等，为顾客提供方便。对于高档商业物业应主要做好物业停车场的建设和管理。必要时，物业服务企业可拥有自管班车，为顾客提供定线不定站的服务。

（四）旅游物业的车辆管理特点

旅游物业客流量的季节性强、方向性强。物业服务企业应设立专门的物业直达旅游地的旅游往返车辆，在旅游季节为游客提供出行的方便。旅游物业的管理者还应重视出租汽车的管理、停放、疏导工作。

（五）工业物业的车辆管理特点

以仓库、厂房为主体的工业物业不同于上述四种物业。它的车辆管理主要集中在对货运车辆的管理上。要注意货运车辆的吨位、高度与道路条件的配合；并为货物的装卸提前做好准备，以减少货运车辆的停放时间，提高货运效率；值得一提的是工业物业夜间运输的问题，夜间运输可以提高运输效率，但物业服务企业应做好对道路辅助设施的管理，如对路标、照明设施进行日常的养护和维修。

五、居住区道路规划要求

(一) 居住区道路的功能

居住区道路的功能要求是大致为居民日常生活交通使用、市政公用车辆使用、居住区内公共服务管理运货车辆使用，满足铺设各种工程管线的需要，供消防、救护、搬家车辆使用，也是组织居住区建筑群体景观的重要手段和居民相互交往的重要场所。

(二) 居住区道路分级

根据功能要求和居住区规模大小，一般可分为 3 级或 4 级。

1. 居住区级道路。居住区级道路是居住区的主要道路，解决居住区的内外联系。

2. 居住小区级道路。居住小区级道路是居住区的次要道路，解决居住区的内部联系。

3. 居住组团级道路。居住组团级道路是居住区的内支路，解决住宅区组群的内外联系。

4. 宅前小路。宅前小路是通向各户或各单元前的小路。

(三) 居住区道路系统基本形式

1. 人车交通分流的道路系统。
2. 人车混行的道路系统。
3. 人车部分分流的道路系统。

(四) 居住区道路规划布置的基本要求

1. 不应有过境交通穿越居住区，不宜有过多车道出口通向城市交通干道。

2. 车行道一般应通至住宅每个单元的入口处。

3. 建筑物外墙面与人行道边缘的距离不应小于 1.5 米，与车行道边缘的距离不应小于 3 米。

4. 终端式道路长度不宜超过 120 米，在终端处便于会车，会车场地不应小于 12 米 × 12 米。

5. 如车道宽度为单车道，则每隔 150 米左右应设置会车处。

6. 道路宽度应考虑工程管线的合理铺设。

7. 应充分利用和结合地形，如尽可能结合自然分水线和汇水线，以利雨水排除。

8. 道路线型应和整个居住区规划结构和建筑群体的布置有机地结合。

第四节 物业环境保洁管理

环境是指周围所在的条件,对不同的对象和科学学科来说,环境的内容也不同。在建筑学上环境是指室内条件和建筑物周围的景观条件,习惯上分为自然环境和社会环境。自然环境是人类赖以生存和发展的物质基础,社会环境的发展和演替受自然规律、经济规律以及社会规律的支配和制约,其质量是人类物质文明建设和精神文明建设的标志之一。

一、物业环境管理的概述

(一) 物业环境管理的含义

物业环境管理是指物业管理区域内的周围环境及公共设施,即与业主与物业使用人的生活和工作密切相关的、直接影响其生存发展和享受的各种必需条件和外部变量因素的综合。

广义的环境包括以下几个方面:

1. 第一环境

第一环境即自然环境,或称原生环境,其中既含有对人类有用的自然资源,也含有对人类不利的自然灾害,如地震、火山、海啸、洪水等。

2. 第二环境

第二环境又叫次行环境,即被人类活动改变或污染的自然环境,如城市周围的水体,城区内部被绿化的荒地、空地等。

3. 第三环境

第三环境即由人工建造的房屋、道路和各项设施等组成的人工环境。

4. 第四环境

第四环境即由政治、经济、文化等各种社会因素所构成的、人与人之间的社会环境。

狭义的环境就是第二环境,即被污染或改变的自然环境。

物业环境则包括广义环境的第二环境、第三环境和第四环境。

(二) 物业环境的分类

1. 生活居住环境

生活居住环境是指提供给人们居住的物业环境,包括内部居住环境和外部居住环境两个方面。

(1) 内部居住环境

内部居住环境是指建筑的内部环境。内部居住环境的影响因素包括住宅标准,住宅类型,隔声、隔热和保温,光照,通风,室内小气候,室内空气质量和二氧化碳含量等。

（2）外部居住环境

外部居住环境是指住宅和与居民生活密切相关的各类公共建筑、共用设施、绿化、院落和室外场地等。外部居住环境的影响因素包括居住密度、公共建筑、市政公共设施、绿化、室外庭院和各类活动场所、室外环境小品、大气环境、声环境和视环境、小气候环境、邻里关系和社会环境等。

2. 生产环境

生产环境是指提供给企业及其生产者进行生产时相关的环境和条件。生产环境的影响因素包括物业类型及用途，隔声、隔热和保温，光照，通风，绿化，卫生，生产设施和行政办公条件等。

3. 商业环境

商业环境是指提供给商业企业及其经营者从事商业活动的物业环境。商业环境的影响因素包括物业类型及用途，隔声、隔热和保温，光照，通风，绿化，卫生，交通条件及室内各种环境小品、商业设施等，商业从业人员的服务态度和服务水平也是影响商业环境的一个很重要的因素。

4. 办公环境

办公环境是指用于行政办公目的的物业环境，包括办公室内环境和办公室外环境。办公室内环境的影响因素包括办公室标准及类型、隔音效果、隔热与保温、室内气候和室内景观布置等。办公室外环境的影响因素包括绿化、大气环境、办公区域的治安状况、办公人员的思想文化素质、艺术素质以及相互关系等。

二、物业环境保洁管理的概述

（一）物业保洁管理的含义

物业保洁管理是指物业服务企业对物业区进行定时、定点、定人的日常清扫，对垃圾进行收集和清运，并依照物业管理规定对业主和使用人进行宣传教育、管理和监督，通过扫、擦、拭、除、洗等常规性的服务，保障物业区的清洁卫生，以提高环境效益和物业区的吸引力。

物业保洁管理工作作为一项服务性的工作，必须始终贯彻"业主至上，服务第一"的原则，为业主和使用人创造卫生、舒适、优美的环境，让业主或使用人满意。

（二）物业环境保洁管理的范围

1. 楼宇前后左右的公共地方

楼宇前后左右的公共地方是指物业管理区域内的道路、空地、绿地和公共停车场等所有公共地方。

2. 楼宇上下空间的公共部位

楼宇上下空间的公共部位是指楼宇一层到顶层屋面的所有公共部位，包括楼梯、电梯间、大厅、天台、公用卫生间和楼宇外墙等公共部位。

3. 生活垃圾的处理

生活垃圾的处理是指日常生活垃圾（包括装修垃圾）的分类收集、处理和清运。生活垃圾的处理要求和督促业主与物业使用人按规定的地点、时间和要求，将日常垃圾倒入专用容器或者指定的垃圾收集点，不得擅自乱倒。

（三）物业环境保洁管理的基本要求

1. 保洁管理要责任分明

保洁工作是一项细致、量大的常规性工作，必须做到责任分明，做到"五定"：即定人、定地点、定时间、定任务和定质量。

2. 保洁管理要明确标准

要明确具体的管理指标，对卫生清扫、垃圾清运等工作进行评判和验收，要达到"六不"和"六净"。"六不"即不见积水、不见积土、不见杂物、不漏收垃圾、不乱倒垃圾和不见人畜粪。"六净"即路面净、路沿净、人行道净、雨水口净、树坑墙根净和废物箱净。

3. 保洁管理要及时

保洁管理要体现及时快速性，对每天产生的垃圾及时清除，做到日产日清，建立合理的分类体系。

4. 保洁管理要因地而异

在同一物业管理区域内，不同管理部位要求的标准也可能不同，应根据不同类型、不同档次的物业对楼宇清洁卫生的质量标准不同而制定相应的管理制度和措施。

三、物业环境保洁管理工作的业务种类

（一）制订工作计划

工作计划是实施物业保洁工作的主要依据。科学的、周密的工作计划，能使管理者、作业者心中有数，能使各项作业有组织、有秩序地进行，能保证科学安排时间，合理利用资源，提高保洁工作的质量与效率，并为物业管理其他工作的实施创造条件。

因各物业外部环境、内部结构、拥有设施、管辖范围不同，清洁的次数与程度要求也就不同。制订工作计划时要根据实际需要安排好保洁人员，搞好分工定岗工作，同时要安排一定的机动量，以备临时需要。

（二）制定管理制度

科学的管理制度是保洁工作得以顺利进行的保证。物业服务企业要认真做好保洁工作管理制度所制定的工作，比如劳动纪律、岗位职责、清洁设备领用和操作以及遵守奖惩规定等。下面仅将其中具有业务特色的内容作以介绍：

1. 清洁设备领用规定

（1）领用、归还清洁设备要登记，以便在设备出现问题时查找原因，追查责任。

（2）见（拿）到要领用的设备，领用人必须认真检查设备性能是否完好，各种配件是否齐全，如发现设备失灵或配件丢失，应退还该设备或及时声明。因检查不细，造成病机出库而影响工作的，由领用人负责。

（3）使用设备时应检查操作电缆是否安全、有无漏电，以防操作时出现人为伤亡事故。如果设备发生故障，不得继续操作，避免造成更大的损失，违者罚款。必须按照操作规程进行工作，如果是因设备使用不当而造成机具、附件损坏的，责任人要按

规定赔偿，并根据情节的严重程度给予必要的处分。

（4）操作完毕以后，应把清洁设备清扫干净，归还设备时，必须保证设备完好无污损，如果有损坏要及时报修，同时在领用簿上注明损坏情况。

（5）对不符合上述规定的，保管人员有权拒收，由此造成的影响，由领用人负责。

2. 清洁设备操作规定

（1）操作人员在使用设备前，要先熟悉设备的机理、构成、性能、特点、耗电量等情况。

（2）操作前要先检查设备是否处于完好、安全状态，并清理好作业场地，以便顺利工作。

（3）各种机器、设备均需按照使用说明正确操作，合理保养。

（4）设备使用完毕后，应按要求做好清洗、保管工作。

3. 清洁工安全操作规程

（1）牢固树立"安全第一"的思想，工作中要精力集中，确保安全操作。

（2）操作人员如果不会使用清洁机器，不得私自开动机器，以免发生意外事故。

（3）操作人员在使用机器、设备时，不得用湿手接触电源插座，以免触电。

（4）操作人员应该严格遵守防火制度，不得动用明火，以免发生火灾。

（5）操作人员在超过2米高处操作时，必须双脚踏在凳子上或梯子上，不得用单脚支撑，以免摔伤。

（6）操作人员不得私自拨动任何机器、设备及开关，以免发生事故。

（7）在操作与安全发生矛盾时，应先服从安全需要，以安全为第一考虑因素。

（8）室外人员在堆放垃圾时，也要小心操作，以免压伤手脚或妨碍交通。

（三）加强卫生设施建设

物业服务企业要搞好保洁工作，必须搞好相应的卫生设施建设，这些设施包括以下两种。

1. 环卫设备

环卫设备包括清扫车、垃圾运输车、洒水车以及吸尘器等各种清扫工具等。

2. 便民设施

便民设施即为便利住户而建设的卫生设施，如垃圾清运站、垃圾桶、果皮箱等。

（四）监督检查

严格的监督检查是保证工作计划、责任制，管理制度等贯彻落实的重要手段。监督检查一般采用员工自查、领班巡查和部门经理抽查"三查"相结合的方法。所谓员工自查，是指每个员工都要根据操作规范和要求，对自己所负责的区域、项目不断地进行自查，发现问题，及时解决。所谓领班巡查，是指领班把巡回监督作为自己的主要工作，每天对自己管区内的所有部位、项目进行巡回检查，发现问题及时督促改正。所谓部门经理抽查，是指由部门经理对卫生状况进行检查，检查采用抽查的方式进行，发现问题及时处理。

（五）加强环境卫生的宣传教育

搞好保洁工作，需要物业服务企业和业主或使用者共同努力。物业服务企业的打扫和管理是一方面，业主或使用者的配合也是一个方面。要把物业环境卫生建设与公民素质的提高有机地结合起来，使业主或使用者提高文明程度，自觉遵守有关物业管理规定，配合物业服务企业搞好环境卫生建设。

四、物业主要部位或业务的保洁要求

（一）大堂的保洁要求

1. 操作程序

（1）大堂的保洁工作主要在夜间进行，白天进行日常保洁工作。

（2）夜间定期对大堂进行彻底清洗、抛光，定期上蜡。上蜡区域应有示意牌或围栏绳。

（3）日常保洁要求每天对地面推尘数次，大堂内的各个部位要经常清洁，保持光亮、明净。

（4）操作过程中，根据实际情况，适当避开客人和客人聚焦的区域，待客人离散后，再予以补做；客人进出频繁和容易脏污的区域，要重点拖擦，并增加拖擦次数。

（5）遇下雪或下雨天，要在大堂进出口处放置伞袋、踏垫，铺上防湿地毯，并树立"小心防滑"的告示牌和增加拖擦次数，以防客人滑倒及将雨水带进大楼。

2. 卫生标准

（1）保持地面大理石无脚印、无污渍、无烟蒂、无痰迹、无垃圾。

（2）大堂内的各个部位保持光亮、整洁，无灰尘。

（3）玻璃大门无手印及灰尘，保持干净、光亮、完好无损。

（4）大堂内要放置不锈钢烟缸，并保持光亮，无烟灰迹、痰迹。

（二）公共区域的保洁要求

1. 操作程序

对走道、茶水间来说，夜间要定期对公共区域的走廊、通道进行全面清扫，并打蜡；白天要定时清扫走廊，不停地循环推地坪，保持地面干净；用揩布擦灰，依次从左到右，由上到下；做好茶水间卫生工作，保证地面的干燥、清洁；每日工作结束前，把楼面上垃圾集中后，带到指定地点。

对扶梯来说，要用拖把把扶梯擦干净，如果拖把拖不到，则要用揩布擦干净；要将扶手从上到下擦干净，对挡杆或玻璃挡面，要做到无灰尘、无手印；扶梯四周的墙面及消防器材上的灰尘要及时掸净；每个楼面的楼梯进出口处，要保持干净、整洁。

对电梯及电梯厅来说，夜间对电梯厅及电梯内的墙面和地面进行全面的擦拭清扫；白天不停地对电梯厅的地坪进行保洁，保持电梯干净、整洁；经常清理烟灰缸内的垃圾和烟头；夜间定期对电梯进行清洁、保养，包括对电梯门壁进行打蜡上光；每天早上换一次地毯，必要时可增加更换次数。

对室外场地来说，要及时清扫地面的灰尘和垃圾；每星期进行两次大面积的冲洗，冲洗后要及时扫干净，保证无积水；不停地清扫，保持地面无灰尘、无垃圾、无烟蒂；所有垃圾都要集中到总垃圾箱里；要保持室外地的各类标牌、栏杆、墙面、灯座的清洁；保持室外场地的下水道干净、畅通。

2. 卫生标准

（1）地面保持清洁、光亮，无污迹、无水迹、无脚印。

（2）走道四角及踢脚板保持干净，无垃圾。

（3）烟灰缸保持清洁，无污痕，烟蒂不得超过 6 个。

（4）茶水间保持清洁、整齐，保证整个大楼所有部门的茶水供应，保证饮用水的卫生；注意安全用电，防止烫伤。

（5）楼面垃圾间内垃圾箱放置整齐。把垃圾袋套在垃圾箱上，四周无垃圾，无异味。

（6）墙面及走道设施、门框、通风口、灯管保持干净、无积灰。

（7）安全扶梯台阶保持清洁，无污物、无垃圾；扶杆上保持光亮，无积灰。

（8）保持电梯梯门光洁、明亮，轿厢及四壁、地面干净、整洁。

（9）室外地面的地面，做到无垃圾、无灰尘、无烟蒂、无纸屑，使人感到宽广、舒畅。

（三）卫生间的保洁要求

该区域要求每日清扫四次，每天第一次保洁工作必须在早上 8 点前做好。

1. 操作程序

（1）先用清洁剂清洗小便池，并喷上除臭剂。

（2）按顺序擦拭面盆、水龙头、台面、镜面。

（3）地面用拖把拖干，保持地面干燥、干净。

（4）墙面要用清洁剂清洁。

（5）检查皂液器、烘手器等设备的完好情况。

（6）喷洒适量空气清新剂，保持卫生间内空气清新，无异味。

（7）配备好卷纸和洗手液。

（8）检查是否有遗漏处，不要遗忘清洁工具。

2. 卫生标准

（1）卫生洁具做到清洁，无水迹、无头发、无异味。

（2）金属器具保持光亮，无浮尘、无水迹、无锈斑。

（3）镜子保持明净，无灰尘、无污痕、无手印、无水迹。

（4）墙面四角保持干燥、无蛛网，地面无脚印、无杂物。

（5）卫生用品保证齐全，无破损。

（6）保持卫生间内空气清新。

（四）会议厅的保洁要求

1. 操作程序

（1）按顺序擦拭窗台、窗框、门、扶手。

（2）擦拭茶几、桌子，用吸尘器吸去沙发上的灰尘。

（3）依次清洁墙面、护墙板、踢脚线。

（4）用吸尘器进行地面、地毯吸尘。

（5）喷洒适量的空气清香剂。

（6）检查是否有遗漏处，收拾清洁工具，并关好门。

2．卫生标准

（1）保持室内的窗、窗台、窗框干净、整洁，无破损。

（2）保持地面、地毯整洁、完好、无垃圾、无污渍、无破洞。

（3）保持室内墙面、天花板整洁、完好，无污渍、无浮尘、无破损、无蛛网。

（4）保持室内各种灯具清洁、完好，无破损。

（5）保持室内各种家具光洁，无灰尘，放置整齐。

（6）室内各种艺术装饰挂件挂放端正，清洁无损。

（7）保持室内空调出风口干净、整洁，无积灰、无霉斑。

（8）定时喷洒空气清香剂，保持室内的空气清新。

五、保洁设施的建设

（一）常用清洁剂

1．酸性清洁剂

酸性清洁剂对物体有腐蚀性，且对皮肤有损伤，具有一定的杀菌除臭功效，但不用于纺织品、木器和金属等处。酸性清洁剂包括外墙清洁剂、除锈剂、洁厕剂和消毒剂。

2．中性清洁剂

中性清洁剂配方温和，不腐蚀和损伤任何物品，对被清洗物起到清洁和保护作用，其主要功能是除污保洁，但对久积的污垢去除力弱。中性清洁剂包括多功能清洁剂和洗地毯剂。

3．碱性清洁剂

碱性清洁剂仅含有纯碱（碳酸钠），还含有大量的其他化合物，对于清除一些油脂类脏垢和酸性污垢有较好的效果。碱性清洁剂包括玻璃清洁剂、家具蜡和起蜡水等。

（二）常用清洁设备

1．一般清洁用具

一般清洁用具包括手工操作和不需要电动驱动的清洁设备，如抹布、扫帚、拖把、多用途清洁车和玻璃洁器等。

2．机器清洁设备

机器清洁设备一般是指要经过电机驱动的器具，如吸尘器、吸水机、洗地机、洗地毯机、打蜡机、升降工作平台和长梯等。

六、违反有关环境保护法律的责任

（一）物业环境污染的类型

物业环境污染的类型包括大气污染；水体污染；固体废弃物污染；噪声污染。上述污染防治的主要措施就是加强制度建设与监督。

（二）关于大气污染的法律责任

《中华人民共和国大气污染防治法》规定如下：

1. 饮食服务业的经营者未采取有效污染防治措施,致使排放的油烟对附近居民的居住造成污染的,限期改正,并可以处 5 万元以下罚款。

2. 焚烧沥青、油毡、橡胶、塑料、皮革、垃圾及其他产生有毒、有害烟尘和恶臭气体物质的,要责令其停止违法行为,并处 5 万元以下罚款。

3. 在露天焚烧秸秆、落叶等产生烟尘污染物质的,要责令其停止违法行为;情节严重的,可以处 200 元以下罚款。

4. 建筑施工或者从事其他产生扬尘的活动,未采取有效扬尘污染防治措施,致使大气环境受到污染的,限期改正,并处 2 万元以下罚款;对逾期仍未达到当地环境保护规定要求的,可以责令其停工整顿。

5. 向大气排放污染物超过国家和地方规定排放标准的,应限期治理,并可处 1 万元以上 10 万元以下罚款。

(三) 关于水污染的法律责任

根据《中华人民共和国水污染防治法》的规定,向水体排放污染物的,按照排放污染物的种类、数量缴纳排污费;向水体排放污染物超过国家或者地方规定排放标准的,按照排放污染物的种类、数量加倍缴纳排污费。

《排污费征收使用管理条例》还规定,排污者未按照规定缴纳排污费的,由县级以上地方人民政府环境保护行政主管部门依据职权责令限期缴纳;逾期不缴纳的,处应缴纳排污费数额 1 倍以上 3 倍以下的罚款,并报经有批准权的人民政府批准,责令停产停业整顿。

排污者以欺骗手段骗取批准减缴、免缴或者缓缴排污费的,由县级以上地方人民政府环境保护行政主管部门依据职权责令限期补缴应当缴纳的排污费,并处所骗取批准减缴、免缴或者缓缴排污费数额 1 倍以上 3 倍以下的罚款。

(四) 关于固体废物环境污染的法律责任

《中华人民共和国固体废物环境污染防治法》规定如下:

1. 建设项目中需要配套建设的固体废物污染环境防治设施未建成或者未经验收合格即投入使用的,责令停止使用,并处 10 万元以下的罚款。

2. 贮存、运输、处置城市生活垃圾违反法律规定的,按照国务院关于环境保护和城市环境卫生的有关规定予以处罚。

3. 将危险废物混入非危险废物中贮存、运输的,责令停止违法行为,限期改正,并处 5 万元以下的罚款。

4. 造成固体废物污染环境事故的,处 10 万元以下的罚款;造成重大损失的,按照直接损失的 30% 计算罚款,但最高不超过 50 万元;对负有责任的人员给予行政处分。

(五) 关于噪声污染的法律责任

《中华人民共和国环境噪声污染防治法》规定如下:

1. 从家庭室内发出严重干扰周围居民生活的环境噪声的,在物业区域内使用高音广播喇叭的,要给予警告,可以并处罚款。

2．机动车辆不按照规定使用声响装置的，根据不同情节给予警告或者处以罚款。

3．夜间进行产生环境噪声污染的建筑施工作业的，责令改正，可以并处罚款。

4．造成环境噪声污染的单位、部门，责令改正，可以并处罚款。

需要说明的是，违反法律规定，要由政府有关行政管理部门进行罚款，物业服务企业没有罚款的权力。

第五节　物业环境绿化管理

物业环境绿化是城市绿化的一部分，与业主的日常生活关系最为密切的绿地，在改善物业管理区域内的小气候和卫生条件，美化环境和为城市居民创造室外休息活动场所等方面有显著作用。

一、物业环境绿化管理的概述

（一）物业环境绿化管理的含义

物业环境绿化管理是指为了充分发挥物业绿化的防护和美化的功能，根据植物的生物特性，通过科学的肥水管理、整形修剪、中耕锄草、防治病虫害和防风防寒等养护措施，使物业环境绿地中的花草树木生长茂盛，以维护良好的生活环境和工作环境的管理活动。

（二）物业环境绿化的作用

1．绿化在保护和改善生态环境中的意义

（1）防风、防尘，保护生态环境

绿化树林能起到降低风速、阻挡风沙、吸附尘埃的作用，因此大面积的绿化覆盖，对防止尘土飞扬是十分有效的。所以，选择植物时一定要结合保护生态的要求，选择生命周期长的树木，如果选择不当，就会影响环境效益。

（2）净化空气，降低噪音，改善环境

绿色植物能吸收二氧化碳，放出氧气，起到净化空气的作用；灌木和乔木搭配种植可以形成一道绿篱声障，吸收和隔挡噪声。小区的绿化不同于公园，虽然它们都具有美化环境的作用，但不同的是小区绿化还具有净化空气、改善居住条件的功能。所以在花木选用上要尽量避免带刺和有毒的品种。

（3）改善小气候，调节温度，制止城市热岛效应

绿色植物在蒸发水分过程中，会增加空气中的相对湿度，而散发出来的水分可吸收热量，从而降低炎热季节的气温。所以绿地具有明显的遮阴、降温、增加湿度的作用。热岛效应完全是由于人造热源多、车辆多、人口密集、钢筋水泥建筑物的水泥路面储存了大量热能、楼厦拥挤透风差、散热性能差等原因造成的。所在物业区内大面积搞绿化对改善小气候，制止城市热岛效应非常有利。

2．绿化在美化环境中的意义

生存在一个美丽的城市，人们的生活质量会明显提高。而城市是否美丽，园林绿

化具有重要影响。可以说，园林绿化已经成为美化城市的一个重要方式，是城市建设的重要组成部分。例如，大连市投资环境的改善，城市知名度的提高，与该市重视园林绿化，绿化覆盖率较高密切相关。运用园林树木、花卉不同的颜色、形状、用途和风格，因地制宜地配置一年四季的各种花卉、草皮、乔木、灌木，不仅能使城市充满绿色生机，而且能为城市居民工作、学习、生活创造清新、优美、舒适的环境。小区园林绿化布置通常采用规则式和自然式两种。靠近房屋的园区采用规则式，远离房屋的地方采用自然式。规则式景物对称、整齐、端庄、明确、显著，自然式景物优美、活泼、含蓄、曲折、淡雅，两者对美化环境都具有重要意义。

3．绿地、花卉在陶冶情操、修身养性中的意义

物业区内园林绿地的布置虽不像公园里的那样讲究，但利用精巧的园林艺术小品和丰富多彩的园林植物进行布置，使其形成优美、清新、舒适的环境，供住户做短时间的文体活动和户外休息、享用，是非常必要的。绿地是儿童游戏，大人休闲、娱乐，老人锻炼身体的场所，具有丰富生活、消除疲劳、令人心旷神怡的作用。花卉具有色、形、味、意多重审美属性，可以用它来装点、美化人们的生活。人们欣赏花，培植花，以花为友，不仅能得到美的享受，还能陶冶情操，提高审美能力，帮助人们追求完美的生活。小区如果面积大，自然条件好，则可以为住户开辟景色优美的花园，并在其中设置凉亭、座椅以及体现人文精神的雕塑。

二、物业环境绿化系统及城市绿地

（一）物业环境绿化系统的组成

绿化系统是指不同规模、不同种类的绿地、按点、线、面相结合的原则，组成的相互协调的整体。物业环境绿化系统可以从不同角度来分类：

1．从绿地的功用看，可将绿化系统分为：

（1）游园绿化

游园绿化是供居民日常生活中就近游览观赏、休闲娱乐等活动的公用绿地。

（2）道路绿化

道路绿化是指对物业管理居住区的主干道路、分支道路及宅前小路进行绿化而形成的绿化带。道路绿化是居住区点、线、面绿化体系中"线"的部分，它可以起到连接、导向、分割、围合等作用，起到沟通居住区公共绿地、宅旁绿地等各级绿地的纽带作用。

（3）宅旁庭院绿化

宅旁庭院绿化一般是指宅前屋后以及建筑物周边的绿化，主要供本幢居民使用。宅旁庭院绿化在居住区绿地总面积中最大、分布最广、使用率最高。

（4）建筑内外绿化

建筑内外绿化主要是指室内绿化，阳台、窗台绿化，墙面绿化和屋顶绿化。

2．从空间角度来看，绿化系统可以分为：

（1）水平绿化系统

水平绿化系统是指在地平面营造的各种类型的绿地，由如下几部分组成：

①　公共绿地是指居住区内居民公共使用的绿化用地，包括居住区的公园、住宅群楼间的小块绿地。居住区的公共绿地往往与居住区的体育设施和青少年、老年人活动休息等设施结合布置，一般由较大面积的整块绿地组成。

②　公共建筑和公用设施绿地指居住区内的学校、幼托机构、医院、物业服务企业、街道办事处、居委会等单位周围布置的绿地，一般由面积不大的块状绿地组成。

③　住宅旁和庭院绿地指住宅四旁绿化，一般由面积不大的块状和带状绿地组成。

④　道路绿化指居住区内干道两旁种植乔木或灌木丛等树木，一般由面积较大的带状绿地组成。

（2）立体绿化系统

立体绿化系统又称"垂直绿化"或"竖向绿化"。立体绿化分为三种类型：

①　同一块地上采用草坪、花、灌木和乔木共同构成的多层次结构的绿化模式。

②　裸岩绝壁建筑墙面、栅栏、棚架和拱门等上利用攀援植物进行绿化的模式。

③　房顶和楼房阳台等处进行绿化覆盖的模式。

立体绿化可以弥补建筑物的缺陷，美化建筑物。

（二）城市绿地分类

以绿地的主要功能和用途作为分类的依据，将城市绿地分为五大类，即公园绿地（综合公园、社区公园、专类公园、带状公园和街旁绿地）、生产绿地、防护绿地、附属绿地（居住绿地、公共设施绿地、工业绿地、仓储绿地、对外交通绿地、道路绿地、市政设施绿地和特殊绿地）及其他绿地。

（三）城市绿化指标

1. 城市绿地率

城市绿地率是指城市各类绿地（含公共绿地、居住区绿地、单位附属绿地、防护绿地、生产绿地和风景林地六类）总面积占城市面积的比率。

城市绿地率＝城市六类绿地面积之和/城市总面积×100%

2. 城市绿化覆盖率

城市绿化覆盖率是指城市绿化覆盖面积占城市面积比率。

城市绿化覆盖率＝城市内全部绿化种植垂直投影面积/城市面积×100%

3. 城市人均公共绿地面积

城市人均公共绿地面积是指城市中每个居民平均拥有的公共绿地面积。

人均公共绿地面积＝城市公共绿地面积/城市非农业人员

三、绿地的种类与布置原则

物业区的绿化系统根据所处的位置，大致上可分成公共绿地（包括居住区公园、住宅组群的小块绿地）、公共建筑和公用设施绿地、住宅旁和庭院绿地、道路绿化地等几类。另外，从其他角度进行划分，有几个概念值得关注：

（一）混合绿地

由两种以上草坪植物混合组成的草地称混合绿地，有时也称"混交绿地"或"混栽绿地"。它通常根据绿地的功能、性质和人们的实际需要，按比例搭配栽种，如夏季抗炎热的种类和冬季抗严寒的种类混栽，宽叶类草坪种和细叶类草坪种混种，耐磨性强的和耐剪性强的种类混栽。实行混合栽培可以延长绿色观赏期，并能提高绿地的使用效率和防护功能。

（二）游览绿地

这类绿地没有固定的形状，面积较大，管理粗放，允许人们入内游玩，所以称为"游览绿地"，也称"自然式游览绿地"。它的特点是草地内可以配植孤立树，点缀风景。游览绿地大多利用地形排水，故造价成本较低。其草种选用应当以适应性强为标准。

（三）缀花绿地

这是绿地铺设的另外一种形式。在以禾草植物为主的草地上混栽多年生的开花地被植物，这种类型的绿地被称为缀花绿地。例如在草地上自然点缀种植水仙、葱兰、二月兰、点地梅、紫花地丁、野豌豆等草本及球根地被。这些植物的种植数量，一般不超过绿地总面积的1/3，分布有疏有密，自然错落。在人流较少的游览草地上，有时有花，有时花和叶均隐没于草地之中，远远望去绿茵如毯，别具风味。

（四）观赏绿地

在园林绿地中，专供景色欣赏的绿地称为观赏绿地，也称"装饰性绿地"。如栽种在广场雕像、喷泉周围或建筑物前作为景前装饰和陪衬景观的绿地。这类草地一般不允许入内践踏，栽培管理要求精细，要严格控制杂草，因此栽培面积不宜过大，以植株低矮、茎叶密集、平整、绿草观赏期长的优良细叶草类最为理想，北方大多用羊胡子草（即白颖苔草）、野牛草、羊茅类草，南方大多用细叶结缕草（即天鹅绒草）、假俭草、结缕草、地毯草、小糠草等作观赏绿地栽培。

（五）花坛绿地

混生在花坛中的绿地，称为花坛绿地。这类绿地在园林绿地中应用较多，一般均作为重点栽培，它实际上是花坛的组成部分，常做花坛填充材料，或镶边起装饰陪衬的作用。花坛绿地既能丰富花坛的图案色彩，又能增强花坛的主体感受，还能改善花坛的环境条件。在管理上它和花坛同样采取封闭式管理的方式。严格控制杂草危害，并应经常进行切边处理，才能显示花坛绿地的花纹平整清晰。尤其是夹种在横纹式花坛中的绿地植物更需要精心护理。花坛绿地中的绿地植物以细叶低矮者为佳。

（六）运动场绿地

供开展体育活动的绿地称为运动绿地，或称"体育绿地"，如足球场绿地、网球场绿地、滚球场绿地、高尔夫球场绿地、儿童游戏场绿地等。各类运动场地均要选用适合于运动特点的绿地种类。一般情况下，应选能经受坚硬鞋底的踩踏，并能耐频繁的修剪，有较强的根系和快速复苏蔓延能力的种类。适应于冬季国际球赛活动的场地，则应选用能在潮湿、寒冷气候中生长良好的草种类型。

但是不论是哪类绿地，在布置时都必须遵循如下原则：

1. 统一规划、合理组织、形成系统。根据绿地的功能和使用要求，采取重点与一般，集中与分散，线、点、面相结合的原则进行布置，形成系统，并与周围的绿化系统相协调。

2. 节约用地。绿地布置必须充分利用自然地形和周边的环境，尽可能利用劣地、坡地和洼地，以便节约用地。

3. 注意景观。要合理选种和配置，力争做到花草结合，常绿树与落叶树结合，乔木、灌木相间，追求四季常青、鲜花常开的生活和工作环境。

四、居住区绿地规划的基本要求

居住区指导思想是"适用、经济、美观"。居住区绿地规划设计要满足环境保护的要求。首先要保证绿地的规模。按照我国相关部门的规定，新建居住区绿化用地占建设用地面积比例不得低于30%，亦可按居住人均 2 平方米的标准建设公共绿地，居住小区按人均 1 平方米的标准建设公共绿地。其次，要有合理的绿地规划。居住区要有居住区公园，居住小区要有中心公园，组团要有组团绿地，道路两旁都要进行绿化。最后，要有合理的植物配置。

居住区绿地规划的基本要求包括以下几个方面：

（一）合理组织，统一规划

要采取集中与分散，重点与一般，点、线、面相结合，以居住区中心花园为中心，以道路绿化为网络，以住宅间绿地为基础，使居住区绿地自成系统，并与城市绿地系统相协调，成为有机的组成部分。

（二）因地制宜，节约用地

要充分利用自然地形和现状条件，尽量利用劣地、坡地、洼地和水面作为绿化用地，以节约城市用地。对原有的树木，特别是古树名木应加以保护和利用，以期早日形成绿化面貌。

（三）以植物为主，注意景观

居住区的绿化应以植物造园为主，合理布局。植物材料的选择和配置要结合居住区绿地的特点，结合居民的能力，力求投资节省，养护管理省工，充分发挥绿地的卫生防护功能。为了居民的休息和景观的需要要适当布置一些园林小品。

五、物业环境绿化管理的基本操作

常言道"种三管七"（即种三天管七天），绿化种植的都是有生命的植物，不少单位在绿化时往往规划设计高标准，施工养护低水平，造成好景不长。在绿化养护管理上，要了解种植类型和各种品种的特性，关键抓好水、肥、草、剪、虫和过冬等方面的养护管理工作。

（一）浇水排水

不同品种的植物需水量不同，不同的季节需水量也不同，浇水时应根据具体情况掌握。浇水应根据不同植物生物学特征、树龄、季节和土壤干湿程度确定。做到适时、适量、不遗漏。每次浇水要浇足。北方地区园林植物浇水时间、次数参见表8-1，各类草坪浇水时间、次数参见表8-2。

表8-1　　　　　　　园林植物浇水时间、次数参考表（以北方地区为主）

序号	植物类型	生长期内每月浇水次数（次）	浇水时间	湿润深度（厘米）	冬灌深度（厘米）
1	低矮地被植物	2～3	早、晚	10	40
2	一年生草本花卉	3～4	早、晚	10	40
3	多年生灌木、藤木	1～2	早、晚	20	40
4	竹类	3～5	早、晚	30	50
5	1～5年生乔木	2～5	早、晚	40	50
6	5年以上乔木	1	早、晚	40	50

表8-2　　　　　　　　　各类草坪浇水时间、次数参考表

序号	植物类型	生长期内每月浇水次数（次）	浇水时间	湿润深度（厘米）	冬灌深度（厘米）
1	观赏草坪	2～3	早晨、下午	6～8	30
2	休息草坪	3～4	早晨、下午	5～8	20
3	球场草坪	1～2	傍晚与夜间	6～10	20
4	活动性草坪	3～5	傍晚	6～10	20
5	南方冷季型草坪	2～5	傍晚	3～4	20

（二）施肥

为确保园林植物的正常生产发育，要定期对树木、花卉和草坪等进行施肥。施肥应根据植物的种类、树龄、土地条件、生长情况及肥料的种类等具体情况而定。合理施肥，促进植物的生长，增加绿化、花卉的观赏价值。

根据绿化生长情况以及所需要的肥料选定有机肥（如垃圾肥、蘑菇肥和饼肥等）和无机肥（氮、磷、钾和复合肥）。施肥分基肥和追肥两类。基肥一般采用复合肥，在植物休眠期内进行，追肥一般采用化肥或复合肥在植物生长期内进行。化肥先要溶解后再施用。干施化肥一定要注意均匀，用量宜少不宜多，施肥后必须及时浇水，以免伤根伤叶。

1. 花卉施肥

一般在栽种之前要施以基肥，大多使用厩肥、堆肥、河泥和骨粉等。生长期间为使枝叶繁茂要施以氮肥，开花结果期间则只施磷钾肥。追肥使用之前宜先中耕除草，然后将肥料兑水，随浇水而进行。施肥宜选晴天，土壤干燥时为佳。

2. 乔灌木施肥

对乔灌木不宜多施肥。一般采用休眠期施基肥的方法进行沟施，也就是在乔灌木

根部挖环行沟或在树冠外缘的投影线下，多株挖对称两穴。肥料以氮肥、过磷酸钾配合使用。

3．草坪施肥

草坪要经常补充肥料。一般南方地区由于气温高，多在秋季施用，其中长江流域则以梅雨季为宜；北方寒冷地区应在春季。以氮素肥料为主，同时施以磷、钾肥来促进茎叶繁茂，增加草坪的抗病和防病的能力。

（三）中耕除草

中耕除草即清除杂草，为了提高土壤透气性，集中营养和水分，防止杂草丛生。

1．花卉的中耕除草

除草要除早除小。除草的次数要根据野草混杂程度及花卉的植物种类而定，一般生长期内中耕松土 2 次，除草 3 或 4 次。

2．乔木、灌木的中耕除草

乔木、灌木一般 20～30 天可除草结合松土 1 次。除草结合松土时，要注意深度以6 厘米左右为好。北方的中耕除草，一般在四月份开始到九月份或十月份为止。

3．草坪的中耕除草

清除草坪中的杂草的方法比较多，可采取物理机械和化学药物的方法达到灭草的目的。

（四）整形修剪

修剪应根据树种习性、设计意图、养护季节和景观效果为原则，达到均衡树势、调节生长和姿态优美的目的。

修剪分为休眠期修剪（冬剪）和生长期修剪（夏剪）。落叶乔木、灌木在冬季休眠期进行，常绿乔木、灌木在生长间隙期进行，亚热带植物在早春萌发前进行。绿篱、造型灌木、色块灌木和草坪等按养护要求及时进行。

（五）病虫害防治

病虫害对花、草、树木的危害很大，轻者影响景观，重者导致死亡，及时做好病虫害的防治工作，以防为主，精心管养，使植物增强抗病虫能力。经常检查，早发现、早处理。采取综合防治、化学防治、物理人工防治和生物防治等方法防止虫害蔓延和影响植物生长，尽量采用生物防治的办法以减少对环境的污染，用化学方法防治时，一般在晚上进行喷药，药物用量及对环境的影响要符合环保的要求和标准。

（六）防寒越冬

冬季在北方地区做好苗木防寒越冬措施，特别对于新栽乔木应提前浇好防冻水，封根缠干。在冬季可以采用以下的防冻保温措施。

1．越冬前灌足封冻水，一般在秋末、初冬地表温度在 0 摄氏度左右时浇足水，这样才能起到保水防寒的作用。

2．秋末适当修剪。

3．对根茎培土，盖地膜。在灌完封冻后在树木整个树坑内覆盖地膜，然后根茎培

土 20～30 厘米的土堆。

4. 覆土，对于不耐寒的树苗、藤木，在土地封冻前将枝干柔软、树身不高的植株压倒固定，盖一层干树叶或覆细土 40～50 厘米。

5. 缠树干的措施。对法桐等落叶乔木冬季防寒处理用布料缠裹树干，把树干包严，再用绳缠上，使次年的法桐成活率达到 99%。

6. 搭风障的措施。如雪松等树种越冬困难，可以搭风障保证树木的安全越冬。

7. 建保温棚。对于当年栽植的大叶黄杨、小叶黄杨和铺地龙柏等苗木可以根据面积大小，用木条和无纺布搭建保温棚的方法进行防寒。

8. 树干涂白防冻。这是行道树冬季防寒、防病的措施，特别是新植落叶乔木，涂白时间一般在十月下旬至十一月中旬。

六、绿化管理制度的制定与实施

（一）绿化管理制度的制定

1. 绿化管理部门人员的管理

（1）必须服从管理，听指挥。

（2）必须了解岗位职责和工作范围，尽心尽力搞好绿化工作。熟悉掌握园艺技术，提高环境容貌质量，为住户提供优质服务。

（3）负责居住区绿化范围内树木花草的培植、养护，包括施肥、浇灌、修剪、除虫、清洁等工作；居住区重要部位和重大节假日选花、配花、摆花的养护工作。

（4）有责任要求住户爱护公共绿地，发现有意破坏的现象，要及时劝阻和制止，严重的要报管理处领导来处理。

（5）在工作过程中要佩戴工号牌并着工作服，注意仪表整洁，讲话要和气，待人态度要诚恳、热情大方；要遵纪守法，不得损公肥私，要严格遵守绿化管理部门的各项规章制度，要以绿化管理部门的利益为重，尊重住户利益，不得损害住户利益，影响绿化管理部门的形象。如有违背有关规定者应予以处理，情节严重者予以辞退。

（6）应不断学习专门知识，积累经验，努力提高技术水平和服务质量，要厉行节约，反对浪费。

2. 建立承包责任制

根据园林养护管理工作的特点和要求，将园林养护管理工作的任务通过承包的方式落实到人。按地点分段分片任务包干，实行"五定"，既定任务、定指标、定措施、定人员、定奖惩。另外，也可以根据具体工作项目实行分工责任制。

3. 制定园林养护技术考核标准

根据园林养护的主要工作内容，即浇水、施肥、修剪、防治病虫害、补缺、去尘等工作，按园林养护工作的检验标准和办法对照执行。

（二）物业绿化管理制度的实施

1. 做好对绿化养护管理人员的技术培训。

2. 加强看管巡视。

3. 加强绿化宣传，培养绿化意识。

七、绿化养护管理的质量要求和考核指标

物业服务企业在绿化养护管理过程中，为保证服务质量，还需要建立绿化养护管理的质量要求和考核标准。

（一）绿化管理的质量要求

1. 树木——生长茂盛无枯枝。
2. 树形——美观完整无倾斜。
3. 绿篱——修剪整齐无缺枝。
4. 花坛——土壤疏松无垃圾。
5. 草坪——平整清洁无杂草。
6. 小品——保持完好无缺损。

（二）具体的考核标准

1. 新种树苗。本地苗成活率大于95%，外地苗成活率大于90%。
2. 新种树木。高度1米处倾斜超过10厘米的树木不超过树木总数的2%，栽植一年以上的树木保存率大于98%。
3. 有五大虫害的树木不超过树木总数的2%；树木二级分枝枯枝不超过树木总数的2%。
4. 围栏设施无缺损，绿化建筑小品无损坏。
5. 草坪无高大杂草，绿化无家生或野生的攀援植物。
6. 绿地整洁无砖块、垃圾。
7. 绿化档案齐全、完整，有动态记录。

八、园林小品的维护管理

物业环境绿化管理不仅要绿化还要美化环境，园林小品能创造景观，改善人们的生活环境，起着塑造景观特色及个性、体现文化氛围的重要作用。无论是在传统古典园林、现代公园和风景名胜区，还是在城市休闲广场、街头绿地以及居住区内外环境中，园林小品都以其丰富多彩的内容、轻巧美丽的造型为人们各种活动服务。保持园林小品清洁美观和良好的观赏效果，对于充分实现其景观功能，发挥其观赏价值具有重要意义。园林小品主要包括景观建筑与雕塑小品、园林设施小品水体景观和山石小品。

（一）景观建筑与雕塑小品维护

亭、廊、榭、花架和雕塑等庭园景观小品，天长日久，因人为作用或自然因素的影响出现油漆脱落、局部损坏或表面附着污物等问题。应及时进行清洁和修复，保持景观小品的良好形象。

要注重木质园景小品的材质选择。木质小品使用寿命短，宜出现腐蚀，户外小品长期日晒雨淋，风化严重，随意选择的木材及简单的表层涂刷防水漆根本无法抵御外力侵蚀，以致园景小品昙花一现，后患很多。要延长木质园景小品的使用年限，确保

园景小品的观赏效果，应从后期使用考虑，挑选专门经过处理的防真菌、防虫蚁等特性的户外专用木材，彻底解决木材在户外应用时易产生开裂、变形、褪色、腐烂和蚁侵等问题。

（二）园林设施小品维护

园林设施小品包括铺装路面、休息、照明等人工设施，这些设施的维修工作与庭园建筑及设施的维修清洁工作基本相同，一旦发现设施破损、玷污，应及时加以修复和清洁，同时还要进行宣传教育。

（三）水体景观维护

1. 定期去积浮，捞除残花、落叶和废弃物，以及生长过多的漂浮植物。沉积水底的污泥每年要清除一次。

2. 检查管道设施是否淤塞或漏裂，并做到及时修复。

3. 水生植物管理池中野生水草每年的夏季要割除、清理一两次。栽种的水生花卉，每两三年须挖起重栽，或清除一部分。如为不耐寒的品种，冬季则须连缸捞起入室保护越冬，入春解冻后再重新放入水体中。换季时，也要进行残花败叶的剪除工作。

（四）山石小品维护

假山或叠石小品石块的接合缝隙往往会由于冰冻、冲刷、树根挤压和小动物钻营而扩大，甚至造成山石坍塌，一旦发现应立即进行修复。岩石假山上的树木，每年须修剪一两次，使其造型、体量与假山保持协调。攀缘植物攀附于山石表面，能使山石更为生动，但若布满山石则会掩盖山石的特性，所以每年也须修剪一两次。

【基本概念】

物业治安管理　　消防管理　　车辆道路管理　　保洁管理　　绿化管理

【经典案例一】

☆案情简介☆

王某购买了某小区一套住宅，并与物业服务企业签订了《小区物业服务协议》，缴纳了全部物业服务费。次年，王某放置于小区内的一辆摩托车失窃，他认为物业服务企业未尽到保管方的责任，应当承担赔偿责任。在向对方交涉未果的情况下，王某向物业所在地的区法院提起民事诉讼，要求物业服务企业赔偿相应的财产损失。经调查，原告与被告签订《小区物业服务协议》后，未向被告缴纳车辆保管费，亦未将其使用的摩托车停放于存车处内，而是停于小区的公共区域。那么，物业服务企业是否要承担赔偿责任呢？

☆经典评析☆

物业服务企业是否与车主形成了车辆保管关系是问题的关键。车主并未根据合同支付相关的费用，也未曾办理相关手续，显然车辆保管关系尚未形成，被告无须承接赔偿责任。保安并非保镖，只要保安部门的服务标准达到了规定的要求，物业服务企业就不应该对业主的财产损失承担赔偿责任。

【经典案例二】

☆案情简介☆

某日清晨，某大厦新来的保洁员小梅在公共通道拖地时，发现1805号业主家的客厅亮着灯，但大门内侧的房门开着，外面的"通透式"防盗门也虚掩着，她便上前按业主家的门铃，欲予以提醒。但按了好几次，室内也没有反应，小梅便怀着好奇的心理，侧身进入室内，到客厅、阳台、厨房等一一查看有没有人。正在这时，业主张先生从电梯出来径直往家走，原来他锻炼去了，因粗心没有关好家门。张先生一见大门未关，走进家中，又看见一陌生女子在自己家里，于是又急又气，大声质问小梅是干什么的，不由分说要把她送到派出所。试分析小梅错在哪里？

☆经典评析☆

小梅不应该擅作主张独自进入业主家中，发现此类事件应首先通知公司客服中心。由此可以看出，物业服务企业应加强对新进员工的培训，制定合理的工作程序，规范员工的行为。

【思考题】

1. 什么是物业安全服务管理？
2. 简述治安管理的特点。
3. 简述治安管理的主要内容。
4. 消防管理的目的和方针是什么？
5. 简述高层消防管理的主要措施。
6. 在车辆管理中如遇突发事件应如何处置？
7. 简述物业环境保洁管理的范围。
8. 简述固体废物环境污染的法律责任。
9. 物业环境绿化管理的作用是什么？
10. 简述城市绿地的分类。

第九章 不同类型的物业管理

【学习目标】

通过本章的学习，了解不同类型物业的概念，熟悉不同类型物业的特点、管理要求和不同类型物业管理的重点、难点，掌握针对不同类型的物业管理服务的组织与实施。

【导读】

住宅建设与城市居民生活密切相关，是房地产综合开发的重点。正因如此，住宅建设在国家政策的支持和鼓励下发展迅速，大批新建住宅小区落成并出售给城市居民。与此同时，其他一些住宅形式也相继投入使用并发挥着重要作用。另外，在现代化社会中，以提供办公场所为目的的写字楼、以人们购物为目的商场、以生产为目的的工业区也大量存在。在现在及未来的发展中，酒店物业管理、高校物业管理、医院物业管理也将成为发展趋势，它们将成为房地产综合开发的重点，为物业管理提供了新的服务内容。

第一节 住宅小区物业管理

一、住宅小区的物业管理概述

（一）住宅小区的含义

1. 住宅

住宅是供人类居住的人造空间。住宅要具备人们在一定空间内吃、穿、住、用等起居功能和设施的条件。自然界中天然山洞、树洞等具有类似居住条件的自然空间但不是住宅。人工建造的不是用于人们居住的空间也不称为住宅，如工厂、商店、办公场所等人造空间。是否具有居住功能是划分房屋是住宅与非住宅的一个根本性标志。

2. 住宅小区

城市居民的居住生活聚居地称为居住区。城市居住区按居住户数或人口规模可分为居住区、居住小区、居住组团，共三级。

（1）居住区

居住区泛指不同居住人口规模的居住生活聚居地和特指被城市干道或自然分界线所围合，并与居住人口规模相对应，配有一整套较完善的、能满足该区居民物质与文化生活所需的公共服务设施的居住生活聚居地。

（2）居住小区

居住小区，一般称为小区，是指被城市道路或自然界线所围合，并与居住人口规模相对应，配建有一套能满足该区居民基本的物质与文化生活所需的公共服务设施的居住生活聚居地。

（3）居住组团

居住组团，一般称组团，是指被小河道路分隔，并与居住人口规模相对应，配建有居民所需的基层公共服务设施的居住生活聚居地。

按照城市统一规划进行综合开发、建设、达到一定规模、基础设施配套比较齐全的居住区称为住宅小区（含居住小区、住宅组团）。

（二）住宅小区的功能

从物业管理的角度来看，住宅小区是一个集居住、服务、经济、社会功能于一体的社会的缩影。

1. 居住功能

居住功能是住宅小区最基础的功能。根据居民的不同需要，提供各种类型的住宅，如多种类型的居住单元、青年公寓、老年公寓等。在居住功能中，最重要的是它能够提供给人们休息的场地和环境，其他的才是如饮食、个人卫生、学习、娱乐、交际等功能。

2. 服务功能

住宅小区的服务功能是随着城市规划建设要求、房地产综合开发而来的，即要求小区的公用配套设施和小区的管理应能为居民提供多项目、多层次的服务，包括教卫系统，如托儿所、幼儿园、小学、中学、医疗门诊、保健站、防疫站等；商业餐饮业系统，如饭店、饮食店、食品店、粮店、百货店、菜场等；文化、体育、娱乐服务系统，如图书馆、游泳池、健身房、电影院、录像室等；其他服务系统，如银行、邮局、煤气站、小五金、家电维修部等。

3. 经济功能

住宅小区的经济功能体现在交换功能和消费功能两个方面：

（1）交换功能

交换功能包括物业自身的交换，即开展住宅和其他用房的出售或出租经纪中介服务和小区管理劳务的交换，业主通过合同的方式将住宅小区的管理委托出去。

（2）消费功能

消费功能指的是随着城市住房制度改革的不断深化，住宅小区中的住宅将不断地商品化，并进行商业化的管理。住宅在购、租两方面的逐渐商品化及小区的管理和服务都是有偿的，住用人将逐渐加大对居住消费的投入。

4. 社会功能

住宅小区的主体是居民，居民的活动是社会活动，聚焦在住宅小区的各种社会实体，如行政治安机关、商业服务业、文化教育、银行等是以住宅小区为依托，共同为居民服务，发挥各自的功能。这些实体之间、实体与居民之间、居民相互之间组成了住宅小区的社会关系、人际关系，形成了一个社会网络，相互影响和相互制约。

（三）住宅小区的特点

住宅小区是居住类物业集中区域，有一般物业的共性，但就其整体性而言，住宅小区有其自身的一些特点：

1．住宅形式的多样性

传统的住宅结构形式比较单一，往往是清一色的红墙绿瓦或单一的矩形方块式钢筋混凝土建筑，无论是室内布局，还是建筑外形，变化都很少。而现在住宅小区中的住宅，不管是室内装修布局，还是外观色彩造型都丰富多样，风格迥异。一个小区往往层次错落有致，组合变化多样，再饰以假山、绿地、回廊、雕塑、人工湖渠等景致，使一个小区无论是整体还是局部都有鲜明的个性特色。

2．规划的统一性

小区的规划统一性主要表现在小区内建筑整体布局协调、结构相连、设施设备统一布设，附属生活服务设施如学校、幼儿园、商业网点、健康娱乐场所等配套齐全；基础设施如道路、给排水、煤气、电力、有线电视、电话电缆等构成一个完整的网络，自成体系。这种规划的统一性也使得住宅小区相对封闭独立，便于居民集中居住。

3．小区功能的多样性

普通小区除了基本的居住功能外，还兼具有以下功能：

（1）服务功能：如文教卫生服务，商业饮食业服务，文体娱乐服务，金融、邮电服务等。

（2）社会功能：如社区交际交往、社区文化、社区活动、社区文明建设等。

（3）经济功能：如住宅小区节约用地、合理配置资源、保持住宅的价值等。

4．房屋产权的多元性

现在，住宅小区中的住宅，一般绝大部分为分散的个人购买，产权为众多居民个人所拥有，加之建设单位保留产权和少数单位购买的情况，形成了小区房屋产权多元化的格局。小区房屋产权多元化与小区大量共有部分、共用设施设备统一管理的要求，也是物业管理得以存在发展的重要原因之一。

5．住宅小区的现代社会性

住宅小区，少则几百户，多则几万户，来自不同地区（甚至不同国家）、不同行业，具有不同社会背景、文化层次、宗教信仰、肤色、语文的各色人等聚居一处，小区就是一个小社会。小区内社会经济活动频繁、文化宗教多元、生活方式多样、家庭规模核心化、血缘关系疏淡、人际关系广泛而松散、代沟明显、资源共享、事务共管、责任共担等许多现代社会的特点在住宅小区都能得到体现。

（四）住宅小区物业管理的目标

住宅小区物业管理的目标概括起来就是要通过科学的管理手段和专业化管理技术来实现社会效益、经济效益和环境效益的统一。

1．社会效益

住宅小区物业管理的社会效益首先表现在为居民提供一个安全、舒适、和睦和优美的生活环境。这一环境不仅是指居室、楼宇内的，而且还是指整个社区的治安、交通、绿化、卫生、文化、教育和娱乐等方面。住宅小区管理的社会效益对于调节人际关系、维护社会安定团结都有着十分重要的意义。其次，住宅小区管理的社会效益可以起到为政府分忧解难的作用。实施住宅小区物业管理以后，住宅小区复杂繁琐的管理工作和各种投诉的处理都由物业服务企业负责，政府不再为此花费大量的时间和精力，只需制定有关的政策规定对住宅小区物业管理实行指导、协调和监督。

2．经济效益

住宅小区物业管理的经济效益可从多方面得以体现：

（1）从政府角度来看，未实行住宅小区物业管理的住宅区，政府不仅要补贴大量资金用于住宅小区房屋的维修，还要在环卫、治安、绿化和其他公共市政设施上投入财力。而实行住宅小区物业管理的住宅区，政府不仅不投资，还可向物业服务企业收取税收。从这两方面看，经济效益是很明显的。

（2）从开发企业角度来看，实行住宅小区物业管理不仅有利于房产销售，加速资金的周转，而且有利于较高的价格售房，获取更多的销售利润。

（3）从住宅小区物业服务企业角度来看，住宅小区物业管理的经济效益不单体现在开发企业身上，还体现在物业服务企业本身。住宅小区物业管理从单纯收取物业服务费用来讲是微利的，但如果善于经营，通过开展各种有偿服务仍会取得较好的经济效益。

（4）从业主的角度来看。物业服务企业管理好、维护好房屋住宅及附属设备、设施，延长它的使用寿命，可以保障业主的经济利益。

3．环境效益

住宅小区内的水、电、气、阳光、空气、通风以及建筑和人口密度等方面都与居民的身心健康有着密切的关系。住宅小区物业管理有利于从根本上治理城市住宅内的脏、乱、差现象，改善居住环境。因此，搞好环境的绿化、净化，不仅有利于人们的身心健康，还将对整个城市的建设规模、格局和风貌产生积极影响。

（五）住宅小区管理的原则

1．业主自治自律与专业管理相结合

住宅小区物业管理首先应遵循业主自治自律与专业化管理相结合的原则。业主自治自律是基础，但住宅小区的管理又具有技术性、专业性强的特点，必须以专业化管理为主。住宅小区的日常管理工作，是大量的、繁琐的，离不开居民的支持；因此，增加居民的群体意识，依靠和组织群众参与管理，发挥业主自治自律的作用，是实行统一原则的关键。

2．服务至上，寓管理于服务之中

住宅小区的物业管理是一项服务性很强的工作，关系到千家万户的生活、休息、文娱、安全、卫生、教育、体育等诸多方面。住宅小区管理中的服务工作，具有长期性和群众性的特点，服务时限很长，往往在几十年以上；服务对象范围很宽，男女老幼，各行各业，且流动性大、变化快。因此，必须坚持"服务至上，寓管理于服务之中"的原则，树立"为民服务、对民负责"的指导思想。

3．所有权与经营管理权相分离

实行所有权与经营管理权两权相分离，是现代物业管理与旧式的房屋管理的本质区别之一。这是针对城镇居民住宅小区，特别是旧有居民住宅小区存在的"两权"不清的问题提出的，目的在于解决分散管理与统一管理的矛盾。房屋及小区环境内各种设施是一个有机的统一体，若按分散的产权权属由产权单位或产权人自行管理，显然弊端很多，因此，必须实行所有权与经营管理权两权分离，在依法确认产权可能性的前提下，实行经营管理权的集中统一，由一家物业服务企业对某一居民住宅小区实行统一管理、综合治理、全方位服务。

4. 企业经营，独立核算

必须改革原有管理体制，实行政企分开，使管理机构成为经济实体，具有相对独立的经营自主权，逐步实现住宅经营管理的市场化。

5. 有偿服务和费用合理分担

物业服务企业要搞好管理，实行优质服务，就必须有资金来源。资金的主要来源是业主和用户，因此要实行有偿服务、合理分担的原则。物业服务企业提供的管理和服务是有偿的，应得到价值形态的实现和物质形态的替换。在费用分担方面，应该本着"量出为入、公平合理"以及"谁享有，谁受益，谁负担"的原则，由房地产开发企业、物业服务企业和业主及使用人共同合理分担。

二、住宅小区物业管理的主要内容

住宅小区的管理工作包括行政管理和物业管理两个方面。行政管理是住宅小区所在的属地政府对该小区实施的政府职能管理，物业管理则是对分布在小区内所有产权单位或产权人所拥有的，以房屋为主体包括共有的各项公共配套设施如动力、供水、供气等机械设备，市政设施和园林绿化设施等的管理。

住宅小区管理中属于物业管理的主要内容有以下几个方面：

(一) 筹集住宅小区管理经费，提高管理费的使用效益

住宅小区的管理经费问题是小区管理中的首要问题，也是最大问题。小区要管理就必须要有一定数量的经费，没有经费，小区管理就难以进行。因此，住宅小区管理的首要任务是做好小区管理费的筹集工作，有计划地满足住宅小区需要。收费标准高低以及能否按时收费，都是关系小区管理质量的大问题。收费过高，居民承受不起；收费过低，服务上不去；只收费不提供相应的服务，居民更不满意。因此，物业服务企业不但要多渠道筹集管理费，而且要在小区管理中积极采取措施，节约使用管理经费，提高管理费的使用效益。

为规范城市住宅小区物业管理服务的收费行为，维护国家利益和物业管理单位及物业产权人、使用人的合法权益，促进物业管理事业健康发展，依据《中华人民共和国价格管理条例》，国家计委、原建设部制定并颁布了《物业管理服务收费管理办法》。

依据《物业管理服务收费管理办法》的规定，物业管理服务收费是物业管理单位接受物业产权人、使用人的委托对城市住宅小区内的房屋建筑及其设备、公用设施、绿化、卫生、交通、治安和环境面貌等项目开展日常维护、维修、整治服务及提供其他与居民生活相关的服务而收取的费用。物业管理单位开展物业管理服务收费应当遵循合理、公开、与物业产权人和使用人的承受能力相适应的原则。所谓合理是指物业

管理服务收费应以价值补偿为依据，不可漫天要价；所谓公开是指物业服务企业应定期公布收支情况，接受产权人和使用人的监督，不可有意隐瞒；所谓与物业产权人和使用人的承受能力相适应，是指在目前情况下，由于我国居民收入依然较低，物业管理服务收费不可超过居民的承受能力。如果人为超过了，不仅服务费用收不上来，还会引发社会矛盾，适得其反。

住宅小区公共性服务收费的构成按有关规定包括以下八项：

1. 管理、服务人员的工资和按规定提取的福利费。
2. 公共设施、设备日常运行、维修及保养费。
3. 绿化管理费。
4. 清洁卫生费。
5. 保安费。
6. 办公费。
7. 物业管理单位固定资产折旧费。
8. 法定税费。

物业管理服务的利润率由各地根据实际情况确定。南方部分城市根据服务深度将其定为8%～15%。

（二）保持和增强住宅功能，搞好小区配套设施建设，创造优美环境

要保持和增加住宅功能，物业服务企业就要搞好房屋的维护与维修，同时把握住宅建设和房屋装饰的发展趋势，从方便和优化居民实际生活需要出发，在住宅小区开发、设计、建设时就介入，为住宅的设计建设和室内装修献计献策，以便提高结构、空间、采光、通风、绿化及其他如厨房、卫生等生活设备安装的合理性、舒适性和实用性。

要保持和增强住宅功能，就要搞好房屋及其配套设施的管理。房屋及附属设备的维护管理，关系到住宅的使用功能能否正常发挥和有效使用，关系到住宅小区的面貌、形象及物业服务企业的信誉，关系到能否延长房屋及附属设备的使用寿命而实现保值增值，因此房屋及附属设备的管理是住宅小区管理中的主要内容。住宅小区内房屋及设备维护管理的重点是对房屋及设备进行科学的、正确的使用。其内容包括按照设计功能使用，不得随意滥用，因为房屋的各部位都是根据功能需要和标准要求进行设计的，都有自己的使用功能；按照建筑设计用途使用，不得随意改变房屋的用途，因为房屋是按照一定的设计意图，以一定的结构计算为依据建造的，在使用上必须符合原建造意图，否则，会因改变用途而影响房屋的使用寿命，甚至影响房屋的住用安全；按照设备的系统功能使用，不得随意拆改和增添，因为房屋及房屋设备具有整体性和系统性，任意拆改和增添会破坏系统的正常循环和负荷平衡。房屋及房屋设备的维修管理主要是对房屋及房屋设备进行日常养护、维修及进行大、中修和更新改造。住宅小区内房屋及设备的维修管理同样非常重要，通过维修管理可以延长房屋及设备的使用年限，充分发挥房屋及设备的效用。国家历来非常重视房屋的维修管理，并制订了《房屋维修工程施工管理规定》、《维修工程质量检验评定标准》、《房屋维修工程技术管理规定》、《房屋维修范围和标准》、《房屋完损等级评定标准》、《危险房屋鉴定标

准》等一系列可行的规定、规范和标准，为维修管理提供了可靠的依据。

要创造优美环境，保持和增强住宅功能，物业服务企业必须按"统筹考虑，添建补缺"的原则，搞好小区配套设施的建设，就近配置卫生、治安、消防、交通、生活服务等公共设施；要完成创建优美环境的任务，物业服务企业还要在加强卫生管理的同时，以假山、水池、雕塑、喷泉、亭台、花架等装饰小区环境，做到公共建筑、公共地带、公用设施、住宅和道路旁都有绿地，形成搭配有序、布局合理、系统性强的优美的居住环境。

(三) 搞好环境的维护管理，创造良好的生活秩序

住宅小区环境的维护管理，主要是为了保持小区内环境的优美、安全和宁静，创造良好的社会环境。要搞好环境的维护管理，加强住宅小区的物质文明和精神文明建设，物业服务企业首先要建立和健全管理机构，形成机制，实行专业化管理和群众性管理相结合的管理办法，充分发挥住宅小区管理委员会的作用，调动各方面积极性；其次要完善管理制度，协调和理顺各方面的关系，共同做好小区内各项管理工作，同时还要开展综合治理和社区文化活动。从具体的管理、服务内容来看，主要是要做好如下工作。

1. 加强对小区内违章建筑的管理

违章建筑的出现与存在是对住宅小区环境的破坏，不仅影响小区的美观，而且直接影响到小区的安全和卫生状况，侵犯了居民的公共利益，必须加以严格的管理。物业服务企业要充分利用空间，进行绿化或建雕塑物和亭台等，不给违章建筑留有余地。物业服务企业对此应加强宣传教育，增强住户的环境意识和全局意识。

2. 加强立法和监督检查

要通过建立环境公约来约束住（用）户的行为，并通过开展群众监督和物业管理专业人员巡视检查相结合的管理方法，及时发现和制止乱搭乱建的行为，对少数坚持不拆者，应该依法强制拆除，绝不能姑息。

3. 加强对公用市政设施的维护管理

住宅小区内各种公共市政设施遍布小区内各个角落，其养护需要广大业主和住户的配合。同时要设立报修渠道，并有巡查制度，派专业人员巡逻检查，发现损毁，及时修复。而且要发展物业管理自动信息系统，使信息传递更快、更方便，从而保证损坏部位及时被发现、修复。

4. 加强对环境卫生的维护管理

环境卫生状况是衡量住宅小区是否达到文明标准的一个重要指标，因此，必须注意搞好环境卫生，保持小区内街道、楼梯、走廊、庭院、阳台等部位的清洁，并重视树立居民讲卫生的社会风尚，使人人养成讲文明讲卫生的习惯。

5. 必须加强绿化管理

住宅小区内的绿化状况是评价小区环境优劣的重要因素，它对调节小区局部生态平衡也具有重要影响，因此要充分利用可以利用的平面土地和立体空间，搞好环境的绿化。同时要增强小区居民美化环境、爱护绿化的意识，对破坏绿化的行为给予一定的处罚。

6. 必须加强治安管理

小区是否安全是评价小区居住环境优劣的另一重要因素，也是评价物业服务企业管理水平高低的重要项目。因此物业服务企业应该建立严格的治安管理制度，配合公安部门做好小区的治安保卫工作，成立治安队，负责小区内的治安巡逻和治安防范，发挥小区治保会、联防队的作用，给广大居民一种安全感。同时要对广大住（用）户加强安全防范意识教育。在发生特殊事件时，如"非典"疫情传播时，对人员进出小区进行管理，甚至对小区实行封闭管理。

7. 必须加强车辆交通管理

为了保证住宅小区的生活安静、行人安全，保证小区内的道路、庭院、花草树木和其他公共设施不遭受破坏，对进入小区的各种机动车辆要进行管理。除特许车辆外，其他车辆进入小区都应严格限制，经过允许方可驶入。要设立车辆停放点和日夜保管站，并制定和执行车辆破坏小区环境的处罚规定。

（四）提供各种特约、便民服务和多种经营服务

随着经济的快速发展和人民生活水平的日益提高及家庭劳动社会化趋势的加快，住宅小区的管理不应仅限于物业及环境的管理，而且还应开展各种特约服务、便民服务项目，向住户提供多层次的综合性服务。

特约服务是物业服务企业根据住户需要，利用专业特长，双方约定后提供的旨在方便住户的各种有偿的特约、特需服务，如室内清洁、土建维修装饰、代付水电煤气费、代订书报杂志和车船票、房屋代管、家电维修和家庭护理、接送小孩等。这类服务一般都是物业服务企业派人上门进行，这类服务的收费基本体现出"保本微利"的原则。政府规定了收费标准的，按政府规定收费；如果政府没有规定收费标准，则由委托人和被委托人，即住户与物业服务企业之间协商确定。物业服务企业要努力提高服务质量和水平，如果某一项目需求量的减少是由于物业服务企业服务人员的服务质量、水平和态度引起的，则要设法提高服务水平、质量，改善态度。

便民服务指物业服务企业在小区内建立各种商业和交通网点以及文化娱乐和教育设施，为小区居民生活提供方便。便民服务多数具有经营性质，是物业服务企业发挥企业的职能和作用开展的经营活动。当然，这类服务必须注意社会效益和经济效益的统一。

（五）创建文明住宅小区，加强精神文明建设

物业管理的内容不仅包括维修、管理以及特约和便民服务，还应在住宅小区内努力营造一种新的社区文化，创造一个环境优雅、安全舒适、有良好人际关系的社会环境。创建文明住宅小区，开展精神文明建设也是住宅小区管理的重要内容。住宅小区管理要把争创优秀住宅小区活动作为重要工作来抓，并落实到实处。原建设部已经制定并颁布了《全国优秀管理住宅小区标准》、《全国物业管理示范住宅小区标准及评分细则》、《普通住宅小区物业管理服务等级标准（试行）》等一系列标准与办法。物业服务企业和业主大会应参照这些规定制定住宅小区精神文明公约，通过建立精神文明公约，来规范自己在住宅小区内的各种活动，遵守和维护公共秩序，文明礼貌，助人为乐。

物业服务企业要引导小区居民遵守各项管理制度，做到文明居住，并能积极参加各项公益活动，邻里间团结友爱，互相帮助。住宅小区精神文明建设的形式应灵活多样，以适合居民的方式进行。要利用小区内各种传媒工具和文娱康乐活动场所，组织开展住宅小区的各种公益性活动，以加强住户之间交往与联系，培养群众的体育、文化活动意识，联络感情，增进友谊。要开展创建文明单位活动，如文明家庭、文明居民小组、文明楼和文明住宅小区活动。通过这些活动，力求把物业服务企业变成住宅小区群众的核心，以更好地开展住宅小区的文明建设。

特别值得一提的是，当发生特殊事件时，如发生重大治安事件或重大公共卫生事件时，物业服务企业还有责任根据政府的相关规定对小区实行人员与车辆等的封闭管理。例如2003年春季"非典"的流行就对小区管理提出了这一要求。

三、住宅小区管理达标考评要求

原建设部颁发的《全国物业管理示范住宅小区标准及评分细则》，规定了对住宅小区的考评要求，这些要求主要包括以下内容：

（一）基础管理

1. 按规划要求建设，住宅及配套设施投入使用。

2. 已办理接管验收手续。

3. 由一家物业服务企业实施统一专业化管理。

4. 建设单位在销售房屋前，与选聘的物业服务企业签订物业管理合同，双方责权利明确。

5. 在房屋销售合同签订时，购房人与物业服务企业签订前期物业管理服务协议，双方责权利明确。

6. 建立维修基金，其管理、使用、续筹符合有关规定。

7. 房屋使用手册、装饰装修管理规定及业主公约等各项公众制度完善。

8. 业主委员会按规定程序成立，并按章程履行职责。

9. 业主委员会与物业服务企业签订物业服务合同，双方责权利明确。

10. 物业服务企业制定争创示范住宅小区规划和具体实施方案，并经业主委员会同意。

11. 小区物业管理建立健全各项管理制度、各岗位工作标准，并制订具体的落实措施和考核方法。

12. 物业服务企业的管理人员和专业技术人员持证上岗；员工统一着装，佩戴明显标志，工作规范，作风严谨。

13. 物业服务企业应用计算机、智能化设备等现代化管理手段，提高管理效率。

14. 物业服务企业在收费、财务管理、会计核算、税收等方面执行有关规定；至少每半年公开一次物业管理服务费用收支情况。

15. 房屋及其共用设施设备档案资料齐全，分类成册，管理完善，查阅方便。

16. 建立住用户档案、房屋及其配套设施权属清册，查阅方便。

17. 建立24小时值班制度，设立服务电话，接受业主和使用人对物业管理服务报修、求助、建议、问询、质疑、投诉等各类信息的搜集和反馈，并及时处理，有回访制度和记录。

18. 定期向住（用）户发放物业管理服务工作征求意见单，对合理的建议及时采纳、落实，满意率达95%以上。

19. 建立并落实便民维修服务承诺制，零修急修及时率100%、返修率不高于1%，并有回访记录。

（二）房屋管理与维修养护

1. 主出入口设有小区平面示意图，主要路口设有路标，组团及幢、单元（门）、户门标号标志明显。

2. 无违反规划私搭乱建，无擅自改变房屋用途现象。

3. 房屋外观完好、整洁，外墙面砖、涂料等装饰材料无脱落、无污迹。

4. 室外招牌、广告牌、霓虹灯按规定设置，保持整洁统一美观，无安全隐患或破损。

5. 封闭阳台统一有序，色调一致，不超出外墙面；除建筑设计有要求，建筑外不得安装外廊及户外防盗网、晾晒架、遮阳篷等。

6. 空调安装位置统一，冷凝水集中收集，支架无锈蚀。

7. 房屋装饰装修符合规定，未发生危及房屋结构安全及拆改管线和损害他人利益的现象。

（三）共用设施设备管理

1. 共用配套设施完好，无随意改变用途的现象。

2. 共用设施设备运行、使用及维护按规定要求有记录，无事故隐患，专业技术人员和维护人员严格遵守操作规程与保养规范。

3. 室外共用管线统一入地或入公共管道，无架空管线，无碍观瞻。

4. 排水、排污管道通畅，无堵塞外溢现象。

5. 道路通畅，路面平整；井盖无缺损、无丢失，路面井盖不影响车辆和行人通行。

6. 供水设备运行正常，设施完好、无渗漏、无污染；二次生活用水有严格的保障措施，水质符合卫生标准；制订停水及事故处理方案。

7. 制订供电系统管理措施并严格执行，记录完整；供电设备运行正常，配电室管理符合规定，路灯、楼道灯等公共照明设备完好。

8. 电梯按规定或约定时间运行，安全设施安全，无安全事故，轿厢、井道保持清洁；电梯机房通风、照明良好；制订出现故障后的应急处理方案。

（四）保安、消防、车辆管理

1. 小区基本实行封闭式管理。

2. 有专业保安队伍，实行24小时值班及巡逻制度；保安人员熟悉小区的环境，文明值勤、训练有素、言语规范、认真负责。

3. 危及人身安全处有明显标识和具体的防范措施。

4. 消防设备设施完好无损，可随时起用；消防通道畅通；制订消防应急方案。

5. 机动车停车场管理制度完善，管理责任明确，车辆进出有登记。

6. 非机动车车辆管理制度完善，按规定位置停放，管理有序。

（五）环境卫生管理

1. 环卫设备完备，设有垃圾箱、果皮箱、垃圾中转站等。

2. 清洁卫生实行责任制，有专职的清洁人员和明确的责任范围，实行标准化保洁。

3. 垃圾日产日清，定期进行卫生消毒灭杀。

4. 房屋共用部位、共用设施设备无蚁害。

5. 小区内道路等共用场所无纸屑、烟头等废弃物。

6. 房屋共用部位保持清洁，无乱贴、乱画，无擅自占用和堆放杂物现象；楼梯扶栏、天台公共玻璃窗等保持洁净。

7. 商业网点管理有序，符合卫生标准；无乱设摊点、广告牌和乱贴、乱画现象。

8. 无违反规定饲养宠物、家禽、家畜。

9. 排放油烟、噪音等符合国家环保标准，外墙无污染。

（六）绿化管理

1. 小区内绿地布局合理，花草树木与建筑小品配置得当。

2. 绿地无改变使用用途和破坏、践踏、占用现象。

3. 花草树木长势良好，修剪整齐美观，无病虫害，无折损现象，无斑秃。

4. 绿地无纸屑、烟头、石块等杂物。

（七）精神文明建设

1. 开展有意义、健康向上的社区文化活动。

2. 创造条件，积极配合、支持并参与社区文化建设。

（八）管理效益

1. 物业管理服务费用收缴率达98%以上。

2. 提供便民有偿服务，开展多种经营。

3. 本小区物业管理经营状况良好。

四、高级公寓的物业管理

（一）高级公寓的含义

高级公寓是指建筑质量高、附属设备高档、完善，可分层或分户居住的住宅。目前的高级公寓多为高层住宅，内装修精致，往往配有高档家具、电器，外部环境优美，且具有周到的物业管理服务。

虽然高级公寓目前占我国城镇居住面积比例较小，但从长远来看是我国城镇建设发展的方向。随着我国生产力的发展，人们的物质文化生活水平的提高，以及人们生活习惯的改变，公寓的需求量必须越来越大，居住的标准和环境要求也必须越来越高，对物业管理的档次也会有更高的要求。

（二）高级公寓的特点

1. 既具有封闭性又具有共处性。高级公寓的每个单元都是独立封闭的，功能完善，而独立封闭的每一单元又处于一幢楼宇之中，多户业主或住户共处一楼。

2. 业主和住户具有多国际性。高级公寓的业主和租户一般都为白领阶层和富裕人士，其中外籍人士也不少，还有港澳台人士。

3. 建筑档次高，硬件设施设备。我国目前新建的高档公寓，一般是按规定的"统一规划，综合开发"的原则下进行开发建设的，其建筑档次与其他商务物业基本相同。在设计上讲究质量，适用性强，而且硬件配备的较齐全，除了有水、电、暖、煤气、通信、电视天线外，还供应热水，有的还设有中央空调，再高一点层次的还配有家电、家具和厨房等。

4. 居住面积大，户型比较合理。一般来说，公寓每户的居住面积比普通居民住宅小区每户的居住面积大很多，同时，公寓设计在讲究质量、延长寿命、确保安全以及提高使用效率的基础是，充分考虑住房的舒适方便，体现建筑的人文关怀。设计一般选择框架式，大开间；在房间的安排上，客厅面积大，可按用户的意愿调整分隔装修，适应性强。

（三）高级公寓的分类

1. 花园式公寓

在一些住宅小区花园洋房或纯别墅区内，部分单元并没有向业主出售，而匹配完整的居室设施以出租的形式经营。由于其优美的小区环境、良好的居室设计，经常成为一些常驻的外地公司或单位的高薪派驻人员及家属的安居首选。

2. 高层豪华公寓

这类公寓应为大户型，装修豪华，家具齐全，享有酒店式服务。

（四）高级公寓管理服务的特点

1. 管理服务的市场化程度高

高级公寓的业主和住户一般能够接受和理解物业管理观念，因此，服务和享受一致，价位与标准一致，市场化程度高。

2. 客户相对稳定，服务周期长

从目前实际情况看，开发商一般采用出售或出租两种方式进行经营管理。由于服务周期长，一天24小时，每时每刻都有人出入，因此，物业服务企业就要不间断地进行管理与服务。

3. 管理要求严，服务层次高

高级公寓的住户对居住条件和环境要求比较高，特别是对保安、保洁和服务等方面的要求更是如此。物业服务企业努力为住户创造良好的生活环境，同时提供如购物中心、餐饮、洗衣、文化娱乐等项目。

4. 管理服务的涉外性

高级公寓入住者外籍人士较多，物业服务企业在日常管理服务中有些事项的处理具有涉外性，在礼仪态度方面必须十分注意。

（五）高级公寓物业管理的内容

高级公寓物业管理虽然与住宅小区物业管理内容有相同之处，但是它还具有自身的特点和要求，这主要体现在物业经营管理服务和家居管理服务中。

1. 高级公寓的租赁服务

以出租为主营的物业，经营的成败取决于营销决策，体现在出租率的高低上。加大物业的宣传力、定制合理的市场价格，可以提高出租率。

对于高级公寓的出租管理，具体要做好以下几项工作：

（1）为房屋承租单位或承租人提高优质服务

房屋租赁后，物业服务企业必须把维护承租方的合法使用权，为承租户或承租单位服务放在首位，支持承租方的合法要求，提高为承租方服务的质量，搞好房屋的维护和修缮工作，保证承租方安全、方便地使用房屋。

（2）制定合理的租金标准

公寓租赁之前，必须根据市场收费水平，考虑公寓自身的情况，制定合理的租金标准，以保护租赁双方的利益。

（3）依法维护正常的租赁关系

房屋租赁双方必须依法维护正常的租赁关系，及时处理租赁使用过程中发生的各种问题，注意调节用房纠纷。要坚持遵守国家的有关法律、政策与规定，抵制违反法律、法规与租赁合同的行为。

（4）严格控制租赁房屋的用途变化

租赁房屋的使用要严格按照房屋的设计用途来进行，严格控制租赁房屋的用途变化。

2. 高级公寓的家居管理服务

对于高级公寓的业主，因其高收入、追求舒适的服务成为家居管理的重点，这就要求物业管理企业为高级公寓的业主提供更加方便、良好、优质的服务。

（1）经常对公寓内部进行清洁，打扫卫生，如定期对公寓房间进行打扫擦洗、更换室内床单等。

（2）确保公共区域（如楼道、大堂）清洁卫生、保证静雅、优美的生活环境。

（3）做好公寓的园艺绿化，营造良好的居住环境。

（4）强化保安消防服务，保障业主的人身、财产安全。

（5）及时进行公寓工程维修及配套家电的保养维护。

（6）开展丰富多彩的公寓社区俱乐部服务，为相对忙碌、封闭的业主提供交流的机会，增强业主的归属感，建立良好的社区文化。

（7）市场租赁服务，如汽车租赁等。

（8）医疗及救护服务，如设立卫生医疗诊所等。

（9）家政服务，如担任营养顾问、清洁卫生、看管小孩、接送儿童入园等。

（10）社区服务，如设立邮局、银行、商场、装饰设计公司等。

五、别墅的物业管理

（一）别墅的含义

别墅一般是指带有庭院的、两至三层的独立居室和住宅，别墅可以分为独立式和连体式两种类型。独立式别墅四面临空，有庭院相围；而连体式别墅则有一面与相邻的别墅连接，其他三面临空。从用途上讲，除了有居住别墅外，还有供短期避暑、游乐、休闲用的经营性别墅，这些别墅一般与自然景观相结合，依山傍水，环境宜人。

（二）别墅的特点

1. 从建筑样式上看

别墅一般都是两至三层，以两层居多。外观典雅古朴，带有欧美风格，讲究宽畅的阳台、充足的采光。别墅具有自己完整的厅室体系和设备设施及场地体系，不与其他建筑物发生直接的关系。

2. 从室内装修看

别墅的室内装修一般都比较讲究，用料也比较精良，设备齐全。

3. 从室外环境看

别墅的空间环境比较宽畅，生态环境也比较优良，周围大都有优美的绿化地带，空气流畅，阳光充足，绿树成荫，舒适宜人。

（三）别墅的分类

目前在市场上按照别墅的建筑形式将别墅产品分为五类：

1. 联排别墅

联排别墅，又称 Townhouse，它是由几幢小于三层的单户别墅并联组成的联排住宅，一排二至四个单元联结在一起，每个单元共用外墙，有统一的平面设计和独立的门户。每户独立独院，除地下室外，还设有一至两个车位，建筑面积一般是每户 250 平方米左右。

2. 独栋别墅

独栋别墅即独门独院，上有独立空间，下有私家花园领地，是私密性很强的独立式住宅，表现为上下左右前后都属于独立空间，一般房屋周围都有面积不等的绿地、院落。这一类型是别墅中历史最悠久的一种，也是别墅建筑的终极形式。

3. 双拼别墅

双拼别墅是联排独栋别墅的中间产品，由两个单元的别墅拼联组成的单栋别墅。

4. 叠加别墅

叠加别墅是在综合情景洋房公寓与联排别墅特点的基础上产生的，由多层的复式住宅上下叠加在一起组合而成，下层有花园，上层有屋顶花园，一般为四层带阁楼建筑，这种别墅与联排别墅相比，独立面造型更丰富，布局更为合理，在一定程度上克服了联排别墅窄进深的缺点；而且，叠下有半地下室，叠上有露台，虽然没有联排的见天见地，但是优势不减。

5. 空中别墅

空中别墅发源于美国，称为"Penthouse"，即"空中楼阁"，原指位于城市中心地带，高层顶端的豪宅。一般指建在高层楼顶端具有别墅形态的跃层住宅。空中别墅以"第一居所"和"稀缺性的城市黄金地段"为特征，是一种繁华都市生活推向极致的建筑类型。它要求产品符合别墅的基本要求，即全景观，目前这类产品主要存在于独立的高档公寓顶层，在别墅区中还比较少。

（四）别墅区物业管理服务的特点

由于别墅的建筑、装饰及环境上的一些特点，再加上入住的业主一般都是经济上比较富裕的阶层或外籍人士，因而其物业管理服务工作就具有自己的特点。

1. 物业管理和服务的要求高

别墅一般是高标准的建筑，有精良的设备设施，需要有一支技术精、水平高的队伍来管理，使物业得到良好的维修养护达到保值增值的目的。

2. 特约服务多

由于入住的业主一般都是经济上富裕的国内外企业家或高级管理人员、科技工程技术人员，他们的工作和事务比较繁忙，需要物业服务企业提供多种多样的特约服务。

3. 物业管理服务收费较高

目前，国家及各级政府房地产主管部门只对居民小区的物业管理收费标准作了具体规定，而对其他类型物业，国家目前尚未作出具体规定，一般由委托方与受托方共同协商确定，一般收费较高。

（五）别墅物业管理服务的要求

1. 保护别墅区整体规划的完整性

别墅区内的建筑风格和整体布局不宜随便改变，尤其是周围的绿地更是不可侵占的，禁止擅自改变用地位置或违章建筑的出现。

2. 认真做好别墅养护和设备设施的维修工作

别墅区每隔5~7年就要进行一次装修，更新设施，以保持全新面貌，要保证设备设施的良性运行，有问题及时检修。

3. 要特别抓好消防与保安工作

对于别墅区的管理，应具有高度的私密性、安全性和技术性。因为住在这里的人一般都是有钱人，容易引起坏人注意，一旦发生事故损失比较大。

4. 要搞好环境绿化工作

别墅区环境管理的重点就在于园林绿化和养护，要不断调整小区内花草树木的品种，增设具有艺术品位的建筑小品或人造景点，使小区内实现一年四季常青，提高生态环境质量。

5. 搞好全方位服务

物业服务企业要尽量满足业主的各种要求，本着"业主至上，服务第一"的工作精神，解决业主在生活和工作中所遇到的难题。

（六）别墅物业管理服务的内容

1. 房屋的装修管理

由于别墅的建筑风格上都有统一的考虑，因此，业主在进行装修时，要保持其外观建筑的风格特点，不得改变主体建筑风格及承重结构，不得影响原建筑风貌。

2. 别墅建筑和设备设施的日常维修养护工作

别墅区内的设备设施较多，物业服务企业必须经常对建筑及设备设施进行检修、保养和维护，确保其使用功能的正常发挥，保证业主的正常生活不受影响。

3. 安全保卫工作

物业服务企业应加强安全防范，制订严格的规章制度及常发事故预案，采取一切有效措施，确保住户人身和财产安全。区域内要严格执行 24 小时值班、站岗、巡逻制度。对业主实行通行证制度，对外来人员要登记并及时与业主沟通，无关人员一律不得入内，发现问题及时处理。

4. 消防管理

管理人员对消防设施要按规定定期检查、试验、维修、养护，保证其处于完好的使用状态，避免消防隐患的存在。制订消防常见问题处理预案，向业主宣传消防常识，定期组织消防演习。

5. 环境绿化美化工作

选择在别墅区居住的业主和使用人，已经不单单是为了解决居住问题，更重要的是追求高品位的生活环境，因此物业服务企业要注意区域内的绿化美化工作，可以通过绿化为业主营造具有一定艺术性、舒适性的景观环境，为住户提供一个花园式的居住环境。

6. 环境保洁工作

虽然别墅区域内的业主数量相对普通住宅小区的业主少，但保洁工作量与之相比却不少，质量要求又高，物业管理者不能忽视，一般来说，要严格执行相应的保洁制度及相关操作规程，保证公共区域内的整洁、有序。

7. 车辆管理

别墅区域内车流量较大，物业管理者可以通过智能化车辆管理识别系统加强对机动车辆的管理。内部车辆实行固定车位制，对外来车辆实行登记制严加管理，不可乱停乱放。区域内要有道路指示牌、减速装置，重要路段安装反光镜，避免区域内交通事故的发生。

第二节　写字楼物业管理

一、关于写字楼的概述

（一）写字楼的含义

写字楼是指供各种政府机构的行政管理人员和企事业单位的职员办理行政事务和从事商业经营活动的大厦。有的写字楼由业主自用，有的用于出租，有的部分自用部分出租。现代写字楼一般具有比较现代化的设备，而且环境优越、通信快捷、交通方便，有宽阔的停车场相匹配。在大城市里，为满足各种不同用户的需求，写字楼越来越专业化，如有些建筑只供给政府机关、企事业单位、文化教育、金融、保险及律师等办公使用，并配备有相应的设施。

随着建筑材料的改进和技术水平的提高，加上城市中心地价的不断上涨，城市中心的写字楼逐渐向高层和超高层发展。在写字楼集中的地区往往形成城市的"中心商务区"，为社会各行各业、各部门提供集中办公的场所，从而大大缩短了社会各方面人员的空间距离。写字楼已成为现代城市发展的重要组成部分。

（二）写字楼的类型

一般来说，可以从以下几个角度对写字楼进行分类。

1. 按建筑面积大小分类

（1）小型写字楼

建筑面积一般在1万平方米以下。

（2）中型写字楼

建筑面积一般在1~3万平方米之间。

（3）大型写字楼

建筑面积一般在3万平方米以上。

（4）超大型写字楼

建筑面积一般在十几万平方米甚至几十万平方米以上。

2. 按写字楼的功能分类

（1）单纯型写字楼。单纯型写字楼是指基本上只有一种办公功能而没有其他功能的写字楼。

（2）商住型写字楼。商住型写字楼既提供办公同时又提供住宿的写字楼。这类写字楼又有两种形式，一种是办公室内有套间可以住宿；另一种是楼宇的一部分用作办公，一部分用作住宿。

（3）综合型写字楼。综合型写字楼以办公为主，同时又具备其他多种功能，如有公寓、商场、展厅、餐厅等功能的综合性楼宇。现代新建的写字楼还设有舞厅、健身房等。

3. 按照现代化程度分类

（1）智能型写字楼

智能型写字楼是指具备高度自动化的写字楼，通常包括通信自动化、办公自动化、建筑设备自动化、楼宇管理自动化等功能。

（2）非智能型写字楼

非智能型写字楼指传统的、一般的写字楼，不具备自动化功能的写字楼。

4. 按国际惯例分类

（1）甲级写字楼

具有优越的地理位置和交通环境，建筑物的自然状况优良，建筑质量达到或者超过有关建筑条例或规范的要求；其收益能力与新建成的写字楼相当；有完善的物业管理服务，包括24小时的维护维修及保安服务。

（2）乙级写字楼

具有良好的地理位置，建筑物的自然状况良好，建筑质量达到有关建筑条例或者规范的要求；但建筑物的功能不是最先进的（有功能陈旧因素影响），有自然磨损存在，收益能力低于新落成的同类建筑物。

（3）丙级写字楼

物业已经使用的年限较长，建筑在某些方面不能满足新的建筑条例或者规范的要求；建筑物存在较为明显的自然磨损和功能陈旧，但仍能满足低收入租客的需求。因租金较低，尚可保持一个合理的出租率。

（三）写字楼的特点

1. 单体建筑规模大，机构和人员集中

写字楼多为高层建筑，楼体高、层数多、建筑面积大，办公单位集中，往往能汇集数百家国内外大小机构，容纳上万人在其中办公，人口密度较大。

2. 使用时间集中，人员流动性大

写字楼使用时间一般比较集中，多在8点以后、下午6点以前。上班时间，人来人往，川流不息，下班后人去楼空，非常安静。

3. 外观装饰标准高，内部空间分割灵活

为吸引有实力的机构进驻办公，满足他们体现身份、高效办公的要求，写字楼选用的建筑材料一般都较为高档、先进，外观装饰、大堂装修和灯光布置等都有较高的要求，强调有独特的线条、格局和色彩。

写字楼内部空间分割较为灵活。当前，写字楼内部空间结构设计一般有两种方式：第一，预先分隔成大小不同、面积不等、风格各异的办公室供用户选择；第二，办公室设计为一个大面积的布置空间，甚至为一层楼，然后由业主按自己的需要进行分隔、布置。现代大型公司往往要求有大开间的办公室，一个办公室几百平方米，里面布置几十张桌椅、柜橱等办公家具，办公情况一目了然，领导可以清楚地掌握员工的工作状况、工作环境。这是提高工作效率的一种措施。

4. 设备系统先进，智能化水平高

与住宅相比，写字楼内部一般都配备有更为先进的设施设备，如中央空调、高速电梯、监控设备、现代通信手段等，写字楼的设备设施是物业管理的重点对象。根据使用功能，写字楼的设备可分为八大系统：

（1）电气设备系统。

（2）通信系统。

（3）空调系统。

（4）供暖系统。

（5）运载系统。

（6）给排水系统。

（7）消防系统。

（8）监控系统。

智能化是现代写字楼的标志。智能化建筑至少应具备五大要素：楼宇自动化系统（简称BA）、保安自动化系统（简称SA）、消防自动化系统（简称FA）、通信自动化系统（简称CA）、办公自动化系统（简称OA）。此外，还有智能化建筑的综合布线系统把各系统有机地联系在一起，把现有的、分散的设备、功能和信息集中到统一的系统之中，实现系统集成，实现图文、数据、语音信息的快速传递。

5. 功能齐全，设备配套

现代写字楼有服务前台、大小会议室、小型酒吧、车库等，综合型写字楼还有餐厅、商场、商务中心、银行、邮电等配套服务场所设施，能为客户的工作和生活提供很多方便，满足他们高效办公的需求。

6. 地理位置优越，交通条件良好

写字楼多位于城市中心的繁华地段，与公共设施和商业设施相邻，有多种便利的交通条件（公共汽车、地铁、高速公路等）供来往人员选择，有足够的停车位供使用。

（四）写字楼租金的构成

物业租金是物业租赁的价格，是分期出卖物业使用价值的货币表现，是物业商品的一种特殊的价格形式。写字楼的租金一般有以下几种类型。

1. 商品租金

商品租金是由商品的等价交换关系所确定的租金。这类租金应当实现正常消耗完全得到补偿并可获取一定利润。商品租金由八项因素构成，分别是：

（1）折旧费。

（2）维修费。

（3）管理费。

（4）地租。

（5）利息。

（6）税金。

（7）保险费。

（8）利润。

2. 成本租金

成本租金是房屋租赁交换时要维持再生产所确定的最低租金标准，是房屋租赁经营盈利和亏损的临界点。成本租金由折旧费、维修费、管理费、利息、地租五项构成。

3. 基础租金

基础租金一般是指承租人租用每平方米可出租面积需按月或年支付的最低金额。在确定租金时，必须以价值为基础，以成本为最低经济界限，根据业主希望达到的投资收益率目标和其可接受的最低租金水平（即能够抵偿抵押贷款还本付息、经营费用和空置损失的租金）而确定的一个基础租金。

4. 市场租金

市场租金是在商品租金的基础上，反映物业供求关系而出现的一种租金。写字楼的市场租金水平主要取决于当地市场供求关系。但在一定的市场条件下，某幢写字楼的整体租金水平主要取决于物业本身的状况及其所在的位置。

在签订租约时还应注意毛租约和纯租约的区别。毛租约是指承租户支付固定的租金，而业主要支付物业经营过程中所有的费用，并且要在所收取的租金中包括这些费用。纯租约也称作净租约，是指承租户除了支付租金外，还要承担其他的费用，如水电费、取暖费、设备使用费、公共空间的维修养护费及更新改造投资等。一般房产税和保险费由业主缴纳。

二、写字楼物业管理的要求

写字楼主要是办理行政事务、从事业务活动的场所。这里公务来往频繁，商业洽谈不断，这些特点决定了对其物业管理的独特要求。

（一）要求确保设备能完好运行，正常使用

写字楼内单位、人员众多，电脑、传真机、通信设备和打印机等全天使用，必须保证供电系统的正常运行，否则将会影响办公人员的工作效率，甚至会给客户带来巨大的损失，导致客户的投诉或索赔。

电梯是高层写字楼中最重要的交通工具，所以电梯要制定严格的运行和养护制度，保证其正常使用；中央空调、通信设备等都是大楼的重要设备，要经常维修、维护，保证其完好，不影响办公人员的正常使用。

（二）要求加强安全管理，提供安全保障

高层写字楼人员流动大，且隐蔽死角多，必须加强治安秩序维护。对电梯间、楼梯间及各隐蔽地方，保安员要定时巡逻检查，并建立严格的督促机制。楼内的各种管道、通风口和竖井等极易给坏人提供便利，要有安全措施。节假日对进入写字楼办公区域的人员要有严格的登记查证制度。

必须做好应付突发事件的各类预案。如高层楼宇造成火灾的因素很多，一旦发生火灾，后果难以想象，必须特别注意预防各类火灾的发生，保证消防设施的完好和消防通道的畅通。一旦有突发事件，物业管理服务人员应冷静处理，将损失控制到最低。

（三）要求保持环境幽雅、整洁

写字楼由于人员出入量大，容易出现脏、乱和建筑材料损坏问题。为了保持干净、整洁的办公环境，写字楼内、电梯间、卫生间、走廊和大堂等公共区域的卫生及办公区域的卫生应由专业的保洁员进行定时、定期的清洁维护，力争做到无杂物、无灰尘。同时，为了改善写字楼的形象，大楼外墙也应定期清洁，以保持楼宇外表美观；楼内垃圾要及时清运，定期消毒，预防疾病的传播。

写字楼内要摆放适当的花卉和绿色观赏植物，既增加了美感，又净化了环境，使楼内的人员感动舒适、优雅。

（四）写字楼的高科技含量，要求物业管理服务人员有更高的专业技术和专业知识

写字楼自身规模大，功能多，特别是智能化的写字楼设施设备都很先进，这些先进的设施设备的使用与维护要求具有与之相适应的专业技术知识，对物业管理服务人员的要求自然更高了，许多设施设备的维修养护按照国家有关规定是要持证上岗的。同时，指导业主与物业使用人正确地使用设施设备，避免因不正常的使用操作而导致设施设备损坏也是物业管理的工作之一。

三、写字楼物业管理的方式

因写字楼的规模不同、功能不同、用户要求不同、业主或投资者的目的不同，各写字楼的管理方式也不同。根据产权性质划分，写字楼物业管理方式可分为委托服务型和自主经营型。

（一）委托服务型物业管理

委托服务型物业管理是业主或投资者将建成的写字楼委托给专业物业服务企业进行管理，物业服务企业只拥有物业的经营管理权，不拥有其产权。此类物业服务企业为谋得较好的经济效益，可同时管理多幢写字楼乃至另一类物业，其主要职能是提供房屋及其附属设施设备的维修养护、安全、消防、保洁、绿化等服务，有时接受业主的委托也可以代理物业租赁业务。

（二）自主经营型物业管理

自主经营型物业管理是业主或投资者将建成的写字楼交由下属的物业管理机构进行管理和出租经营，通过收取租金收回投资。物业管理机构不仅拥有写字楼的经营管理权，而且拥有其产权；其职能不仅是维护性管理，更为主要的是对所管物业进行出租经营，以获取长效、稳定的利润。其经营职责不只是将写字楼简单地租出去，还要根据市场的需要和变化对所管物业的某些方面适时进行更新改造，如室内装修、外墙粉饰、空间的重新分隔、电信通信、楼层交通、庭院美化绿化等，以改造和完善物业的使用条件，提高物业的档次和适应性，进而调整租金以反映市场价格的变化，从而获取更多的利润。

在以上两种类型的物业管理中，业主或全面接管写字楼的物业服务企业均可将某些服务内容要求明确、职责清晰或专业性强、技术要求高的服务项目委托给专业的服务公司去做，如电梯公司、热力公司、清洁公司、保安公司、园林绿化公司等。专业化的服务公司一般具有专业性强、人员精干、技术水平高、技术装备全、服务质量好、服务收费合理的特点。各类专业服务公司在发达国家是相当普遍的，也是我国物业管理发展的方向之一。

四、写字楼物业管理的内容

（一）写字楼的维护、维修与环境管理

1. 写字楼的装修管理

写字楼的室内二次装修比较多，用户往往要根据自己的需要重新进行装修。工程部应安排专人负责这一工作，要对新的装修图样进行审核，并会同保安部门上报政府消防部门审批，待批准后才能施工，在施工过程中要加强现场监督，确保按规定施工。

2. 房屋管理及维修养护

在管理过程中，一定要做到写字楼及栋号、楼层有明显的引路标志。无违反规划乱搭乱建的现象；写字楼外观完好、整洁；房屋完好率达 98% 以上，零修合格率达 100%，并建立回访制度和做好回访制度。

3. 设备设施管理及维修养护

做到设备良好，运行正常，设备及机房环境整洁；配备所需各种专业技术人员；严格做到维修和操作人员持证上岗，实行 24 小时值班，出现故障立即排除；消防设备配备齐全，完好无损，电梯运行正常；给排水系统、高压水泵、通风、照明及其他附属设备完好，水池、水箱有严密的管理措施，加强二次供水的污染防治工作；保证中央空调系统运行正常，无超标噪声和严重滴漏水现象；冬季室内供暖温度不低于 16 摄氏度。

4. 安全管理

写字楼的安全不仅涉及国家、企业及个人财产与生命安全，还涉及大量的行业、商业、部门机密。由于写字楼一般在办公时间都是开放的，所以治安管理难度大，必须做好以下工作：

（1）保卫工作

保卫工作包括制定严格的安保工作制度，根据写字楼的平面布局和出入人口数量，配备安保岗位及人员数量；安保要严格执行出入证制度，避免不必要的损失；巡逻路线定点、定时、定线，同时要特别注意事故多发地的巡逻；完善电视监控系统，建立 24 小时值班制度，发现问题及时处理，要防患于未然，将事故消灭在萌芽状态，减少安全隐患。

（2）消防管理

现在写字楼中的电气设备多，人员流动大，存在消防火灾隐患，因此消防管理是写字楼物业管理中一项非常重要的工作。应建立健全消防管理制度，由专人负责，并确定相应的防火责任人。消防人员要定期检查消防设备设施，确保在紧急情况下能正常使用。

5. 清洁卫生管理

实行标准化保洁，制定完善的清洁细则，明确需要重点清洁的位置、所需清洁次数、时间，由专人负责检查、监督。设有垃圾箱、果皮箱、垃圾中转站等保洁设备。实行标准化清扫保洁，垃圾要日产日清。定时巡逻各个卫生死角，发现问题一追到底。物业服务企业本身不具备清洁作业的条件时，可请保洁公司完成清洁工作，明确要求，专人检查，为客户创造清洁的卫生环境。

6. 绿化管理

绿化管理人员对写字楼周围的绿地、树木、花木和景点等进行养护和管理，为承租人和外来办事人员提供良好的、整洁的、舒适的、高雅的环境。大多数写字楼绿化美化用地有限，因此物业服务企业要尽量在写字楼的走廊、前厅、大厅、会议室等绿化重要部位多摆设一些植物，以绿化、美化写字楼的环境，弥补写字楼绿化面积小的不足，创造良好的办公和交往环境。

（二）写字楼的营销管理

写字楼除了少部分自用外，大部分都用于出售和出租。写字楼的经营一般以租赁为主。

1. 营销推广

由于写字楼具有经营性物业的特性，决定了营销推广是其一项经常性的管理工作内容。写字楼的整体形象设计、宣传推介、办公空间的分割布局与提升改造；市场分析调研，与买、租客户的联络、谈判、签约；客户投诉与要求的受理与处理；客户与经营管理者、客户与客户间关系的协调，以及组织客户参加目的在于联络感情的各种联谊活动等均属于写字楼的营销推广工作范畴。

2. 租金的确定

写字楼的租金是指物业的租赁价格。租金的确定在写字楼的管理中是个复杂的问题，由于写字楼的地理位置、交通便利程度、提供的服务质量标准、配套的硬件设施等方面存在差异，其租金的价格也有所不同。

3. 租赁合同的签订

在写字楼的租赁活动中，为明确双方的权利和义务，保障双方的合法权益，双方应事先签订物业租赁合同。

4. 客户的入住

在承租户办理入住的过程中，物业管理者要事先做好每一项准备工作，使入住现场工作忙而不乱、井然有序，让承租户享受到高质量服务的同时，也为今后的管理工作打下良好的基础。

5. 租赁合同的终止

当租赁合同到期后，管理者要向各个部门发放会签单，各个部门接到会签单后，根据自己部门所管辖的范围，严格审查承租户是否有违规现象，得到各部门主管的确认回执后，管理者方可为其办理退租手续，准许其迁出，保安人员也应核单放行，并做好善后工作。

（三）写字楼的商务管理

写字楼一般都设有商务中心，是物业服务企业为了方便客户，满足客户需要而设立的商务服务机构。

1. 硬件服务

写字楼的商务中心应配备一定的现代化办公设备，主要设备及用品有电视、电话、打印机、中英文处理机、传真机、电脑、装订机、口述录音机、影视设备、投影仪与屏幕以及其他的办公用品等。当然，商务中心设备的配备，可根据服务项目的增加而逐步添置。

2. 软件服务

商务中心人员文化素质、品德修养要高，商务中心的服务是小区域、多项目的直接服务。客人对商务中心服务质量的评价，是以服务的准确、周到、快捷为出发点。要做到服务周到、快捷，必须选用知识全面、经验丰富、有责任心的工作人员和建立健全工作程序。

（1）物业服务企业商务中心工作人员应具备的素质有：

① 流利的外语听、说、读、写能力。

② 熟练的中英文打字能力。

③ 熟练操作各种设备的能力。

④ 商务信息知识。

⑤ 秘书工作知识。

⑥ 一定的设备清洁、保养、维护知识。

（2）工作程序

① 服务前

要了解客户所需要的服务项目、服务时间及服务要求；向客户讲明收费情况，开具收费通知单并按规定收取押金。

② 服务中

以准确、快捷为原则，按客人服务项目、服务要求准时、迅速地完成服务。

③ 服务后

当客人所需服务完成后，填写《商务中心费用收据单》并陪同客人到财务部结账。

3. 写字楼商务中心的服务项目

（1）翻译服务，包括文件、传真、合同等。

（2）秘书服务，包括各类文件的处理、归档。

（3）办公系统自动化服务。

（4）整套办公设备和人员配备服务。

（5）临时办公室租用服务。

（6）长话、传真、电信服务。

（7）商务会谈、会议安排服务。

（8）商务咨询、商务信息查询服务。

（9）客户外出期间代转传真、信件服务。

（10）邮件、邮包、快递等邮政服务。

（11）电脑、电视、录像等租赁服务。

（12）报刊、杂志订阅服务。

（13）印刷文件、名片等印刷服务。

（14）成批发送商业信函服务。

（15）报刊剪报服务。

（16）秘书培训服务。

（17）客户的电信设备代办、代装服务等。

（四）写字楼的客户服务管理

写字楼的客户服务主要指前台服务，具体项目包括：

1. 问询服务和留言服务。

2. 信件报刊收发、分拣、传送服务。

3. 个人行李搬运、寄送服务。

4. 出租车的预约服务。

5. 航空机票的预订及确定服务。

6. 提供旅游活动安排服务。

7. 全国及世界各地酒店预订服务。

8. 文娱活动安排及组织服务。

9. 外币兑换服务。

10. 花卉代购、速递服务。

11. 洗衣、送衣服务。

12. 代购清洁物品服务。

13. 其他各种委托代办服务。

第三节　商业场所物业管理

一、商业场所的含义

商场是向消费者提供包罗万象的消费对象的场所，其中百业杂陈，不仅由多家零售店、专业商店，还有各种服务业、娱乐场所、银行等，它是一种出租房产或摊位供各类商人零售商品或提供服务获得营业收入的物业。

商业场所是为适应商品经济发展而兴建起来的一种新型商业化物业。现代化的商业场所是人们休闲娱乐、购物消费的理想地点。近年来，在现代城市建设中，市级商业建筑有向综合型变化的趋势，在布局上也有郊区化和地下化的趋势。如英国米尔顿·凯恩斯购物中心，建筑面积125万平方米，除保持传统商业街的特色外，还设有自助食堂、电影院、游乐场、美容院、游泳池和展览厅等活动场馆，是具有多种功能的综合性商业、服务、娱乐和社交中心。由于城市用地紧张，地价昂贵，一些国家还结合地下铁路和交通枢纽的建设，兴建地下商业建筑，形成地下商业街。

二、商场物业的类型

从建筑结构上来分，商场物业有敞开式的市场和广场型市场，同时也有封闭式的购物中心。从功能上来分，有综合性的专业购物中心，也有商住两用型的。商场物业一般可根据建筑规模、建筑功能、建筑结构和物业的档次等进行不同的分类。

（一）按建筑规模划分

1. 居住区商场

建筑规模一般在1万平方米以下，商业服务区域以某一居住小区为主，服务人口通常在5万人以下，年营业额一般在3 000万~1亿元之间。

2. 地区购物商场

建筑规模一般在1万~3万平方米，商业服务范围以某一区域为主，服务人口在10万~30万人，年营业额一般在1万~5亿元。

3. 大型购物中心

建筑规模一般都在3万平方米之上，其商业辐射区域可覆盖整个城市，服务人口在30万人以上，年营业额一般在5亿元以上。

（二）按建筑功能划分

1. 综合型商业购物中心

综合型商业购物中心包括购物、娱乐场所、餐饮店、影剧院和银行分支机构等。

2. 商住两用型物业

商住两用型物业的低楼层是商场、批发部等，高楼层为办公室、会议室和居住用房。

（三）按建筑结构划分

1. 敞开型

商业场所多由露天广场、走廊通道并配以低层建筑群构成，其中设有大型停车场和小件批发市场等。

2. 封闭型

商业场所为商业楼宇，如商场、商厦、商城、购物大厦、购物中心和贸易中心等。

（四）按物业的档次划分

1. 经济型

经济型指出售大众化的一般商品，装修较为普通的物业，开支少，成本少。

2. 豪华型

豪华型指大型商场、高级商场乃至著名的专卖店，出售高档商品，其建筑也独具风格，设施设备齐全，装修装饰豪华，设有彩电监控器，玻璃破碎感应器，手动或脚动应急报警开关，红外线区域设防系统以及消防系统、收款联网系统、空调系统、客货分用电梯、购物车辆和停车场等。

三、商业场所的特点

（一）规模功能合理化要求

随着流通现代化、商业现代化水平的不断提高，商业场所与人民群众生产生活关系日益密切，人们对商业场所建设合理化的要求也越来越高，即商业场所的布局、规模、功能、档次等诸多方面，都要求更加合理、更加适应经济发展的要求。所谓规划设计的合理，就是合经济规律之理，合经济发展之理，合提高效益之理。商业场所建设要根据周围及辐射地区人口、交通、购买力、消费结构、人口素质、文化背景等与商业发展有关的环境特点及商业场所状况，因地制宜地规划设计方案，规模宜大则大，宜小则小；功能宜多则多，宜少则少；档次宜高则高，宜低则低。这样，从实际情况出发，按照不同商业地服务门槛分级设置，形成一个商业建筑体系。

（二）规划布局要求特殊

商业场所的选址和规模应满足不同层次的需要，要依据城市人口的数量、密集程度、顾客的多少规划，分散与集中兼备。在大城市定居和经常性的流动人口越多、越密集，居民消费水平越高，所需要的商业、服务业设施就越多、越齐全，档次上的要求也就越高。因此，高档商品店、高级餐馆等要选在人口密集、流动量大的繁华地段，有的可以集中在一起建成商业街、食品街或购物中心等；日用小店、一般副食品商品及修理服务的设施，则可以分散在各居民区，以便就近服务。在大城市和旅游热点地区，还要有各种星级的高级宾馆和饭店，也要注意建设一些满足一般出差、旅游者需要的设备简单、花费较低的中低档旅馆和餐厅。同时，还要照顾到各地区、各民族生活习惯上的要求。总之，分散或集中要使每个企业都能拥有足够的销售范围和足够的消费者，满足商业、服务企业对经济利益的要求。但某些城市在商业场所的开发和建设中，尚存在缺乏统一规划、设计水平低、标准过高、规模过大、效益不佳的问题。商业、服务业设施建设，要防止3种倾向：一是要防止盲目仿效，不看地点条件，靠追风来指导建设不仅效益不会好，还会造成国家财产的浪费；二是要防止主次颠倒，舍本逐末，有的大商业场所因资金不足，把为消费者购物等提供方便的必要的现代化硬件设施（如空调）砍掉，而在墙面、地面等装潢上大量花钱；三是要防止只看眼前，不计长远，给后人留下"弃之可惜，改之不能"的遗憾。

（三）建筑结构新颖独特

由于生活水平的不断提高，人们的购物习惯也在发生质的变化，希望在舒适、高雅、方便、布置富丽堂皇的气氛中无拘无束地购物，追求购物的享受和乐趣。为此，公共商业场所在设计方面务求新颖、奇特、别致，突出商业场所的个性化及地区特色，给顾客留下深刻的印象，进出口处要有鲜明的标志，有些商业场所还配置有喷泉、瀑布、阳光走廊等。铺位组合大中小、高中低档应有尽有，均采用优质上等的装饰材料和设备，颜色搭配应协调，布局比例恰到好处，令人赏心悦目，流连忘返。

（四）设备全，商品多，客流量大

空间大、设备多、商铺众多、人车流量大、人员复杂、商品繁多是商业场所的显著特征。现在我国一些大中城市建的购物大厦，不仅水、电、卫生设备一应俱全，而且还设有高层电梯（亦称升降式电梯）、自动扶梯（亦称滚动电梯）、货梯及大型中央空调等现代化设备，大厦更以典雅别致的造型、高标准的建筑质量和优质上等的装饰材料和设备相互衬托，再加上琳琅满目的高档商品，吸引来成千上万的顾客，从而获得年营业额数亿元或几十亿元。但是也有一些商业场所只顾扩大营业面积，而商业场所里没有洗手间，滚梯只上不下、走走停停，给消费者造成诸多不便，导致顾客日渐稀少，营业额欠佳。

此外，大面积停车场也是购物大厦不可少的配套项目，地面停车位或地下停车库的设计必须令司机视野开阔，容易发现空位，停车方向和内部通道的设计也需做到有限空间的合理利用。

四、商业场所物业管理的内容

商业场所由于建筑面积较大、设施设备较多、经营单位繁多、进出人员复杂，对物业管理的要求往往比一般物业要高出很多，且其内容也要广泛很多。除了包括一般性物业管理外，还包括一些特殊的管理内容（如招租、营销推广等），具体管理内容如下。

（一）一般性物业管理

1. 安全保卫管理

商业场所人员复杂，经营单位众多，进出物品数量庞大，这些特点决定了其往往比一般物业的安全保卫管理工作艰巨得多。其重点是要维护管理辖区的治安秩序，打击违法犯罪活动，加强闭路电视监控和保安巡视，从而有效保护租户和客户的生命财产安全，创造一个秩序稳定、运作安全的环境。

2. 消防管理

商业场所的商品货物量巨大，易燃品种繁多，各种火源也很多，发生火灾的隐患也很大，且一旦发生火灾，极易造成严重的生命和财产损失。所以，商业场所的消防管理要坚决落实"谁管理、谁负责"，"预防为主、培训先行"的消防原则，配置齐全的消防器材，制定完善的消防管理制度，配备足够的消防人员，大力推进消防培训和演习，加强对租户、客户消防知识的宣传。

3. 清洁卫生管理

物业清洁主要通过"扫、刷、铲、洗、冲"等工作方式来完成。由于商业场所垃圾量较大，同时对环境卫生的要求也较高，所以物业服务企业的清洁卫生工作要做到"日产日清、卫生美观"，特别是要加强对公共洗手间、公共通道、垃圾箱、大厅、楼梯、电梯的保洁工作。

4. 车辆管理

车辆管理一般包括车辆管理和车辆保管两项工作。商业场所往往会有大量车辆进出停放，一方面要加强进出停放车辆的秩序管理，以维护商业场所的交通秩序，另一方面要尽量提供足够的车辆保管业务，以方便租户和客户的商业往来。

5. 绿化管理

良好的绿化环境会增加客户的停留时间，为租户带来更大的商机。商业场所的绿化工作重点是要加强广场、门前绿地、进出道路旁的绿化管理工作，为租户和客户创造一个良好的工作和休闲购物环境。

6. 环境装饰管理

商业场所往往对商业环境装饰的要求较高，气氛良好的环境会增加租户商业交易成功的机会。物业服务企业租户广告牌、展示台的管理和场所外墙、道路两侧的装饰，为本管理辖区的商业活动创造一个热烈融洽的环境。

7. 设施设备管理

商业场所的商业性质决定了其一般需要配置先进齐全的中央空调、闭路监控、群控电梯、发电装置等大量的设施设备。物业服务企业要加强设施设备的运行、保养、维修和更新四个方面的管理工作，以确保商业活动的安全顺利进行。

8. 房屋维修管理

房屋维修管理包括房屋质量管理、施工管理和组织管理三个方面的工作。物业服务企业要加强其对房屋的日常保养、定期检查、维护维修、责任界定等方面的工作，以确保商业场所功能正常和活动安全。

9. 档案管理

档案管理包括物业档案管理、租户客户档案管理和企业档案管理三个方面的工作。

物业服务企业要加强对房屋原始资料、设施设备资料、租户资料、文件合同资料、企业内部资料等方面的档案管理工作，为日后的物业管理服务、开展多种经营、租赁营销推广、企业规范建设提供良好的支持。

10. 物业企业管理

物业服务企业作为企业的一种形式，同时也具备企业管理的内容，所以要在人力资源管理、企业文化建设、制度建设、绩效管理、薪酬管理、经营战略等方面加强管理，以促进企业的不断壮大发展。

（二）租赁管理

商业场所的租赁管理一般包括招租管理、租赁关系管理、租金管理和租赁合同管理四个方面的管理，具体内容如下。

1. 招租管理

通过一定的招租渠道招揽足够的租赁客户，并注意租赁客户知名程度的搭配，以保证商业场所的顾客流量和满意度。

2. 租赁关系管理

与租户进行多方面协商沟通，建立良好的合作关系，为租金、管理服务费用的收取和管理服务活动的开展打好基础。

3. 租金管理

在租金的标准、收取方式、优惠惩罚规定等方面实施管理，在满足客户要求的原则下尽量提高租金的收取标准和收缴率。

4. 租赁合同管理

租赁合同管理主要是对合同的签订、合同的履行和合同的终止三个方面进行有效的管理，以保证商业场所的持续高效经营。

（三）推广宣传管理

商业场所的推广宣传包括租赁市场调查、广告宣传、促销宣传、人员推广等方面的内容，具体内容如下。

1. 租赁市场调查

对市场需要、竞争对手、价格水平、客户要求进行调查，为商业场所的推广宣传策略提供依据。

2. 租赁广告宣传

选择合适的广告媒体和宣传途径，招揽合适的租户。

3. 租户促销宣传

加大对老租户的沟通力度，使其成为商业场所的义务宣传员，为场所发动新租户加盟。

4. 管理人员推广

组建专门的市场推广宣传队伍，制订有效的推广宣传措施，进行对口的市场推广宣传活动。

（四）物业营销管理

商业场所的营销管理包括营销人员培训、活动实施几个方面，具体内容如下。

1．营销人员的培训

建立专业的营销队伍，进行有效的专业培训，为商业场所的租赁经营配备一支专业的营销队伍。

2．营销计划的制订

根据市场变化、竞争对手情况、租户客户需求制订一个合理有效的营销计划，指导商业场所的各种营销工作的开展。

3．营销渠道的选择

根据商业场所的经营特点选择合适的直接和间接营销渠道，为商业场所的品牌经营和客户的多元化经营寻找最佳的途径。

4．营销活动的实施

为了保证商业场所的持续繁荣和租赁客户的经营效益，要不断举办各种类型的营销活动，吸引相关的消费顾客，刺激租户的光临和顾客的消费增长。

第四节　工业区物业管理

一、工业区的构成

工业区是按照政府统一规划、建设达到一定规模、基础设施配套齐全、适合生产企业单位集中开展生产经营活动的区域。生产企业单位以工业区为生产基础，开展产品的开发研制、生产制造、加工及组装等经营活动。工业区主要由工业厂房和各种原材料库房、成品库房组成，此外，工业区内还有一定的办公楼宇、生活用房、服务设施及配套的公共设施和相关场地，如变电站、污水处理站、停车场、道路、绿化带等。

二、工业区的类型

工业区是工业项目集中的地方，根据工业项目对环境的不同影响可以分为无污染工业区、轻污染工业区、一般工业区和特殊工业区。

（一）无污染工业区

进入园区的工业项目对空气、水不产生污染，亦无气味，无噪声污染。

（二）轻污染工业区

进入园区的工业项目不使用大量有毒、有害物质，不产生废水、废渣，不产生噪声污染，无燃煤、燃油的锅炉等设施。

（三）一般工业区

进入园区的工业项目必须设置防治污染设施。

（四）特殊工业区

进入园区的工业项目因大理使用有毒有害的化学品，必须设置完善的防治污染设施。

根据生产企业所经营工业项目的类别，又可以将工业区分为高科技工业区、化学工业区、汽车工业区等。

三、工业区的特点

（一）规划区域大

工业区一般由当地政府统一规划、统一建设、统一管理，规划占地面积较大，从几平方千米到几十平方千米不等，一般由若干幢厂房及配套用房组成。从使用功能上划分，工业区划分为生产区、仓储区、共用设施区、职工宿舍区、绿化带等区域。

（二）工业厂房建筑结构独特

工业厂房建筑结构不同于住宅、写字楼和商厦等建筑，为了满足各类企业生产的需要，工业厂房通常采用框架结构、大开间的建筑形式，室内净空较高，采光和通风条件较好，房屋抗震动、耐腐蚀能力和楼地面承载能力较强。

（三）基础设施配套要求高

企业正常生产和科研开发需要充足的水、电、气、通信等方面的供应，工业区一般建有高负荷的大型变电站和处理能力强的污水处理厂，邮电、通信设施齐全，实现光缆传输数字化，交换数控化，以满足区内企业的生产要求。

（四）环境易污染

工业区的生产企业在生产时一般都会不同程度地对环境产生污染，主要污染类型有五种：

1. 空气污染

造成空气污染的因素有燃煤排放二氧化硫气体、机动车尾气、工厂内排放的化学烟雾和粉尘等。

2. 水体污染

工业废水含有大量有毒、有害污染物，进入水体内造成水体污染。

3. 固定废气物污染

人们在生产、生活中扔弃的固态物质。

4. 噪声污染

噪声污染包括交通噪声、生产噪声和生活噪声等。

5. 电磁波污染

电磁波污染是指天然和人为的各种电磁波的干扰及有害的电磁辐射。

（五）交通条件好

工业区是生产企业的生产基地，为了使产品生产出来之后能够迅速销往国内外各地，工业区一般远离交通拥堵的市区，而选择在距离机场、铁路、水路、公路交通主干道附近的交通便捷区域。区内的道路宽阔，与城市之间的主干道相连，可以通过大型机动车辆方便运输。同时，工业区的自然条件一般比较好，土地资源丰富，气候条件有利于企业的生产。

（六）享受优惠政策

工业区一般都制定特殊的政府优惠吸引生产企业进入，这些优惠政策贯穿企业从前期立项、审批、规划、建设到后期生产经营管理的每个环节。例如，有的工业区对入区企业实行行政费用减半收费，有的免收市政配套费、电力增容费等，有的实行企业所得税优惠政策等。

四、工业区物业管理的含义、内容及特点

（一）工业区物业管理的含义

工业区物业管理包括工业厂房与仓库等房屋建筑的管理，以及厂房、仓库以外工业区地界桩、建筑红线以内的给排水系统、围墙、道路、绿化带等共用设施及场地的管理。工业区的物业管理是一项难度较大的管理工作，如厂房储存易燃货物与材料，易造成火灾；笨重的机器和存量过多的货物，其重量往往超出楼面结构的负荷；机器开动时会造成振荡，损耗严重，且噪声污染严重；固定资产比重大，维修、养护费用高等。

（二）工业区物业管理的内容

1. 制定工业区物业管理公约。
2. 工业厂房和仓库共用部位的管理。
3. 工业厂房和仓库内部的管理。
4. 工业区设备设施的管理。
5. 工业区环境管理。
6. 安全管理。

（三）工业区物业管理的特点

1. 做到制度严格，保证实施。
2. 安全管理防范第一。
3. 保证道路通畅，绿化有序。
4. 重点设备必须维护到位。

【基本概念】

住宅小区物业　　写字楼物业　　商业场所物业　　工业区物业　　酒店物业
高校物业　　医院物业

【经典案例一】

☆案情简介☆

某高级商务办公楼内有一本地公司——A公司，其业务并未因入驻了一个好的办公楼而有进一步发展，反而因较为昂贵的房租成了不小的负担，一年多以后，欠租的

情形出现了。物业管理部门发出在指定的期限内，如果 A 公司仍不付清欠款的话，将不得不采取必要措施终止部分服务的通知，A 公司对此未作出任何反应，也没有能力作出反应。期限到了，物业管理部门将其通信线路从接线大盘上摘除。随后 A 公司通信中断。这时 A 公司负责人认为写字楼物业管理部门侵犯了他们的权利，双方遂引起纠纷。

☆经典评析☆

1. 物业项目在招租招商过程中，要对租户的商业信誉及其行业前景作出适当的调研，尽可能避免可能出现的风险。

2. 一般情况下，对欠租租户的处理要依据 1998 年建设部《关于物业转让、租赁的管理准则》规定：对欠租人先进行书面催租，如果没有得到有效回应，则以书面形式说明期限，并采取措施，这类措施的实施要坚决有效，要有层次，要能够解决问题，并且可以把出现后遗症的可能性降至最低。

3. 个别情况下，也要体谅某些租户，特别是那些"质地较为优良"的公司或对整个项目较有影响的公司可能遇到的特殊困难，不排除在特定条件下作出适当的宽限和减免，在对这类公司采取处理措施时一般应适当留出余地。

4. 对欠租租户采取措施的基础是与之签署了具备法律效力的租赁合同。因而合同文本的有效性非常重要。这些文本当然要通过律师审核，但仅仅通过律师审核是不够的，如果有条件，最好能够征询一下物业管理专家们的意见。

【经典案例二】

☆案情简介☆

某住宅小区在售楼广告中承诺物业管理费为每平方米 0.8 元，并有管道煤气、24 小时热水等配套服务。在陈先生购房时开发商承诺其物业管理费为每平方米 0.6 元，并有管道煤气、24 小时热水等配套服务写进购房合同中。

陈先生入住近 1 年，非但管道煤气、24 小时热水等没有落实，物业管理费反而涨到了每平方米 1.8 元。物业公司回答说："开发商说的不算数"，收费是依据有关标准。而开发商则称物业管理已移交，自己无权过问。陈先生无奈，把物业服务公司和开发商告上法庭。

☆经典评析☆

开发商辩称：早期小区物业管理是开发商下属的物业管理处管理，被告作出的承诺也得到了兑现，而今小区管理交给了专业的物业服务公司，自己也没法约束物业公司的行业，现在的收费问题是物业公司跟业主之间的事。

法院认为，房屋买卖与物业管理是两种独立的法律关系，前者是买卖合同关系，后者是服务合同关系。这两种合同关系是独立的，开发商无权将有关物业管理的条款直接规定在售楼合同中，应当由物业服务公司直接与购房客户签订协议。如果开发商在购房合同中承诺了物业管理条款、内容，而购房客户认为自己受误导而签约，客户可以要求撤销购房合同，双方退房退款；如果客户因此遭受损失，例如装修费等，还可以提出索赔。故法院判决，开发商承担在其承诺范围内给原告造成的损失。

【思考题】

1. 住宅小区的物业管理目标及管理要求是什么?
2. 住宅小区有哪些特点?
3. 写字楼物业管理的要求是什么?
4. 写字楼的类型与特点有哪些?
5. 商场物业应该从哪几个方面组织实施?
6. 工业区物业管理的含义和特点是什么?
7. 工业区物业管理的内容是什么?
8. 酒店的保洁服务包括哪些内容?
9. 学校教学楼的管理包括哪些内容?
10. 医院护工的工作内容是什么?

参考文献

［1］戴明来，高珂强. 物业管理概论［M］. 济南：山东科学技术出版社，2007.

［2］胡伯龙，杨韬. 物业管理理论与实务［M］. 北京：机械工业出版社，2008.

［3］藤永健，黄志洁. 物业管理实务［M］. 北京：中国建筑工业出版社，2006.

［4］李斌. 物业管理理论与实务［M］. 上海：复旦大学出版社，2006.

［5］李加林，周心怡. 物业管理实务［M］. 北京：中国建筑工业出版社，2006.

［6］陈枫，王克非. 物业管理［M］. 北京：北京大学出版社，2007.

［7］何岩枫. 物业管理［M］. 北京：高等教育出版社，2007.

［8］左振华. 物业管理概论［M］. 北京：电子工业出版社，2007.

［9］刘雷. 物业管理［M］. 郑州：郑州大学出版社，2009.

［10］武永春. 物业管理［M］. 北京：机械工业出版社，2008.

［11］王怡红. 物业管理实务［M］. 北京：北京大学出版社，2010.

［12］战晓华. 物业管理实务［M］. 天津：天津大学出版社，2008.

［13］张宝秀. 助理物业管理师［M］. 北京：学苑出版社，2007.

［14］周宇，董藩. 物业管理概论［M］. 北京：清华大学出版社，2010.

［15］刘圣欢. 写字楼物业管理［M］. 武汉：华中师范大学出版社，2008.

［16］中国物业管理协会培训中心. 物业管理实务［M］. 北京：中国建筑工业出版社，2007.

［17］黎连业，黎恒浩. 智能大厦智能小区物业管理与维护教材［M］. 北京：清华大学出版社，2008.

［18］周云，周建华. 物业管理［M］. 北京：人民交通出版社，2008.

［19］王军. 物业管理实务［M］. 北京：中国建筑工业出版社，2005.

［20］韩朝，陈凯. 物业管理企业创新管理［M］. 北京：清华大学出版社，2009.

［21］孙晓静，梁瑞智. 物业财务管理基础［M］. 北京：化学工业出版社，2008.